“黄金の虎”と“爆弾小僧”と“暗闇の虎”

新井宏 著

辰巳出版

プロローグ　金曜夜8時のトライアングル

１９８１年（昭和56年）４月23日――。

プロレス界にとって歴史的一日である。新日本プロレス、東京・蔵前国技館のセミファイナルがその後のマット界を大きく変えることになろうとは、試合直前までいったい誰が予想できただろうか。

このとき、リングに上がったのは梶原一騎氏原作の劇画&アニメから飛び出したタイガーマスクと、新日本には2度目のシリーズ参戦となるイギリス人のダイナマイト・キッドだった。

当時は国籍不明のマスクマンも、タイガーマスクの正体は新日本の若手レスラー、佐山サトル。これが海外武者修行からの帰国第1戦だったのだが、あくまでもこの試合は〝凱旋〟ではなく、〝デビュー戦〟としての扱いだった。

しかも大々的に煽られたわけでもなく、急きょ決定された感が強い。この日のメインイベントは、アントニオ猪木vsスタン・ハンセン。そのひとつ前に組まれていたとはいえ、決して鳴り物入りのカードではなかったのである。

その上、タイガーの覆面とマントはお世辞にも完成度が高いものではなく、どさくさ紛れに作られたようなチープさだった。当然、場内は失笑に包まれた。

ところが、試合が始まるとタイガーはまるでアニメから飛び出したかのような動きで観衆を唖然とさせた。

対するキッドもカミソリファイトと形容される切れ味で応戦。試合は見事にスイングし、場内の空気を一変させた。

タイガーが登場する金曜夜8時からのテレビ朝日『ワールドプロレスリング』はその後、視聴率がうなぎ登り。〝黄金の虎伝説〟の誕生である。

爆発したタイガーマスク人気は、翌年のジュニア2冠王座奪取で頂点に達する。タイガー自身の魅力はもちろんだが、プロレスには相手が必要だ。タイガーの首を狙うライバルたちの出現がブームを支えていたこともまた、紛れもない事実である。

タイガーには、よく〝3大ライバル〟がいたと言われている。ダイナマイト・キッド、ブラック・タイガー、そして小林邦昭。メキシコ、アメリカ、カナダ、ヨーロッパなど世界中のレスラーと闘ってきたタイガーだが、トップ3を選ぶとすれば万人がこの3人を選ぶに違いない。

なかでも小林との抗争は、同時代に勃発した藤波辰巳（現・辰爾）vs長州力と並び、日本人対決の新しい形を作っただけに特別と言えるだろう。しかし、本書ではあえてタイガーとのライバル関係を構築した外国人レスラーにスポットライトをあててみたい。

なぜならば――。

ダイナマイト・キッドとブラック・タイガーは、ともにイギリスから海を渡り日本にやって来た。両者とも初来日が国際プロレス（ブラックは素顔の〝ローラーボール〟マーク・ロコ）で、一度参戦した後、新日本プロレスに転出、レギュラー外国人として何度も来日するようになった。いずれもイングランド北部の出身で、現地ではマンチェスターを拠点としていた。

実はタイガーマスクvsダイナマイト・キッド、タイガーマスクvsブラック・タイガーの闘いが日本で展開される数年前、キッドとブラックは母国で激しい抗争を繰り広げていた。

佐山サトルはタイガーマスクに変身する前にイギリスで「サミー・リー」として大ブームを巻き起こしていたが、キッドvsブラック、いやキッドvsロコという黄金カードがサミー・リー旋風に先駆け、人気を集めていたのである。

私は１９９０年代前半、イギリスに住んでいたことがある。在住時、プロレス会場に足を運ぶようになり、縁あってキッド、ロコと知り合った。当時のキッドは全日本プロレスのリングで一度引退した身から、訳あって復帰。ロコはすでにリングを下りていたのだが、会場を訪れていたときに初めて会ったと記憶している。

日本に帰国後、私はプロレスについて取材、執筆する仕事をするようになり、外国人レスラーの招聘にも携わった。それにより後述するが、佐山と2人の再会を手伝うこともできた。

しかし、キッドは２０１８年12月5日（享年60）、ロコは２０２０年7月31日（享年69）に永眠。タイガーマスク、ダイナマイト・キッド、ブラック・タイガーが日本で一同に揃う夢が実現することはなかった。かなったとしたら、当事者同士はもちろん、いったいどれだけのファンが喜んでくれただろう。

だからこそ、昭和の新日本プロレス全盛時に空前のタイガーマスク・ブームを創り上げたこの3人のトライアングルについて、まとめてみたいと思った。よって本書では１９８３年に新日本プロレス内部で起きたクーデター騒動や佐山の格闘技転出などについては、深く触れないでおく。

〝黄金の虎〟タイガーマスクと〝爆弾小僧〟ダイナマイト・キッドと〝暗闇の虎〟ブラック・タイガー（〝ローラーボール〟マーク・ロコ）――。あくまでも本書は日本とイギリスを中心に紡がれた3人の物語であり、そこには有名なエピソードもあれば、知られざる逸話もある。関係者の証言や私の個人的経験を交え、一冊の本にする作業が始まった。

まずは、タイガーマスクがそのスタイルの原型を生み出す海外武者修行時代から振り返ってみたい。時計の針を佐山サトルがメキシコにいた頃に戻してみよう。

〝黄金の虎〟と〝爆弾小僧〟と〝暗闇の虎〟

目次

第1章　東洋から来たマーシャルアーティスト

佐山サトルは1978年5月、木村健吾（現・健悟）と同じ便で、海外武者修行に旅立った。目的地は佐山がメキシコで、木村はアメリカ。どちらも新日本プロレスに協力していたロサンゼルスのプロモーター、マイク・ラベールの仲介によるものだ。

初めての海外修行に武者震いするわけでもなく、佐山はどこか釈然としない気持ちで機上の人となった。なぜ「格闘技」ではなく、真逆とも言える「ルチャ・リブレ」なのか。

1957年11月27日、山口県下関市で生まれた佐山はプロレスラーになるため上京し、1975年7月に営業本部長・新間寿氏を介して新日本プロレスに入門。アントニオ猪木からは「どうして、あんな小っこいのを入れたんだ!?」と怒りを買ったというが、新間氏は礼儀正しく入門を志願、熱心に練習を報告し、事前に交わしていた約束通りに身体を大きくしてきた佐山の姿勢に感銘を受けた。そして、それ以上にずば抜けた運動神経のよさも見抜いていた。

結果的にはタイガーマスクの大成功により〝過激な仕掛け人〟の面目躍如となるのだが、当時は決して鳴り物入りではなく、新間氏にとっては個人的な賭けでもあったのだ。

佐山は1976年5月28日、〝プロレスの聖地〟後楽園ホールで魁勝司（北沢幹之）を相手に18歳でデビューを果たす。以降、ポジションは前座で、通常の新人レスラー、いわゆるヤングライオンの域を出ないものだった。

ところが、大きな転機が訪れる。それはプロレスのリングではなく、格闘技戦への抜擢だった。

１９７７年11月14日、佐山は劇画『タイガーマスク』の生みの親でもある梶原一騎氏主催のイベント『格闘技大戦争』に出場、全米プロ空手ミドル級1位のマーク・コステロとキックボクシングルールで対戦した。

場所は日本武道館。前年6月26日におこなわれた〝格闘技世界一決定戦〟アントニオ猪木vsモハメド・アリと同じ大会場である。それだけに、佐山には若手ながらも〝プロレス＝最強格闘技〟の威信が懸けられていたと言っても過言ではない。

当然、ファンもそういった視点で闘いぶりを注視する。たとえ佐山がキャリア1年半のプロレスラーだとしてもだ。

そのなかのひとりに、のちにターザン山本編集長のもと、週刊プロレスで編集次長（ニックネームも〝ジチョー〟）の任務を担い、プロレスマスコミの全盛時代を支える宍倉清則氏がいた。まだ業界入り前だったが、件の試合を会場で生観戦したという宍

目白ジムで打撃技の習得に励んでいた佐山サトルは1977年11月14日、日本武道館で開催された『格闘技大戦争』でグローブを着用し、マーク・コステロと対戦。日本人プロレスラーがキックボクシングルールの試合に挑むのは、これが史上初だった。

倉氏は、こう振り返る。

「ほかの試合はどうでもよかったんだけど、プロレスラーが出るということで見に行ったんですよ。当時、佐山は無名だったけど、あの頃はまだそういう試合なんてないし、プロレスラーだから興味があった。でも、試合を見たらね、まあ当時の素人、少年ファンの考えだけれども、ガッカリしましたよ。ガッカリもいいとこ。70キロくらいの痩せた格闘家に筋肉隆々のプロレスラーが通用しない、やられちゃうんだ、かなわないんだという。〝何だ、これ!?〟って、ガッカリですよ。ただ救いだったのは、佐山がまだ前座の選手だったこと。だったら、しょうがないかと思うしかない。東京スポーツの招待券で行ったんだけどね。それにしても、あのときの佐山がのちにタイガーマスクになって、あんなすごい動きをするとは思わないよね」

結局、試合は佐山の判定負けに終わった。このとき、初めて佐山の動く姿を目にしたファンも多かったと思われるが、やはり最強を謳うプロレスの敗北はショッキングな出来事だったに違いない。

とはいえ、格闘技戦に向けてのわずかなトレーニング期間と過酷な減量の末の試合決行は、決して倒れない闘志を含め、猪木をはじめ内部から高い評価を得た。

また、当時の佐山の気持ちもすでに格闘技に傾いていた。いまでは有名な話だが、佐山は猪木から「お前を新日本プロレスの格闘技第1号選手にする」との言葉ももらい、2人でルールについての話などもしていたという。

将来、新日本で新しい格闘技を起ち上げる――。その夢が佐山のモチベーションになっていたのだ。

が、ある先輩選手から直に言われた「(負けて)だらしないな」との言葉が心に深く突き刺さった。試合を見たほとんどは、いわゆる素人である。宍倉氏が抱いた印象のように、むしろこちらの方が大半の意見かもしれない。

しかし、〝プロの身内〟から言われたとあって、かつてないほどの屈辱がよりいっそう強くなりたいとの思いを募らせた。打撃に目覚めた佐山は、それまで以上に格闘技の練習に力を入れていく。

異例のスピードで〝総本山〟アレナ・メヒコに初登場

そんなときだっただけに、メキシコ行きにはあまり乗り気になれなかった。確かに、少年時代はミル・マスカラスに憧れた。しかし、自分のやりたいことは格闘技に向けられている。とはいえ、会社の方針に逆らうわけにはいかない。

この時期に新日本プロレスの営業部長だった大塚直樹氏は、当時の事情をこのように話す。

「新日本の所属選手が海外武者修行へ行く際は現地でもらえる試合のギャラにプラスして、新日本からもお金が支払われるんです。当然、往復の旅費も会社で用意し、帰りはフリーのチケットを渡します。それは、どなたに対しても同じでした。グラン浜田さんのように、向こうでの長期生活（メキシコ定着）を前提とするような場合は例外もありますけどね。海外のプロモーターとの話し合いによって会社から普通に送り出す場合は、向こうで受け取ったギャラは全部自分でもらっていい。それに加えて日本国内の新日本プロレスの興行数分、当時は年間１８０～２００大会でしたが、その選手がもらえる試合給の半額が本人に入るんです。あの頃はシリーズが終わるごとに所属選手にギャラをまとめて支払っていましたが、海外で修行している選手にも同じ日に日本の口座に振り込んでいました。そういう部分では、新日本の選手たちは厚遇されていたと思いますよ。新日本からもギャラを払う理由ですか？　わかりやすく説明すれば、会社側が選手をコントロールするためですね。ギャラが発生しているので会社から海外に出すと言われたら行かなきゃいけないし、帰国命令が出たら日本に戻ってこなければいけないんです」

それゆえ、このときの佐山も会社から言われた通りメキシコへ向かうしかなかったのだ。本人の記憶では、出発の3ヵ月ほど前に倍賞鉄夫リングアナウンサーからメキシコ行きを告げられたという。

木村とは、経由地のロスで別れた。佐山が向かった先は首都メキシコシティではなく、グアダラハラである。

グアダラハラはメキシコ北部の大都市で、ルチャ・リブレも盛んだった。メキシコシティ同様、EMLL（現CMLL）の定期戦もおこなわれる。

当時のEMLL代表サルバドール・ルテロ・カモウは送られてきた佐山のプロフィール写真を見て、その童顔からテクニコ（ベビーフェース）として売り出すことを決めたようだ。が、実力については未知数。年齢もまだ20歳と若かったこともあり、とりあえずグアダラハラでジムを構えていた名コーチ兼レフェリーのディアブロ・ベラスコに預けることにした。

実は、これが佐山には好都合だった。メキシコといえば、空中殺法のイメージが強いが、ベラスコはいわゆる〝シューター〟。ジムでのトレーニングではロープワークなどよりもアマレス的なテクニックの習得、極めることに重点を置くスパーリングに多くの時間が割かれていた。

ベラスコはルチャドールとしてはローカルレスラーの域を出なかったものの、マエストロ（先生）として当時から名を馳せていた。日本で大ブームを巻き起こしたミル・マスカラスもアマレスの猛者で、一時期ベラスコの指導を受けている。タイガーマスク変身後の佐山と関係する選手では、エル・ソリタリオ、エル・ソラール、ブラックマンらも彼の門下生だ。

ベラスコのジムに通うようになった佐山は、1978年6月4日にメキシコ・デビュー戦をアレナ・コリセオ・デ・グアダラハラでおこなう。リングネームは「サトル・サヤマ」で、いきなり現地定期戦のメインイベント（6人タッグマッチ）に出場した。

同日同会場には、全日本女子プロレスのトミー青山とルーシー加山も出場していた。当時、メキシコシティでは女子とミゼットの試合が禁止されていたため、グアダラハラが女子選手にとって晴れの舞台だった。ちなみに当時、EMLLと敵対していたUWAの本拠地エル・トレオでは女子もリングに上がっていたが、これはメキシコ州ナウカルパンに位置していたからである。地図上ではギリギリ、メキシコシティからはずれているのだ。

メキシコ初マットから5日後の6月9日、サトル・サヤマは早くもメキシコシティにある〝EMLLの総本山〟アレナ・メヒコに初登場を果たした。

通常はじっくりと時間をかけて地方サーキットを回り、中央進出の機会を待つ。しかし、サヤマにはすでにこの段階で中央からお呼びがかかった。これは異例の抜擢と言っていい。しかも当初からセミファイナルクラスに試合が組まれており、日本の前座時代には考えられないほどのスピード出世である。

しかし、本人にその自覚はなかった。佐山は当時の様子を次のように振り返る。

「グアダラハラに着いたら、レフェリー（ベラスコ）に〝明日、ジムに来い〟と言われたんですよ。翌日、ジムへ行くと、みんなでセメントのスパーリングをやっていたから、〝メキシコでもやるんだ！〟とビックリしたんですよね。そのとき、まだ若手だったけど、体重が100キロくらいあるマキナ・サルバへとスパーリングをやらされて、一瞬で極めちゃったんです。確か首投げから腕を極めたのかな。今になって振り返れば、それが評価されたのかもしれないですね。メキシコもそういう部分を重要視するところがあったんですよ。ただ、僕自身は初めてメキシコへ行ったとき、ルチャ・リブレに関する知識はほとんどなかったんです。だから、最初の頃は対戦している選手も誰が誰だかわからなかった（笑）。本当に若手のままメキシコに行ったという感じですし、抜擢されたという認識もないわけですよ。当然、そういうことを事細かに教えてくれる人もいませんしね。メキシコのプロレスについては、試合を通して自分でおぼえていったんですよ」

この頃から佐山はルチャ・リブレに順応すると同時に、格闘色の濃い蹴り技を多用するようになった。ハイ、ミドル、ローの各種キック、そしてローリングソバット。さらにはルチャのサルト・モルタル（バック宙）を応用したサマーソルトキックも繰り出した。

残念ながらEMLL時代のサトル・サヤマの動画は残されていないが、本人の述懐や当時の日本での報道などから推測すると、新日本スタイルのレスリング、若手時代に目白ジムで練習に励んでいたキックボクシング、メキシコで本格的に触れたルチャ・リブレの技術を融合させた独自のファイトを早い段階から実践していたようだ。事実、メキシコにはたくさんの新しい技のヒントがあり、それらはタイガーマスクになってからも使用している。

「日本では前座で禁止されている技とかありましたけど、そういうことを抜きに好きにできたので楽でしたよ。自分としては、好き勝手に日本式で試合をしていましたね。対戦相手は迷惑だったかもしれないですけど（笑）。向こうで、僕は選手たちに〝ロコ〟と呼ばれていたんですよ。素早くロー、ミドル、ハイと蹴りを連続で出したりしていたので。ロコというのは、スペイン語で〝クレイジー〟という意味（笑）」

レスラーとしてのキャラクターは着物風のガウン、マーシャルアーツのパンタロンを着用するなど〝オリエンタル（東洋人）の格闘家〟であることを前面に打ち出し、クン・フー、カト・クン・リーとのカラテ・トリオも全盛だったブルース・リー人気にうまく乗った。

「メキシコ人は、僕を見てブルース・リーをイメージしたと思いますよ。ジャッキー・チェンも流行っていましたし、そういうことは僕自身も意識していました。ジャッキー・チェンの動きはカンフーですけど、僕はキックボクシングをやっていたので確かにブルース・リーに近かったでしょうね。パンタロンは向こうに行って、しばらくしてから現地のコスチューム職人に作ってもらったんですよ。やっぱり蹴りを見せたかったので」

蹴りに関してはサンドバッグを用意して自室でも打撃のトレーニングに明け暮れ、サマーソルトキックはホテルのベッドを壁に立てかけ、アイデアを現実のものとした。

間違いなく、後述するイギリスでのサミー・リーからタイガーマスクに至る原点がこの時代にあったと言える。

キャリア3年でNWA世界ミドル級王座を獲得

そんなサトル・サヤマにタイトル挑戦のチャンスが訪れる。

9月22日、EMLL創立を記念する年間最大のビッグマッチ『アニベルサリオ』に出場し、トニー・サラサールのNWA世界ミドル級王座に初挑戦。ベルト奪取こそならなかったものの、サラサールとはメキシコで最初のライバル関係を築くこととなった。ダイナマイト・キッド、ブラック・タイガーといったイギリス勢に先立つ最初の外国人ライバルである。

イギリスといえば、当時のメキシコマットには英国人レスラーもわずかながら参戦していた。その代表格がスティーブ・ライト、マーティ・ジョーンズ、デビッド・モーガン、デーブ・クレメンツである。ライトとジョーンズは、のちに日本でタイガーマスクと関係する選手だ。

スティーブ・ライトは74年に渡墨、3月にレネ・グアハルドのNWA世界ミドル級王座に2度挑戦した。後年、サトル・サヤマが獲得するタイトルだけに、何かの縁を感じてしまう。

マーティ・ジョーンズはペロ・アグアヨと抗争を展開し、髪の毛を賭けるカベジェラ・コントラ・カベジェラにまで発展させた。75年6月13日にアレナ・メヒコで敗れたとはいえ、これは名誉の丸坊主姿でもあった。現地の新聞、雑誌で大きく扱われたからである。ジョーンズは新日本の前座時代、イギリス時代のサミー・リー、ブーム絶頂期のタイガーマスク、旧UWFのスーパー・タイガーと、あらゆる時期の佐山と対戦している希有な存在だ。

10月中旬、ロスにいた木村が韓国人キャラ「パク・チュー」のリングネームでメキシコにやって来た。パク・チューはルード（ヒール）で、サヤマはテクニコだったから、両者が対戦することもあった。本来ならば日本人対決となるところ、キャラクター設定上、サヤマと木村の対戦は日韓対決の位置づけとなったのだ。

12月8日、木村はアレナ・メヒコでエル・ファラオンからNWA世界ライトヘビー級王座を奪取する。翌1979年3月末まで王者として君臨し、6月に日本へ単身帰国した。

残留したサヤマは6月15日、シングルマッチでアレナ・メヒコのメインイベントに初登場。ベラ

1979年2月2日、サトル・サヤマとNWA世界ライトヘビー級王者パク・チューが6人タッグマッチで対戦したアレナ・コリセオのチラシ。

スコ道場同門のアルフォンソ・ダンテスをカベジェラ戦で破ると、9月9日にはグアダラハラでこちらも同門のリンゴ・メンドーサを破り、NWA世界ミドル級王座を獲得した。

　これはサヤマにとって初戴冠であると同時に、日本人としてはミステル・コマ（マシオ駒）以来2人目の快挙。ベルトは1980年3月28日、サタニコに敗れるまで、半年間保持してみせた。

「ベルトを獲ったときは、このタイトルがエンプレッサ（EMLL）の頂点だということは認識していましたよ。でも、初めてベルトを巻いて自分の中で変わったことは…とくにないですね。待遇もそれまでと変わらなかったですし（笑）。あの頃は毎日、生きることに必死でしたからね。向こうはとにかく移動が大変で、ずっとバスに揺られている毎日でした。試合のスケジュールが埋まっ

NWA世界ミドル級のベルトを巻いたサトル・サヤマ。在位時、前王者リンゴ・メンドーサ、トニー・サラサール、サングレ・チカナ、アメリコ・ロッカを相手に合計10度の防衛に成功した。

ていて、練習時間もなかなか取れない。食事も合わなくて、3日間お腹がまともだった日もなかったですから、生きて日本に帰れると思っていなかったですよ（笑）」

丸腰になった佐山は、メキシコからアメリカのフロリダへ飛んだ。デビュー当時からの師匠カール・ゴッチのもとでトレーニングするためである。

以後は同じくトレーニングのためゴッチ宅に来ていた新日本の先輩・藤原喜明とのスパーリングに明け暮れた。この時期の練習内容を詳細に記した「藤原ノート」が有名だが、佐山もノートに練習で教わったことを記録し、自身の血、肉へと変えていく。

92キロから83キロくらいまで落ちていた体重を戻した佐山は3ヵ月後、ゴッチから再びメキシコに行くように言われた。

といっても、ルチャ・リブレを続けるためではない。ゴッチは次の修行地を自身に縁の深いイギリスと決めており、その費用を捻出するためにまずはメキシコで稼いでこい、というのである。

2度目のメキシコ修行では、UWAのリングに上がった。UWAには現地ですでに大きな地位を築いていたグラン浜田と、海外修行中の先輩・小林邦昭がいた。

小林は言わずと知れた将来の〝虎ハンター〟。この時期、メキシコシティで佐山と小林は同居生活を送ることになった。そのときに生まれた信頼関係が、のちのライバル関係へと転化、昇華することとなる。

そして1980年9月下旬、佐山はゴッチの命令通りイギリスに渡る。そこで待っていたのは、未来のライバルとなる〝ローラーボール〟マーク・ロコ、ダイナマイト・キッドとの出会いだった。

第2章　衝撃の〝センセーショナル〟サミー・リー登場

カール・ゴッチが佐山サトルの修行地をメキシコからイギリスに変えさせたのは、想像以上の体重減にショックを受けたからだった。

しかし、環境の悪いメキシコからそのままイギリスに行かせるのではなく、気候のよいフロリダで再び肉体作りをさせてからにしたのは、いかにもゴッチらしい考えだった。初期の力道山道場に通っていた経験もある新間寿氏は、「プロレスの神様」と呼ばれるゴッチをむしろ「トレーニングの神様」と形容する。

確かにそうだ。ゴッチは新日本プロレス創立当初からレスラーとして参戦するとともに、外国人選手のブッキングのほか、若手陣のコーチとしても団体の基礎作りに多大なる貢献を果たした。

現在でも初代タイガーマスクがその復活を標榜する「ストロングスタイル」は、ゴッチが新日本プロレスに持ち込み、アントニオ猪木が昇華させたプロレスと言って差し支えないだろう。ストロングスタイルのベースは、ゴッチ式の厳しいトレーニングにある。

本名カール・イスタス。日本では児童文学『フランダースの犬』の舞台で知られるベルギーのアントワープで生まれたゴッチはドイツ移住後、20歳代半ばでプロデビューし、ヨーロッパを転戦。その際に立ち寄ったイギリスでアルフ・ロビンソンに紹介され、イングランド北部ランカシャー州ウィガンのレスリングジムを訪れる。

アルフはボクシングからプロレスに転向した選手で、あの〝人間風車〟ビル・ロビンソンの叔父

左からカール・ゴッチ、新間寿氏、佐山サトル。佐山がメキシコ武者修行中に、グラン浜田宅で新日本プロレスの関係者、テレビ朝日のクルーらと会食パーティーが行われた際のショットである。

である。ここを気に入ったゴッチは、8年間も同所でトレーニングを積んだ。「カール・ゴッチ」を名乗る以前の話である。

そのジムを仕切っていたのが元プロレスラーのビリー・ライレーだ。よってここは「ビリー・ライレー・ジム」と言われるようになったが、当時は特定の名称などなかったと思われる。練習生らは、単に「ビリーのジム」と呼んでいただけのようだ。

この時代、ウィガンには無名で多数のレスリングジムがあった。ウィガンは炭鉱労働者の町で、仕事を終えた男たちがレスリングの練習に勤しんでいた。ある意味、レスリングは娯楽の少ない町において数少ない楽しみのひとつだったのだ。

そのなかでもっともレベルが高く、プロ志向の高かったのがライレー・ジムと言えるのだろう。実際に、多くのチャンピオンクラスのレスラーを輩出している。

ここが「スネーク・ピット」、「蛇の穴」と別名で呼ばれるのは現地関係者によるネーミングではなく、外部からの後づけだったようだ。ゴッチのようにジムを〝発見〟した人たちが、そこでおこなわれているレスリング、いわゆるランカシャースタイルのキャッチ・アズ・キャッチ・キャンに対し、相手に絡みつく蛇をイメージした。また、ジムの場所や雰囲気も洞窟のような炭坑に重ね合わせたのではないか。

というのも、ライレー・ジムはジムといっても立派な建物とはほど遠く、薄暗くて地味な掘っ立て小屋に過ぎなかった。

広さは5メートル四方くらいしかなく、マットが敷いてあるのみ。ほかには何もない。ここで延々とスパーリングが繰り広げられるのだ。まわりは何もない空き地だった。

このジムで育まれたレスリング技術はカール・ゴッチ、のちにライレー・ジムを代表するレスラーとなるビル・ロビンソンによって日本にもたらされた。

戦前からつづくイギリスマットの歴史的背景

ゴッチは新日本プロレス旗揚げ以降、役割のひとつとして若手レスラーの海外武者修行にも携わっていた。

そのゴッチが若い佐山のポテンシャルを自身が学んだイギリスで開花させた上で、新日本に帰したいと考えたのは自然の流れだったかもしれない。

イギリスにおける「興行としてのプロレス」は戦前の１９３０年12月15日、オール・イン・レスリングの旗揚げで本格的スタートを切る。ロンドンとマンチェスター近郊ベルビューでの同時開催で、ビリー・ライレーも出場した。

上が1996年12月、下が2016年5月に撮影したビリー・ライレー・ジムの跡地。1996年の時点ではわずかに建物の土台が残っていたのだが、約20年後には住宅地となり、まったく面影がなくなっていた。

そのライレーが地元ウィガンにジムを作ったのが1940年代の初め。1946年にはプロモーターによる互助組織『ジョイント・プロモーション』が誕生した。

当時、イギリスには全国各地にプロモーターが存在し、それぞれが独自に興行を開催していたが、それをまとめ上げたのが「連結」を意味するジョイント・プロである。

たとえばロンドンなら、1948年から活動しているジャック・デールとレス・マーチン運営のデール・マーチン・プロモーション、イングランド北部ボルトンを拠点とするライトン・プロモーションが傘下になった。

ほかにポール・リンカーン・マネージメント、ベスト・ライトン・プロモーション、モレル・ベレスフォード・プロモーション、レリスコウ・アンド・グリーン・プロモーション、ウッドハウス・ジャック・アサートン・プロモーションといったローカル団体がジョイント・プロのグループに入り、それ以外は独立団体として単発の興行を開催していた。

これらのなかにはプロレスだけではなく、映画上映など地元の娯楽イベントを仕切る多角経営のプロモーションも存在したが、イギリスでプロレス興行を継続しておこなうためには、企業連合、すなわち力のあるジョイント・プロに入るのが得策だった。

イギリスでは、テレビも民放の放送局がジョイント・プロのような形で運営されている。ITVは、ローカル局の総合体だ。

こちらは1955年9月にスタート。ロンドンのカールトン、ランカシャー州のあるイングランド北部のグラナダなどローカル局がまとまり、ひとつのチャンネルで各局の製作番組が放送される。これは国営放送BBCへの対抗策であった。ITVの「I」は、「インディペンデント（独立）」を表わしている。

この頃、プロレスはテレビ業界の流れにうまく乗った。ローカル放送局が統一された1955年の11月に、ITVがプロレスのテレビ中継を開始したのである。

フランシス・セントクレアー・グレゴリーvsマイク・マリノというカードで、全国ネットのプロレス番組はスタートした。グレゴリーは、新日本プロレスの常連だったトニー・セントクレアーの父。マリノは、のちにイギリスで佐山の面倒を見るウェイン・ブリッジのコーチで、1969年にヨーロッパ・ミッドヘビー級王者として国際プロレスに来日している。

テレビ中継が土曜日の午後で定着すると、1964年に番組タイトルは『ワールド・オブ・スポート』と改称された。これはサッカーからビリヤードに至るまで、あらゆるスポーツ中継で週末の午後を独占する長時間のプログラムだった。なかでもプロレスはサッカーに次ぐ人気で、『ワールド・オブ・スポート』といえばプロレスを指すまでになる。

しかし、プロレスが全国区になった一方で、視聴者数増加を狙いリング上はショーマン化の傾向が色濃くなっていく。

1977年、巨漢ビッグ・ダディの人気が全国区で爆発した。使う技といったら「体当たり」くらいだが、大きな身体とユーモラスな動きがファミリー層のハートを掴んだのだ。

すべてはジョイント・プロを牛耳るプロモーター、マックス・クラブトリーの戦略だった。

当時、クラブトリー3兄弟がジョイント・プロの中心を担っていた。1975年にジョイント・プロを仕切るようになった元レスラーの長男マックスが統括プロモーターで、弟のブライアンはレフェリー、その下の弟シャーリーはレスラーとしてリングに立った。

それまでは大きな結果を残せなかったシャーリーだが、マックスのテレビを使ったPRが功を奏し、「ビッグ・ダディ」としてベビーフェースのトップに君臨。1930年生まれなので、40代後半での遅咲きのブレイクだった。

ビッグ・ダディのプロレスは、単純明快だ。「週末の娯楽」として考えれば、誰にでもわかりやすく、いかにもテレビ的な試合がウケるのも理解できる。

が、ダディのスタイルがリング上のクォリティーを下げる一因になったことも否定できない。そんな状況のイギリスにやって来たのが佐山サトルだった。

このとき、フロリダ在住のゴッチは「テレビのプロレス」を知らなかったのだろうか。それともエンターテインメント化に拍車がかかるイギリスマット界においても、佐山をこのリングに上げるメリットがあると考えていたのだろうか。

いずれにしてもゴッチの指示に従い、佐山はイギリスに修行の場を移した。

ブルース・リーの黄色いトラックスーツ

佐山を迎えに来たのは、新日本プロレスのシリーズ参戦を終えたばかりのイギリス人レスラー、ピート・ロバーツだった。

このとき、ロバーツは日本からフロリダに立ち寄り、わざわざ佐山をピックアップしてからイギリスに帰国している。ロバーツは同じ英国人レスラーのトニー・チャールスを介してゴッチに来日を志願、自身を新日本にブッキングしてくれたことに恩を感じていたのだ。

のちに全日本プロレスの常連となるロバーツだが、初来日は1974年1月の新日本。偶然ながら、佐山がデビューした1976年5月の『ゴールデン・ファイト・シリーズ』にも参加している。

1980年9月の末、佐山とロバーツはロンドン・ヒースロー空港に到着した。が、佐山が入国審査で足止めを食らう。滞在目的を聞かれた佐山は、「レスリングをするため」と答えた。しかし、プロレスは興行ビジネスである。それに必要な就労ビザを持たされていなかったため、待たされることになったのだ。

2時間あまり経っただろうか。ロバーツがなんとか話をつけてくれた。このとき、カリカリしていたのは、むしろ佐山よりロバーツの方だったという。

その後、佐山はロバーツの家で一泊し、翌日にジョイント・プロを仕切るマックス・クラブトリーのオフィスに出向いた。

ここからの話は、タイガーマスクのファンの間では有名だろう。オフィスでも佐山はトラブルに遭う。自分を招聘したはずのマックスがなぜか怒っているのだ。

「ゴッチは何でまた、こんな小っちゃいヤツをよこしたんだ！」

これはまるで猪木が入門してきたばかりの佐山に抱いた印象と同じではないか。

とはいえ、ロバーツによると、その怒りはすぐに収まった。ゴッチはあらかじめ佐山の写真を送っていたというし、本人にデモンストレーションをさせたところ一瞬でマックスの顔色が変わったのだ。

「プロモーターが嫌そうな顔をしているのを見て、とんでもないところに来てしまったなと思った

筆者がイギリスにピート・ロバーツを訪ねたのは2018年7月。プロレス関係のイベントにはほとんど顔を出さないというが、このときはわざわざロンドンまで出て来てくれた。左はスティーブ・グレイ。2人ともイギリスマット界の大物レジェンドである。

んですけど、あんなに人の表情が変わったのを見たのは初めてでしたよ」

そう言って笑うのは、当の佐山である。

佐山はどのようにしてマックスの顔色を変えてみせたのか。当日の様子を振り返ってもらった。

「道場にいたレスラーを相手にやってみろと言うので、動いてみたんです。ピートさんが〝サトルの動きをちょっと見てみろ〟と、マックスに言ってくれたんですよ。〝サイアナイド〟シッド・クーパーというレスラーが偶然そこにいて、2～3分ですけど、サマーソルトキックとかローリングソバットとかメキシコ用の動きをやってみました。なかには新日本的な動きもポイント、ポイントでやったかもしれないけど、だいたいがメキシコのハイスパート的な動きですね。そうしたら、マックスの態度がコロッと変わって（笑）。〝ちょっと待って〟と言って車を慌てて持ってきて、オフィスに横付けして〝とにかく来てくれ〟と言われたんですよ」

マックスはすぐに佐山を車に乗せ、近くのマーシャルアーツショップに向かった。佐山が与えられたのは、剣道の竹刀とブルース・リーの映画『死亡遊戯』で有名になった黄色のトラックスーツだった。

メキシコでも佐山は、ブルース・リーのブームに少なからず影響を受けた。そもそもEMLLのサルバドール・ルテロ・カモウ代表がロスのマイク・ラベールを通じて新日本プロレスにリクエストしたのは、「ブルース・リーのような選手」だったという。まさに適役だったわけだが、イギリスでも佐山の動きを目にしてプロモーターが即座にイメージしたのがブルース・リーだったのだろう。

日本では1973年12月、イギリスでは翌年1月に公開されたアクション映画『燃えよドラゴン』で世界的にセンセーションを巻き起こしたブルース・リーは、すでにこの世を去っていた。それでも香港時代の旧作群が相次いで公開され、ブームにさらなる火をつけた。

そして、撮影済みだったアクションシーンに数人の代役を加え、一本の作品に無理やり仕上げたのが1978年公開の『死亡遊戯』である。

この作品でブルース・リーを象徴する衣装となったのが全身黄色のトラックスーツ。それと同じ種類のものを、そのまま佐山は入場時のコスチュームにした。いや、させられたと書いた方が正確だろう。

「黄色のトラックスーツですか？　いいとは思いませんでしたけど、〝まあ、いいや〟という感じでした。その時点ではイギリスでどんな待遇になるのかもわかりませんし、〝何でもいいかな〟って」（佐山）

リングネームもブルース・リーにあやかった。その名も「サミー・リー」。設定上は、ブルース・リーと血縁関係があることになった。当初、ゴッチは「リッキー・カワシ」という名前を用意していたが、マックスは採用しなかった。

映画『死亡遊戯』で知られることとなった黄色のトラックスーツに身を包んだサミー・リー。海外のプロモーターは、佐山にブルース・リーをイメージしたようだ。ブルース・リーがいなかったら、サミー・リーも生まれなかったかもしれない。

入国から1週間ほど佐山を自宅に泊まらせていたロバーツは言う。

「サトルは、サミー・リーのキャラクターに不満を持っていたようです。中国人か韓国人に聞こえるリングネームが嫌だったみたいですね。我々からすれば東洋人の区別はつきにくいものですが、リーという名前が日本人らしくないのでしょう。彼はイギリスでも、メキシコと同じサトル・サヤマでファイトしたかったようです。しかし、マックスがすぐに却下してしまいました。サトルは、不満そうでしたね。対照的に黄色に黒のストライプが入ったトラックスーツを着せ、手に竹刀を持たせて、マックスはご満悦でしたよ。少なくとも試合をするまで、サトルは嫌がっていました」

このネーミングとキャラクター設定の件について、佐山はこう振り返る。

「あまり記憶にないんですけど、確かに最初は嫌がっていたのかもしれません。ゴッチさんからリングネームはリッキー・カワシだと言われていたし、それはそれでしっくりこなかったけれど、ゴッチさんが言うんだからいいかという感じでした。ゴッチさんによると、昔、カワシというレスラーがいたらしいんですね。リッキーというのは外国人なら呼びやすいし、おぼえやすいからだと。だから、僕自身はそのつもりでいたんですけど、名前がいきなりサミー・リーになってしまって、おそらくピートさんはそこが印象に残っていたんじゃないですかね」

とはいえ、プロレスの世界ではプロモーターの要求を断るわけにはいかない。それはイコール、仕事を失うことにつながる。

佐山がサミー・リーとして初めてリングに立ったのは1980年10月8日、サウスエンドでの興行だった。これはジョイント・プロに属するデール・マーチン・プロモーションが主催する大会で、テレビ収録も入った。

マックスはあえてサミー・リーをテレビマッチでお披露目させたと推測されるが、結果的に彼の読みは弟ビッグ・ダディのブレイク同様、当たることとなる。しかも想像のはるか上を行くほどに——。

ブルース・リーの親戚として迎えられた鉢巻き姿のサミーは、リングに上がるなりトラックスーツを脱いでしまった。これはまるでタイガーマスクのデビュー戦で、すぐにあの急造手描きマントを外したシーンと重なるではないか。

やはり佐山にとって、このキャラクターは不本意であったのだろう。トラックスーツの下は、黒のショートタイツ。日本流に言えば、〝ストロングスタイルの象徴〟だ。

ゴングが鳴ると、一瞬で場内の空気が変わった。蹴りを中心にしたスピードとキレのある、しかも次が読めないムーブの連続。その動きは、のちに我々が目にするタイガーマスクとほぼ同じである。

サミーは対戦相手の〝サイアナイド〟シッド・クーパーを翻弄し、結果は2－0のストレート勝ち（3本勝負）。しかも3日後には、テレビでその勇姿が全国に流れ、ここに〝センセーショナル〟サミー・リーが誕生する。まさに言葉通りのセンセーショナルなデビューだった。

おそらく佐山がサミー・リーではなく、サトル・サヤマ、あるいはゴッチ考案のリッキー・カワシとしてイギリスのリングに上がったとしても、ファイトスタイルじたいは変わらないので人気は

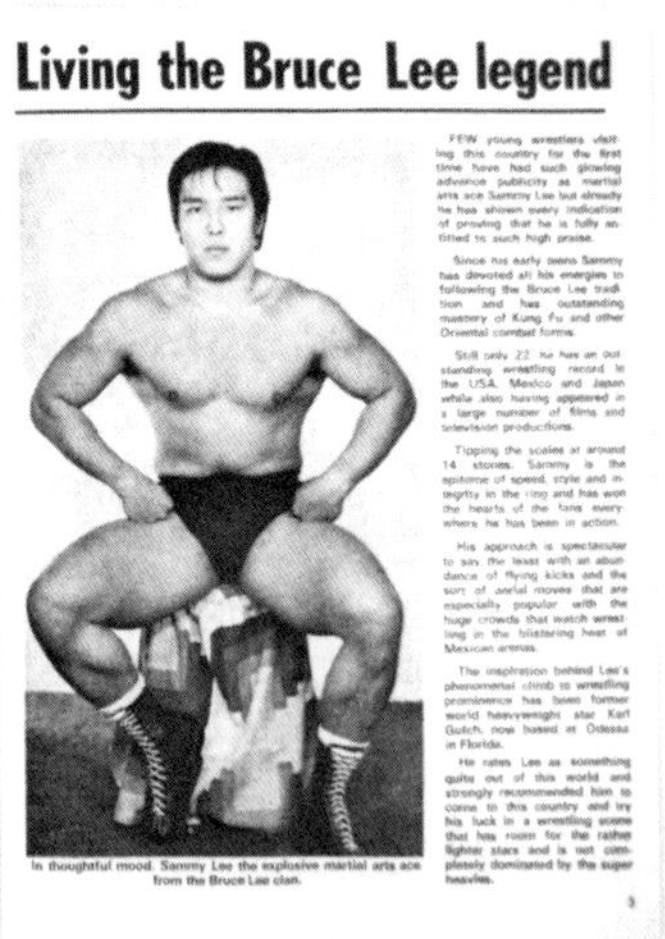

Living the Bruce Lee legend

FEW young wrestlers visiting this country for the first time have had such glowing advance publicity as martial arts ace Sammy Lee but already he has shown every indication of proving that he is fully entitled to such high praise.

Since his early teens Sammy has devoted all his energies to following the Bruce Lee tradition and has outstanding mastery of Kung Fu and other Oriental combat forms.

Still only 22 he has an outstanding wrestling record in the USA, Mexico and Japan while also having appeared in a large number of films and television productions.

Tipping the scales at around 14 stones, Sammy is the epitome of speed, style and integrity in the ring and has won the hearts of the fans everywhere he has been in action.

His approach is spectacular to say the least with an abundance of flying kicks and the sort of aerial moves that are especially popular with the huge crowds that watch wrestling in the blistering heat of Mexican arenas.

The inspiration behind Lee's phenomenal climb to wrestling prominence has been former world heavyweight star Karl Gotch, now based at Odessa in Florida.

He rates Lee as something quite out of this world and strongly recommended him to come to this country and try his luck in a wrestling scene that has room for the rather lighter stars and is not completely dominated by the super heavies.

In thoughtful mood. Sammy Lee the explosive martial arts ace from the Bruce Lee clan.

現地のパンフレットの記事で、サミー・リーは「生きるブルース・リー伝説」として紹介された。写真には「ブルース・リーの一族」との説明もある

出ただろう。が、それを最大限に加速させるには至らなかったのではないか。

それだけに佐山自身は不本意だったかもしれないが、マックスの功績は大きい。新日本プロレスは劇画のタイガーマスク、マックスは映画のブルース・リーという違いはあるものの、佐山の変幻自在なファイトスタイルに、〝誰もが知る強いヒーロー〟をキャラクターとして加味したという点では両者の手法はまったく同じである。

また、デビュー戦の相手にクーパーをチョイスしたのもマックスのファインプレーだろう。道場での軽いスパーリングからインスピレーションを得て同じ相手を当てたのだが、１９８１年４月23日、蔵前国技館でのダイナマイト・キッドに匹敵する見事な人選である。

毒殺者を意味する〝サイアナイド〟をニックネームとしたシッド・クーパーはベテランのヒールだが、やられて今にも泣きそうな表情を見せるその姿は、もうひとつのニックネーム〝クライベイビー（泣き虫）〟そのもの。その一方で老獪なテクニックも持ち合わせおり、佐山も隠れた実力者ぶりを認める貴重なバイプレーヤーである。このデビュー戦でも、そのリアクションとやられっぷりが正統派サミーをよりいっそう引き立てた。

クーパーは引き立て役だったため、キャリアにおいてベルトにはあまり縁がなかった。１９８５年５月に獲得したブリティッ

後ろ回し蹴りを放つ“センセーショナルな日本人マーシャルアーツエース”サミー・リーの試合写真が表紙に起用された現地のパンフレット。

シュ・ウェルター級王座が唯一のタイトル。そういう意味では歴史に残る選手ではないが、ベビーフェースの〝噛ませ犬〟をやらせたらイギリスでナンバーワンのレスラーかもしれない。

サミー・リーvs〝ローラーボール〟マーク・ロコの抗争

サミー・リーのデビューは、大成功に終わった。が、会場まで佐山を車に乗せて行ったウェイン・ブリッジは、当日の様子をこう振り返る。

「その日、私はサトルと同じ控え室だったんです。試合前、サトルは私に〝うまくやる自信がない〟と訴えてきました。私は〝自分がやってきたスタイルをそのままやればいいじゃないか。日本人のプロレスラーは、みんなそれができるはずだ。だから、自信を持ってやりなさい〟とアドバイスしました」

ブリッジは1972年9月、黎明期の新日本プロレスに初来日。日本のストロングスタイルに感銘を受け、プライベートでは日本人のもてなしに感動した。

新日本には4回参戦しており、その後はゴッチのブッキングで旧UWFにも上がっている。イギリスでは修行に来た日本人レスラーの世話を買って出たが、それは日本と日本人への恩返しだとブリッジは話す。

「メキシコとイギリスのスタイルは違うから、サトルは不安だったんでしょうね。でも、〝心配することはない〟と言いましたよ。私は新日本の選手たちがどれだけ過酷な練習で習得したレスリングをしているか、この目で見てきたし、サトルはメキシコで学んだアクロバティックな動きもこなすはずだから、心配無用だと言ったんです」

その通り、サミーの試合は不安を吹っ飛ばすどころか、大反響を巻き起こした。オフィスやテレビ局には、「あれはいったい何者なんだ?」という問い合わせが多数寄せられ、観客数も全国で大幅にアップ。各地のプロモーターから引っ張りだこになり、ジョイント・プロ内でサミーを奪い合うかのような状況に発展した。

突然変異のように現われたサミーだが、そこには彼のような東洋キャラが受け入れられる土壌があったことにも触れておきたい。

イギリスマット界には柔道のバックボーンがあるだけで、〝ジュードー〟のニックネームをつけられた選手が何人もいる。〝ジュードー〟アル・ヘイズ、〝ジュードー〟マイク(エディ)・ハミル、〝ジュードー〟ピート・ロバーツ、〝ジュードー〟クリス・アダムス——。

さらに柔道は一対一で勝負する競技だが、プロレスではタッグチームが次々誕生した。〝スーパー・デストロイヤー〟のニックネームも持っていたピート・ロバーツは、クンフー(マイク・ハミルが改名)と「カンフー・ファイターズ」を結成。ロバーツは〝ジュードー〟アル・マルケットと日本語の〝柔道家〟をそのまま複数形にした「ジュードーカズ」というチームを組んでいたこともある。

また、オリエンタルムードを醸し出す選手の人気も高かった。ジャマイカ人

2016年6月、筆者はウェイン・ブリッジを訪問。彼は4軒のパブを経営しており、撮影したホートンカービーの『THE BRIDGES』は毎年、リユニオンの会場に使用されている。佐山が寝泊まりしていたのは、グリニッジのパブ。ブリッジは大の親日家(“新日”家)だったが、2020年3月9日に死去した。

の〝アイアンフィスト〟クライブ・マイヤーズは、柔道ではなく空手ムーブで人気となっている。剣道をモチーフにし、日本人を自称するケンドー・ナガサキ（桜田一男とは別人＝1969年にミスター・ギロチンの名で国際プロレスに来日）も大型トップヒールとして有名だ。そんな背景もあり、観客に受け入れられたサミーはオリエンタルキャラのベビーフェースとして売り出される。

イギリスはアメリカやメキシコと同様にベビーフェースvsヒールがマッチメークの基本で、階級差のある闘いはシングルマッチではなく、タッグマッチ中心に組まれた。よってイギリス滞在時、サミーの相手はある程度固定されていたと言っていい。

タッグを組む場合のパートナーは、人気絶頂のビッグ・ダディが多かった。これはダディのよくやる〝戦法〟で、大き

写真は子ども向けのビッグ・ダディ本で、竹刀を手にしたサミー・リーと若き日のダイナマイト・キッドが間接的共演。この本には“ダディすごろく”のようなボードゲームページもある。

な自分はコーナーに控え、小さなパートナーを動かしまくる。そして自分でフィニッシュを取り、最後の最後でおいしいところを持っていくのだ。それでも観衆は大喜びである。

若き日のダイナマイト・キッドもダディとよく組まされたひとりで、サミーもその洗礼を受けた。とはいえ、ダディのパートナーだからこそ露出が増え、ほかのカードより目立ったことも事実だった。

シングルで抗争する相手は、すぐに見つかった。テレビ初登場となったイギリス・デビュー戦の翌日、ブリストルでサミー・リーと〝ローラーボール〟マーク・ロコの一騎打ちが組まれた記録が残っている。

結果は不明ながら、もし実際に試合がおこなわれていれば、これが運命の初遭遇、ということになる。

仮に初対戦がそのブリストル大会の後だったとしても、ロコがサミーの宿敵になったであろうことは間違いない。少なくともサミーが現地デビューした10月の時点で、5度のシングルマッチが記録として残っている。

12月には5日連続、8日から12日まで各地でサミーvsロコのシングルマッチがおこなわれた。サミーがイギリスで最も多く対戦したのがこの中量級トップヒールのロコで、両者の対戦はどのプロモーターもほしがるハズレなしの好カードだったのである。

「3人」が唯一揃った記念すべきタッグマッチ

そんな頃、佐山は控え室でこんな声を聞いた。

「トミーが帰ってくる！」

佐山にはそれが誰なのか見当もつかなかったが、「みんなうれしそうな顔で〝トミーが帰ってくる〟と言ってるんですよね」と振り返る。噂のトミーとは、のちにタイガーマスクのデビュー戦で相手となるダイナマイト・キッドのことだった。

本名トーマス・ビリントン。トミーとは、トーマスの愛称である。

この時期、キッドは故郷イギリスを離れ、カナダ・カルガリーを主戦場としていた。11月から12月にかけてはウィガンに里帰りし、この期間を利用して母国のリングでも試合をしていた。そのため、佐山はイギリス武者修行中、キッドとは基本的に顔を合せる機会がなかったのだ。

それでも、両者は一度だけ同じリングに立っている。しかもあらかじめカードが組まれたわけではなく、突発的にタッグを組むことになった。１９８０年12月17日、ロンドンの大会場ロイヤル・アルバート・ホールでの出来事である。

サミーvsロコの5連戦から5日後、再び両者のシングルマッチが組まれた。試合はサミーが勝利するも、そこにキッドが現われ、サミーと緊急合体するハプニングが発生する。

これはキッドが大人気のサミーと組んでみたかったから実現したというわけではなく、ロコとの久しぶりの対戦を望んだからである。後述するが、キッドはカルガリーに旅立つまでイギリスでロコと抗争していたのだ。

このハプニングによって急きょ「延長戦」がおこなわれ、ダイナマイト・キッド&サミー・リーvsマーク・ロコ&タリー・ホー・ケイのタッグマッチに突入。キッド&サミーのベビーフェースチームが反則裁定で勝利したが、流れや結果からしても、かなり荒れた試合だったことが想像できる。

佐山とキッドのイギリスでの遭遇は、これが最初で最後だった。つまり、イギリス時代には一度も対戦していない。毎日のように抗争を繰り広げていたロコとは、あまりにも対照的だ。

この〝事件〟を演出したのは、マーティ・ジョーンズである。ジョーンズは11月にカナダからクリスマス休暇で里帰りしていたキッドに電話を入れ、「せっかく帰ってきているんだから、試合をしないか?」と声をかけた。

キッドは11月6日、ノッティンガムでのジョン・コックス戦から12月22日、ハロゲートでのマル・カーク戦まで試合に出場。休暇どころか巡業の連続だったものの、ジョーンズやロコとの抗争も期間限定で再開され、そのなかで突発的に発生したのがサミー・リーとの初遭遇だった。もしもジョーンズが声をかけていなかったとしたら、ロイヤル・アルバート・ホールでのタッグ結成は実現していなかった可能性が高い。

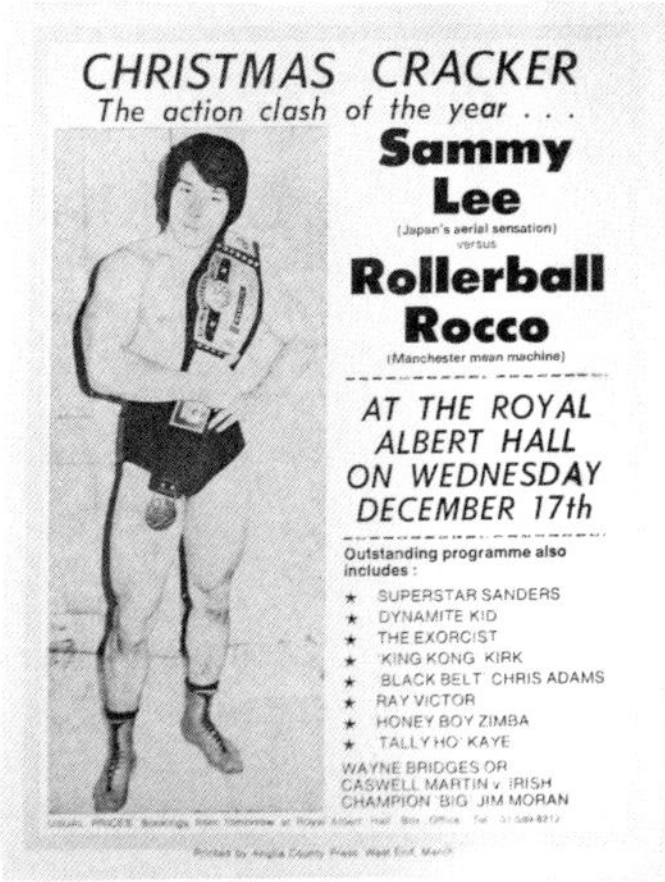

1980年12月17日、ロイヤル・アルバート・ホール大会でサミー・リーvsマーク・ロコのシングルが組まれ、そこにダイナマイト・キッドが加わり「延長タッグマッチ」もおこわれた。告知にはメキシコ時代のサトル・サヤマの写真が使われている。

いずれにしろイギリスでどんな好カードが実現しても、当時はそのニュースが日本で報道されることはほとんどなかった。本書の主役である3人が唯一リングに揃った12月17日のタッグマッチはもちろんのこと、サミーの爆発的人気も日本のプロレスファンにはリアルタイムで伝わっていない。

その後も、サミー・リーとマーク・ロコのライバル闘争は継続された。ロコ、またはデビュー戦の相手でもあったシッド・

クーパーのように頻繁に組まれたカードもある一方、なかにはキッドのように一度限りの遭遇というケースもある。

来日経験こそないものの、ジョニー・セイントと並ぶ軽量級の名レスラーとしてイギリスでトップクラスの試合数をこなしてきたスティーブ・グレイでさえ、サミーとの遭遇は一度だけだった。グレイの場合、同じベビーフェースであり、階級も違うことから同時にリングに上がる機会はほとんどなかったのだが、何度も同じ会場でサミーの闘いぶりを目撃している。

グレイは当時のサミーについて、こう証言する。

「サミーと組んだのは、ロッカーズというチームとのタッグマッチでした。組んでいて、とても安心できたことはおぼえていますね。まるで自宅でくつろいでいるかのように、安心して試合を任せられましたから。彼の試合は、観客にいろいろと想像させてくれるんですよ。〝次は何をやるんだろう？〟、〝どんな動きで試合をするんだろう？〟とね。観客だけじゃなく、パートナーの私も同じ気持ちでした。安心した上で、目が離せない。彼の動きを見るのがとても楽しかったです。人気が出るのも、わかりますよ。彼は人気も実力もすごかった。ブルース・リーの映画がヒットして東洋への興味が増していたことも、人気に拍車をかけたのだと思います。サミーにブルース・リーを重ねたファンは多いと思いますね」

若手時代の佐山と新日本プロレスのリングで対戦したマーティ・ジョーンズは、イギリスで再会したサミー・リーについて、こう語る。

「サミーはこの国に来て最初の試合がいきなりテレビで中継され瞬く間に人気が出たんだけど、彼の人気については私もテレビで見て知ったんだ。当時は同じジョイント・プロでも2班、3班に分かれていて、別の場所で興行があったりしたから、いつも一緒だったわけではないからね。当時はマックス・クラブトリーに限らず、プロモーターたちは誰もがサミーとビッグ・ダディと組ませることを考えていたよ。ダディは子どもたちに支持されていたから、このチームがテレビで放送されると、よりいっそう人気がアップした。そこにはブルース・リーの影響もあっただろう。当時、イギリスでアジア人といえばブルース・リーだったし、サミーの動きは子どもたちにブルース・リーをイメージさせた。派手な動きで、それでいて理にかなっている。あんなにキレのある飛び技や蹴り技は、誰も見たことがなかった。子どものファンは、見たら絶対に忘れない。もちろん、大人もね。ニュージャパンで対戦した新人時代とは別人だったよ」

このイギリス時代、佐山はウェイン・ブリッジが経営するグリニッジのパブで間借り生活をしていた。

グリニッジ天文台で知られるこの郊外の街は、ロンドンの南東部に位置している。佐山はロンドン中心部からグリニッジ駅に近いパブまで、30分以上かけてタクシーで帰ることもあった。ブリッジによると、部屋にはチョコレートバーが山積みになっていたという。

「見えるところだけではないですよ。枕の下にもあったし、引き出しの奥に隠してもいましたね（笑）。包み紙が

マーティ・ジョーンズは場所を転々としながらもマンチェスターでジムを運営、後進の指導にあたっている（写真は2016年6月に撮影）。イギリスマット界において最重要人物のひとりである。

捨てられていなくて、部屋がゴミでいっぱいのときもありました（笑）。それでも懲りずに、サトルはいくつも買ってくる。レーズン入りやらナッツ入りやら、いろんな種類がありましたよ」（ブリッジ）

当時から甘いものには目がなかったようだが、ブリッジはそんな佐山を「ソーホー・サミー」とも呼んでいた。ソーホーとはロンドンの歓楽街である。試合のないときに、佐山はブリッジのパブとソーホーを行き来していたのだ。

しかし、佐山はソーホーで遊んでいたことは否定する。

「ソーホーに行っていたのは、日本の書店や日本のものを扱う店があったからですよ。長い間海外にいると、日本のものが恋しくなったりするじゃないですか。息抜きみたいなものですよね。ソーホーには日本食レストランもあったし、横溝正史の本を買って、しょっちゅう読んでいました。イギリスでは、かなり真面目にしていましたよ。みんなに〝ゴッチのボーイ（弟子）〟と言われていたし、ゴッチさんが来たときにヘンな噂を立てられるのが嫌でしたから。ゴッチさんは、よく〝真っ直ぐ生きろ〟と言っていましたね。最後には、〝お前は真っ直ぐすぎる〟と言われたけど（笑）」

佐山はイギリスでの生活はメキシコとは比較にならないくらい快適だったと述懐するが、やはり格闘技への夢は揺るがず、それに向けて練習していた姿をブリッジも目撃したという。

「メキシコに比べれば、イギリスは天国でした（笑）。ただ、イギリスの食事はまずかったです。でも、ピートさんやブリッジさんのところの家庭料理はおいしいんですよ。これもそれほどおいしくはないけど、フィッシュ・アンド・チップスは好きでした。僕は料理は得意じゃないので、イギリスではクラッカーにペーストを塗って食べたりしていましたよ。結局、メキシコもイギリスも食

事が合わなくて大変だったんですけど、苦にはならなかったです。きっと若かったからなんでしょうね」（佐山）

さて、章の最後にマーク・ロコ、シッド・クーパー以外に、サミーがイギリスで何度も闘ったヒールレスラーについて触れておこう。

記念すべきデビュー戦の相手であるクーパーとは対照的に、佐山が「まったく受け身を取らない」と振り返るのがミック・マクマナスである。

日本人には信じがたい事実だが、マクマナスはイギリスでもっとも有名なレスラーのひとり。パロ・スペシャルの創始者であるジャッキー・パロとの抗争が大ヒットし、ロコはこの2人の試合を見てプロレスラーになることを決意している。

だが、サミーと対戦した頃にはすでに52歳で、プレーヤーとしては明らかに峠を越えていた。試合ではサミーのドロップキックを受けずに払いのけたり、すぐにリング下にエスケープしていたが、ビッグネームのプライドがそうさせたのだろうか。

ジム・ブレイクスも、クーパーと同じ〝クライベイビー〟のニックネームを持つヒールである。1954年からリングに上がり続け、イギリス伝統のテクニックで一時代を築いた選手で、サミーと対戦したときはすでに四半世紀以上のキャリアがあったことになる。

1967年11月の初戴冠以来、自身の代名詞的ベルトにもなったブリティッシュ・ウエルター級王座は8度獲得。1978年1月にキッドに奪われるも、キッドが返上した同王座をトーナメントで勝ち抜き奪回している。

現在、新日本プロレスで活躍中のザック・セイバー・ジュニアが使う腕への関節技には「ジム・ブレイクス・アームバー」という名称がついており、そこにはブレイクスへのオマージュとランカシャースタイルへのリスペクトが込められている。

しかし、ブレイクスは２０１７年６月に元恋人の殺人容疑により80歳で逮捕。２０２０年暮れの時点では新型コロナウイルスの影響で、裁判がストップしたままだ。

ブラックジャック・マリガンは、アメリカの同名レスラーとは無関係。ある日突然プロモーターに命令され、この名前を名乗ることになったのだという。イギリスではこういったケースが稀にあり、スカル・マーフィーもその一人だ。

あらゆる世代、タイプの選手と闘うサミーは毎日のように試合が組まれ、イギリス中を転戦した。どの会場にも多くの観客が詰めかけたが、「いくら僕がイギリスで人気があったと言っても誰も信じてくれないんです」と佐山は苦笑する。

サミーは大スターだったが、佐山自身は「このイギリス時代に自分がリング上で試合をしている姿をテレビで見たことがない」という。ただし、会場での人気ぶりから、テレビ中継を通して有名になっているということは認識していたそうだ。

いまでこそ一部の試合映像をユーチューブなどで簡単に見ることができるものの、前述のように当時は情報がほとんど日本には入ってこなかった。時代の違いを痛感するしかない。が、これはこれで神秘性が保て、よかった時代でもある。

第３章　ダイナマイト・キッドとブラック・タイガーの関係

前章で述べたように、佐山がサミー・リーとしてイギリスで大人気を博していた時代、のちにライバルとなるダイナマイト・キッド、ブラック・タイガー（〝ローラーボール〟マーク・ロコ）とは、すでにリング上で遭遇していた。

とくにロコとは、抗争相手として何度となく対戦。キッドが新日本プロレスでタイガーマスク・ブームのきっかけを作ったのと同じように、ロコはイギリスにおけるサミー・リー・ブームの立役者でもあった。

では、イギリスにおいてキッドとロコは、どういう関係にあったのか。これも当時は日本で知られることもなかったが、サミー・リーが大旋風を巻き起こす以前の１９７０年代後半、ロコとキッドはイギリスマットでライバル関係を構築していたのだ。日本流に言うと、ロコが先輩で、キッドが後輩の間柄になる。

実はイギリスマットにとって、この時代はとても大きな意味を持つ期間である。イギリスのプロレスが変わったと言っても過言ではないだろう。しかもタイガーマスクが新日本プロレスのリングで革命をもたらすより前に――。

その中心にいたのがロコとキッド、そしてマーティ・ジョーンズである。本章では、この３人のトライアングルを紐解いてみることにしよう。

〝ローラーボール〟マーク・ロコが誕生するまで

マーク・ロコ、本名マーク・ハッシーは1951年5月11日、イギリス第2の都市マンチェスターに生まれた。

父は国際プロレスに参戦経験のある〝ジャンピング〟ジム・ハッシー。来日時には、「ジム・ハジー」と表記されていた。

父・ハジーの来日は、国際プロレスがイギリスマットとのルートを獲得したことで実現した。きっかけは1968年2月、北米のレスラーを国際プロレスにブッキングしていたグレート東郷のボイコット事件である。

シリーズ途中に団体側からギャラの減額を提示された東郷は、外国人レスラーの出場を一方的に停止した。慌てた国際プロレスの吉原功社長は、日本レスリング協会会長で当時は参議院議員でもあった八田一朗氏に相談。そこで八田氏は親友のイギリス人、ジョージ・レリスコウと連絡を取った。

レリスコウは、ジョイント・プロモーションのプロモーターのひとりで、急きょトニー・チャールスを筆頭に4人の選手を国際プロレスに派遣。これがイギリス人レスラーの日本マット界初登場となる。さらに第2弾には、ビル・ロビンソンを初来日させた。

この流れから、ハジーは9月の『ダイナマイト・シリーズ』に初来日を果たす。〝ジャンピング〟のニックネームから飛び技を駆使するジュニア戦士と思われるかもしれないが、実際はヘビー級のレスラーである。

会場で初来日時の試合を見たという国際ウォッチャーの宍倉清則氏はハジーについて、こんな印象を抱いたという。

「やっぱりジャンピングというだけあって、ドロップキックとか得意にしていたよね。でも、息子とはタイプが全然違う。一応ヘビー級なんだけど、そのシリーズに来日したメンバーでは格下。エースはジョージ・ゴーディエンコで、これが初来日だった。そんなメンバーで一番の下っ端だったのがジム・ハジー。だから、明らかにレスラーとしては息子の方が全然出世しているんですよ」

ロコは、父とはまったく違うタイプのレスラーに育った。その要因のひとつは、父が息子をレスラーにさせたいとは考えず、ロコが内緒で他のレスラーからトレーニングを受けていたからなのかもしれない。

ロコにプロレスを教えたのは、来日経験も持つコーリン・ジョインソン（国際プロレスにはジョイソン、新日本プロレスにはジョンソン名義で参戦）である。

少年時代のロコは、両親の勧めで乗馬を始めている。プロレスも好きで父の巡業についていくこともあったが、

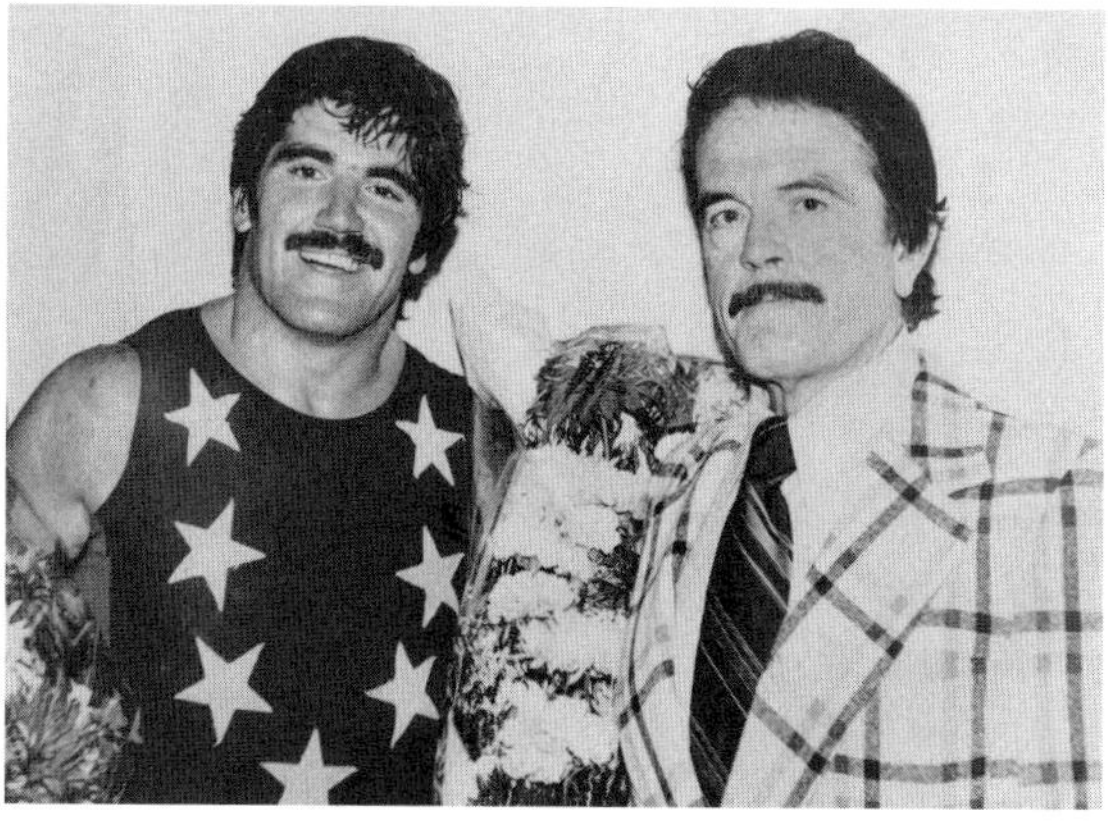

“ローラーボール”マーク・ロコ（左）と父の“ジャンピング”ジム・ハッシー（ハジー）。ハッシーは1950年1月16日にデビュー。1968年9月の国際プロレス『ダイナマイト・シリーズ』に初来日し、豊登＆サンダー杉山のTWWA世界タッグ王座に2度挑戦した。

練習場への立ち入りは禁止されていた。

禁止されればされるほど、見たくなるのが人間の心理だ。本心では乗馬よりもプロレスの世界に入りたかったが、親には打ち明けられない日々が続く。父ハジーはロコのプロレス入りには反対しており、息子には乗馬で成功してほしいと考えていた。

この時期、ロコは父の試合以上に、ミック・マクマナスとジャッキー・パロの闘いに憧れていた。日付は不明だが、少年時代にマンチェスター近郊のベルビューで観戦した両者の一騎打ちが、将来進むべき道を決めた。試合内容だけでなく、観客が熱狂している姿もまた、彼が夢見た光景だった。

マクマナスとパロは、トータルで11年にも及ぶ抗争を展開していた。とくに1973年のヨーロッパ・ミドル級王座を懸けた試合は、テレビで220万人が視聴したと言われている。

パロのニックネームは、〝ミスターTV〟。視聴率男という意味なのだろう。どちらも未来日に終わり、とくにマクマナスは実際に対戦した佐山から低い評価を受けてしまったが、全盛期はロコが憧れた存在だった。実際、ものすごい影響力を持っていたに違いない。

ロコがレスラーになる決心を固めた頃、練習風景をのぞき見しようとしている姿に気づいたのがコーリン・ジョインソンだった。ロコからレスラーになりたいとの夢を打ち明けられたジョインソンは、内緒でプロレスを教えるようになる。しかもマンチェスターの市街地にある父のジムに忍び込み、隠れてトレーニングしていたのだ。

1970年2月25日、ロコは19歳で初めてプロのリングに立つ。相手はコーチでもあるジョインソン。師弟対決である。

試合前、ジョインソンはヤードレーの会場に集まった観客に向け、メッセージを送った。

「これから始まる試合は、ここにいるヤングボーイのデビュー戦だ。ファンのみなさんは、彼を応援してやってくれ」

　すると観衆の全員が立ち上がり、リング上の少年に向け拍手を送った。

　試合は3本勝負で、ロコのストレート負け。この結果は当然としても、ジョインソンが一方的に攻め込むことはなく、むしろロコの技を多く受け、練習の成果を披露させるような試合にしたようだ。それは、ジョインソン教室からの卒業も意味していた。

　つづく第2戦は3月4日で、1日2試合のダブルヘッダーが組まれた。まずシングルマッチで敗れたロコは、その後の6人タッグマッチにも出場。ここで初めて父ハジーとリング上で顔を合わせた。タッグを組むのではなく、対戦相手として対角線に立ったのだ。

　この頃には、すでにハジーは息子のプロデビューを認めていたようだが、「仕方ないな」という感じだったのだろう。ロコの記憶によれば、結果的にこれが最初で最後の父子対決となった。2人はタッグを組んだことはなく、

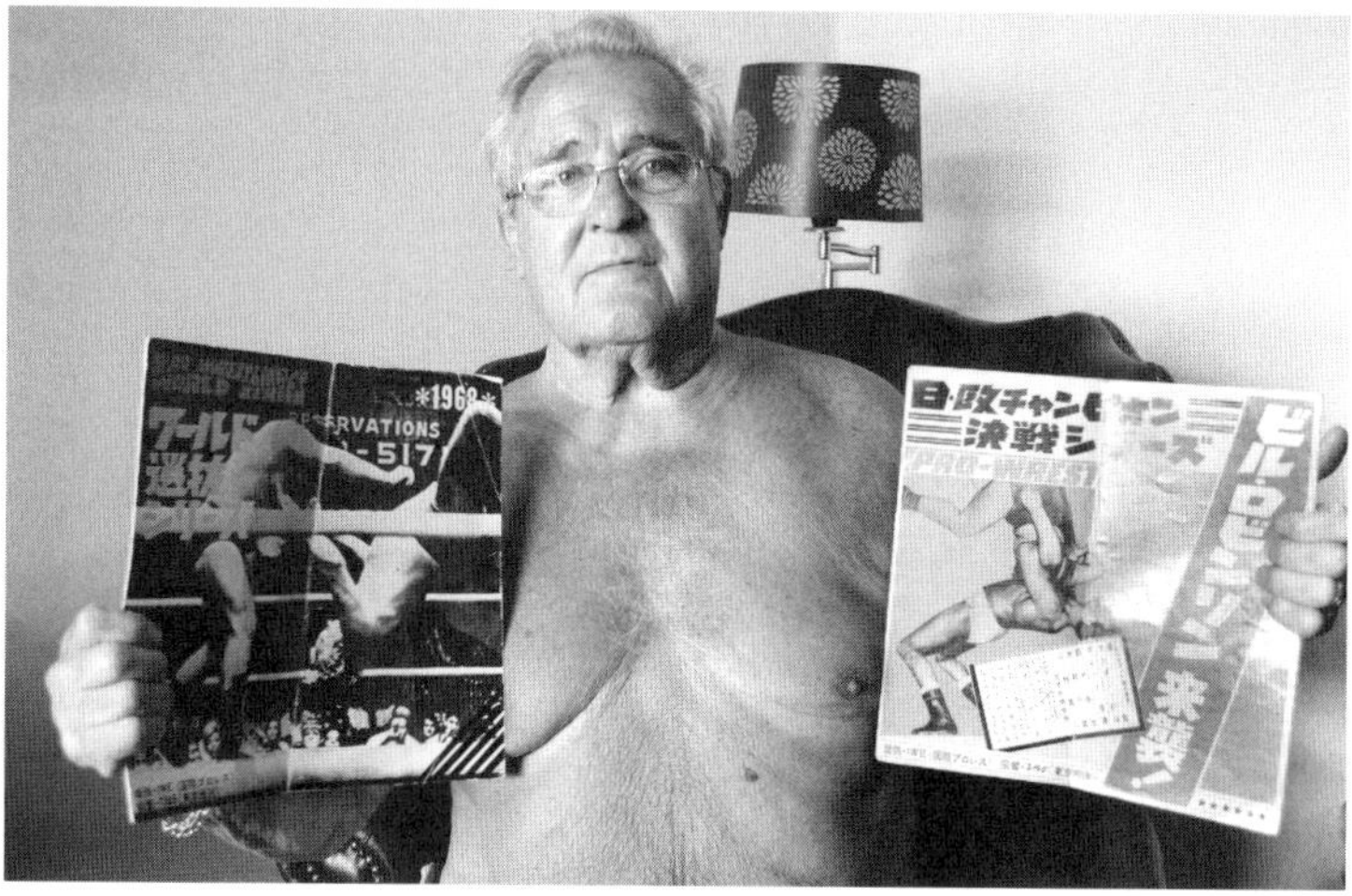

著者が2016年5月に自宅を訪問した際のコーリン・ジョインソン。彼は国際プロレス来日時のパンフレットを大事に保管していた。糖尿病を患い車イス生活だが、リユニオン（同窓会）などのイベントにも積極的に参加している。

父は翌1971年11月29日に引退している。

その後、ロコはヒールとして頭角を現わす。同名映画へのスタント出演から〝ローラーボール〟というニックネームを得て、勢いに乗った。

1960年代後半から1970年代前半にかけ日本でも大ブームを起こしたローラーゲーム。これをヒントに近未来の殺人ゲームを描いたのが映画『ローラーボール』である。

鋼鉄の凶器と化したボールを奪い合うこの競技が退廃した社会を映し出し、ディストピア映画を代表する作品にもなった。1975年に製作され、日本でも夏休み向けのSF大作として全国公開されている。

ヒールと化したロコのファイトぶりは、まさにローラーボール、〝回転し続ける球体〟だった。映画への出演場面はカットされてしまったものの、ニックネームは一人歩きし、完全にロコのものとして定着する。

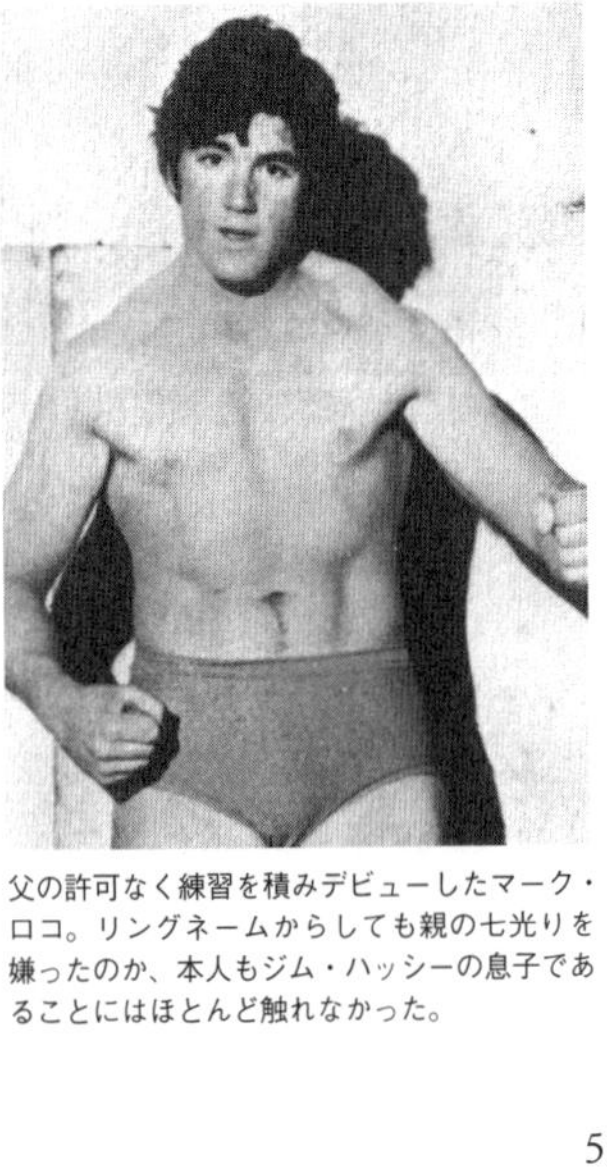
父の許可なく練習を積みデビューしたマーク・ロコ。リングネームからしても親の七光りを嫌ったのか、本人もジム・ハッシーの息子であることにはほとんど触れなかった。

若き日の〝爆弾小僧〟と師匠テッド・ベトレー

ダイナマイト・キッド、本名トーマス・ビリントンは、1958年12月5日にマンチェスターから北のウィガン郊外ゴルボーンで生まれた。

「男の子なら自分と同じ名前を名づけてくれ」という祖父の希望もあり、トーマスはその名を受け継いだ。名づけた父は、元プロボクサーのビル・ビリントン。１９５０年代前半にウェルター級の選手として活躍し、プロ通算で35戦14勝19敗２分けの戦績を残している。

父は引退後、建設業に就いているときに仕事の関係からテッド・ベトレーという人物と知り合う。当初は彼が元プロレスラーだとは知らなかったが、ジムを経営していると耳にし、声をかけた。

「ウチの息子にもレスリングを教えてくれないか？」

当初、トーマス少年は「レスリングなんかやりたくない」と素っ気ない態度を取っていたという。が、ベトレーから「試しに来てみなさい」と言われ、ゴルボーンから車で20分ほどのウィンウィックにある彼のジムを訪れた。

このとき、トーマスは13歳。前年からボクシングのトレーニングを始めており、ラグビーでもプロチームが視察に来るほどスポーツが得意だった。

半ば無理やり連れてこられたトーマスだが、いざトレーニングを初めてみると、レスリングのおもしろさにハマってしまう。「それ以来、レスリングをやめようなんて思ったことは一度もない」というほど惚れ込んでしまったのだ。

トーマスは、父の運転する車でベトレーのジムに通い続けた。週6日を3年間。ベトレーの指導により、トーマスはレスリングの腕前をぐんぐん上げていく。

ダイナマイト・キッドを育てたことで、ベトレーは名伯楽のイメージを確実にした。彼が育成した選手のなかでキッドが最高傑作であることは疑いようがないが、その前にはスティーブ・ライトも育て上げている。

実質、ライトとキッドがベトレー・ジム出身の出世頭だろう。ライトの弟バーニー・ライト、キッドの従弟デイビーボーイ・スミス、ベトレーの甥で全日本プロレスの常連だったジョニー・スミスもまた、このジムから巣立ったレスラーだ。

ビリー・ライレー・ジムと比べれば少数精鋭かもしれない。が、その分、門下生がビッグネームになる確率は高かったとも言える。それこそが名伯楽と呼ばれる由縁だろう。

とはいえ、レスラーとしてのベトレーは決して名選手として記憶されるほどの戦績は残していない。

現役時代、ベトレーはいくつかのリングネームを持っていたようで、黒いマントをまとった黒覆面「ドクター・デス」としてもリングに上がっていた。しかし、イギリスでドクター・デスには何人もの〝正体〟がおり、もっとも有名なのはプロモーターとして一時代を築いたポール・リンカーン版だ。

また、「テッド・ベックレー」としてもリングに上がっている。ベトレーの誤表記との説もあるが、キッドはときどき「テッド・ベックレー」と呼んでいたため、やはりこれもリングネームのひとつと考えた方がいいのかもしれない。

ダイナマイト・キッドというリングネームを考えたのもベトレーだった。通常ならば〝爆弾小僧〟という名前が浮かんだとしても、ニックネームにするところだろう。〝ダイナマイト・キッド〟トミー・ビリントン、あるいはトミー〝ダイナマイト・キッド〟ビリントンというように。

しかしながら、トーマスはほぼ最初から「ダイナマイト・キッド」としてリングに上がった。トミー・ビリントンの名前でポスターに掲載されたこともあるのだが、その試合はあくまでもジム生同士によるエキシビションマッチの域を出ていない。たとえば、1975年1月23日にワーリントンでおこなわれたバーニー・ライトvsトミー・ビリントンのシングルマッチがそうだ。

しかし、〝対外試合〟をするようになってからは、すべてダイナマイト・キッドのリングネームで上がっていたと考えていい。

また、ベトレーはキッドを他のジムでも練習させていた。いわゆる出稽古である。そのなかにはデビュー前の1971年に訪れたウィガンのビリー・ライレー・ジムも含まれている。ベトレーとライレーは、友人同士だったのだ。

が、キッドのライレー・ジム体験はわずか数回で終わった。ライレー・ジムの生徒たちにスパーリングで容赦なくやられたことがベトレーにはショックだったようだ。

ならばと、ベトレーは同じウィガンにあるビリー・チェンバースのジムにキッドを預けた。ライレー・ジム出身のチェンバースは、「ジャック・ファアロン」のリングネームで試合をしていたプロレスラー。聴覚障害のハンディを克服しリングに上がり続けたことでも知られている。ここもまた、いわゆるシュートレスリングを主体とするジムだった。

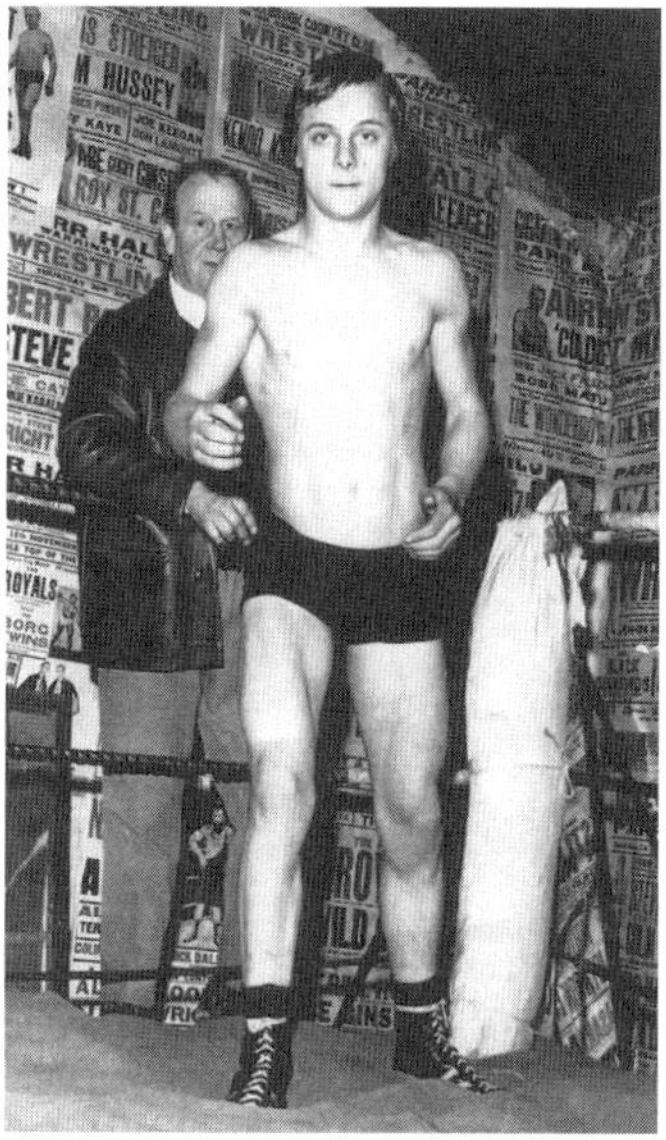

まだあどけなさの残るダイナマイト・キッドと師匠テッド・ベトレー。ベトレーがキッドをプロレス界に送り出すかのようにも見える印象的な写真である。

ベトレーからは、私生活におけるルールも教育された。たとえば金銭感覚や家族、女性との接し方まで。また、レスリングに関しては技の入り方や決まり具合はもちろん、タイミングや技を出すことの意味まで叩き込まれた。

師匠ベトレーはキッドの印象について、こう語っている。

「初日から驚かされたね。何もかもがナチュラルなんだよ。指示した動きをすべて自然にこなしているんだ」

ダイナマイト・キッドvsマーク・ロコの抗争

ジョイント・プロモーションを主戦場としたキッドは、たくさんの試合数をこなすようになった。ロコもまた、同様である。

とにかくこの時代は、興行、試合数が多く、若い選手にとっては実戦のリングが練習の場にもなっていた。イギリス全土で、プロレスは人気の娯楽だったのだ。

試合数が多かったから、ロコとキッドが会場で顔を合わせるのは必然だった。ともに中軽量級とあって、対戦するのも時間の問題だったのである。

ロコの証言によると、キッドの第一印象は決してよいものではなかったらしい。

「キッドとの初対面はいつだったかわからないけど、ヨークシャー州のどこかで師匠のテッド・ベトレーに連れられて会場に来ていたことだけはおぼえていますね。確かクリスマスの数日前だったんじゃないかな。点灯していたクリスマスツリーの陰に、人影を感じたんですよ。そこのフロアーに隠れるようにポツンと座っていたのがキッドだったんです。〝そんなところで何をしているんだい?〟と聞いたんですが、何を言っているのかよくわかりませんでした。〝ファッキン○○〟と、ひとりで何やらブツブツと呟いていましたよ（笑）。ヘンなヤツだなあというのがそのときの印象です。ただし、リングに上がると人が変わったようなすごい試合をしていました。このとき、こいつは将来、大物レスラーになると思いましたね」

ロコとキッドがリング上で初めて遭遇したのは、１９７６年11月23日のウォルバーハンプトンだった。

ロコの証言を頼れば、初対面はおそらく前年の12月。キッドがデビューした年だから、十分あり得る話である。これが正しければ、初対戦までに1年近く要したわけだ。

２人がリング上で初遭遇したカードはマーク・ロコ＆コーリン・ジョインソン＆タリー・ホー・ケイvsダイナマイト・キッド＆ヴィック・フォークナー＆クンフーの６人タッグマッチで、キッド組が勝利している。

２度目の対戦は、翌１９７７年2月9日のレミントン。そして3度目が初の一騎打ちとなる同年5月９日のシュルーズベリーで、結果は両者ＫＯの引き分けとなり、ここから２人の抗争がスタートした。

ただし、その前にキッドは、すでに先輩のロコを上回るスピードでチャンピオンベルトに到達している。

同年４月23日、マンチェスターでジム・ブレイクスを破り、若干18歳5ヵ月にてブリティッシュ・ライト級王座を奪取した。

それから2ヵ月後の6月11日、同所でロコがバート・ロイヤルからブリティッシュ・ヘビーミドル級王座を奪取しているが、この初戴冠時に26歳だったので、キッドがいかに早熟だったのかがわかるだろう。

キッドが王座に就いたライト級はイギリスでもっとも軽い階級とはいえ、当時は同クラスの人材が豊富だった。それだけに、キッドは特筆もののスピード戴冠と言えるのではないか。

さらにキッドは翌1978年1月25日、再びブレイクスを破り、ブリティッシュ・ウェルター級王座の奪取に成功。階級がひとつ上のブリティッシュ王座を獲得したことにより、ライト級王座は返上した。

また、同年3月22日にはレスターにてジーン・カムからヨーロッパ・ウエルター級王座も奪っている。同級2冠王となったキッドはタイトルマッチでは負けることなく、カナダ・カルガリー遠征のために返上するまでベルトを持ち続けた。

その間、ロコとの抗争も継続された。当時のタイトル歴からもわかるように、キッドとロコは階級を超えた闘いを展開していたのだ。

この抗争をロコは、次のように振り返っている。

「私の方がキャリアでは先輩という図式にもかかわらず、キッドには一切の遠慮がありませんでした。私がコーナーポストに叩きつけられて、両脚を開いた状態でコーナーに追い込まれると、彼は容赦なく脚をめがけて打撃をぶち込んできました。怪我をしていることを知っていたら、あえてそこを攻めてくる。しかも、休みなしにね。こちらがなんとか攻撃を止めようとしても、どんどん攻

キッドvsロコのシングルマッチが組まれた大会のポスター。当時、ジョイント・プロとカナダのスタンピード・レスリングは交流があり、この日はマーティ・ジョーンズvsブレット・ハートというカードも組まれた。

めてくる。そこから先は、もう〝バトル〟ですよ。本当に激しいバトル、闘いでした。だから当然、試合は荒れますよね。それは向こうの思うつぼだったのかもしれないけど、うまいこと乗ってしまった。もしかしたら、最初は観客不在のやり合いだったかもしれません。でも、やられたらやり返す。こちらも後には引けない。正直言って、私はヤツのことが大嫌いでしたよ。扱いにくい人間でしたね（苦笑）」

このコメントからは、キッドがヒールのように感じられるかもしれないが、リング上ではキッドがベビーフェース、ロコがヒールである。

それでも、試合になればキッドはヒール的なカミソリファイトをロコに仕掛けていった。いかにも爆弾小僧らしい闘い方ではないか。

彼は当時から、〝ダイナマイト・キッド〟そのものだった。そんな彼のスピリットを師匠ベトレーは見抜いていたのではないだろうか。

マーティ・ジョーンズvsマーク・ロコの抗争

キッドとロコは1977年5月9日のシュルーズベリーから翌年4月22日のストラウドまで、シングルではこの1年間に12回対戦し、キッドが7勝1敗3分け（1試合は勝敗不明）と大きく勝ち越している。

この後、両者は国際プロレスに初来日（詳細は後述）。イギリスに帰国後、抗争も再燃するのだが、キッドとロコを巡る闘いには、もうひとりの重要人物がいた。ビル・ロビンソンの教えを受けデビューしたマーティ・ジョーンズだ。

キッド、ロコ、ジョーンズ――。このトライアングルこそが、のちのタイガーマスク、キッド、ロコのトライアングルの原型でもあったのではないかと、筆者は考える。

それは佐山サトルが新日本プロレスでデビューする前から、サトル・サヤマがメキシコで活躍していた時期にかけてのイギリスマットでの出来事である。

１９５３年、マンチェスター生まれのジョーンズは幼少時代、目の負傷をきっかけにイジメを受けた。強くなって見返してやりたいとの思いからアマレスをはじめ、64年に同郷のビル・ロビンソンと出会う。ロビンソンの勧めでライレー・ジムにも出かけ、１９７１年11月29日に18歳でプロデビュー。たちまち売れっ子となった。

前述のように１９７５年にはメキシコ遠征を実現させ、１５０日間で１２９試合をこなしている。イギリスでは１９７６年11月12日、ウォルバーハンプトンでの王座決定戦でマーク・ロコを破り、ブリティッシュ・ライトヘビー級王座を奪取。このベルトはライレー・ジムのビリー・ジョイスが引退により返上したもので、ジョーンズは１９８２年11月８日にボビー・ガエタノとの王座決定戦を制し、世界ミッドヘビー級王座を獲得するまで巻き続けた。

その後、ジョーンズは世界ミッドヘビー級王座を通算で7度戴冠。これが彼の代名詞的ベルトと

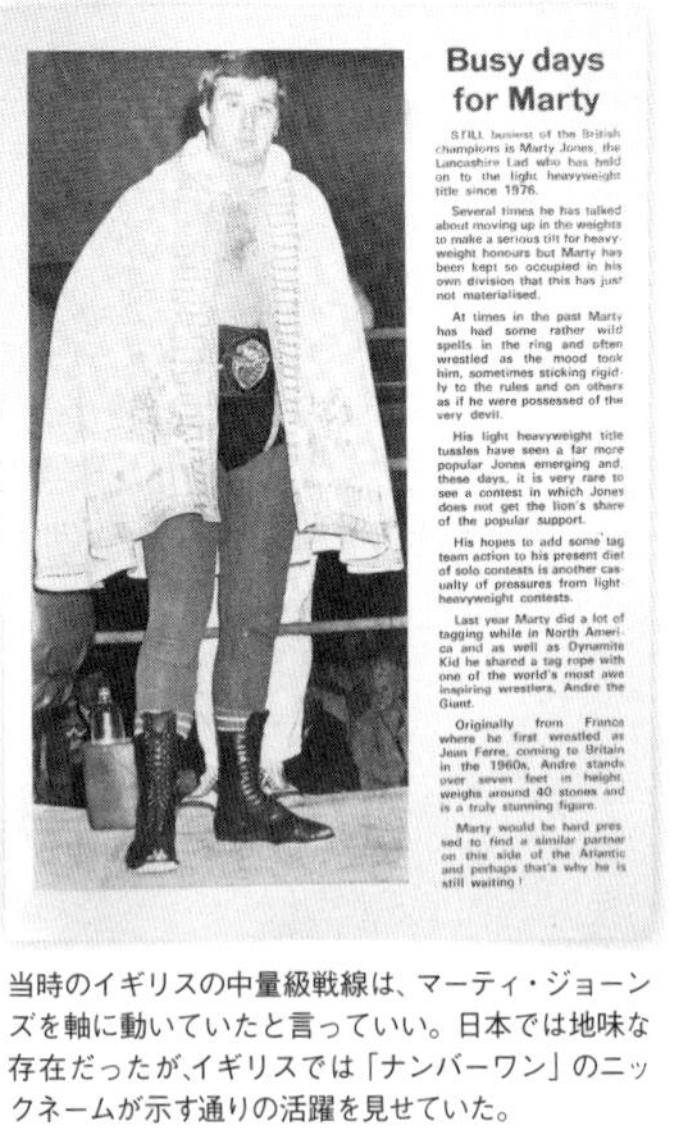

Busy days for Marty

STILL busiest of the British champions is Marty Jones, the Lancashire Lad who has held on to the light heavyweight title since 1976.

Several times he has talked about moving up in the weights to make a serious tilt for heavyweight honours but Marty has been kept so occupied in his own division that this has just not materialised.

At times in the past Marty has had some rather wild spells in the ring and often wrestled as the mood took him, sometimes sticking rigidly to the rules and on others as if he were possessed of the very devil.

His light heavyweight title tussles have seen a far more popular Jones emerging and, these days, it is very rare to see a contest in which Jones does not get the lion's share of the popular support.

His hopes to add some tag team action to his present diet of solo contests is another casualty of pressures from light heavyweight contests.

Last year Marty did a lot of tagging while in North America and as well as Dynamite Kid he shared a tag rope with one of the world's most awe inspiring wrestlers, Andre the Giant.

Originally from France where he first wrestled as Jean Ferre, coming to Britain in the 1960s, Andre stands over seven feet in height, weighs around 40 stones and is a truly stunning figure.

Marty would be hard pressed to find a similar partner on this side of the Atlantic and perhaps that's why he is still waiting !

当時のイギリスの中量級戦線は、マーティ・ジョーンズを軸に動いていたと言っていい。日本では地味な存在だったが､イギリスでは「ナンバーワン」のニックネームが示す通りの活躍を見せていた。

なっていく。

ジョーンズは、プロレス人生最大のライバルとしてマーク・ロコの名前を挙げている。実際、ジョーンズvsロコの試合はイギリスマットに新しい風景を現出させた。

キャッチスタイルはもちろんだが、とにかくスピード感がずば抜けていた。そこに立体的な攻防を加味し、試合はよりスペクタクルなものになった。

一部のベテランレスラーは、キッドを含む彼らのファイトスタイルに対して苦虫を噛み潰していたという。つまり、「やりすぎだ」という意見である。

が、彼らの闘いぶりに観客は熱狂した。サミー・リーが受け入れられる下地このときすでにできていたと言っても過言ではないだろう。

初期のロコvsジョーンズは、クラシカルな闘いが大半を占めていたが、そこに高低差のある攻撃、飛び技に関節技を絡めて仕掛けていたところに、ジョーンズの非凡さが垣間見える。

両者の試合は、回を追うごとにレベルアップしていった。１９７８年7月26日の対戦ではキャッチスタイルにラフファイトが加わる展開となり、両者はいっそうエキサイト。ロコがジョーンズの持つブリティッシュ・ライトヘビー級王座への挑戦を表明すると、ジョーンズは体重を落としてロコの同へビーミドル級王座に挑戦するとアピールした。

これが認められ、階級が異なる異例のダブルタイトルマッチが9月13日のウォーキングにて実現する。試合はロコがのちのブラック・タイガーを予告するかのようなネチネチとした攻撃で攻め込んだものの、ジョーンズがショルダースルーでロコを場外に転落させ、そのままリングアウト勝ちをおさめてみせた。

この結果により、ロコはブリティッシュ・ヘビーミドル級王座を失ったが、２冠王となったジョーンズは奪ったばかりのベルトをすぐに返上。ジョーンズにとっては、抗争相手に対する〝嫌がらせ〟のような意味合いの試合だったのだろう。

ロコは12月6日のブラックバーンでおこなわれた新王座決定トーナメント決勝戦でクリス・アダムスを破り、ブリティッシュ・ヘビーミドル級王者に返り咲く。

その後、両者の抗争はさらに白熱し、凶器使用や流血戦にまで発展していった。

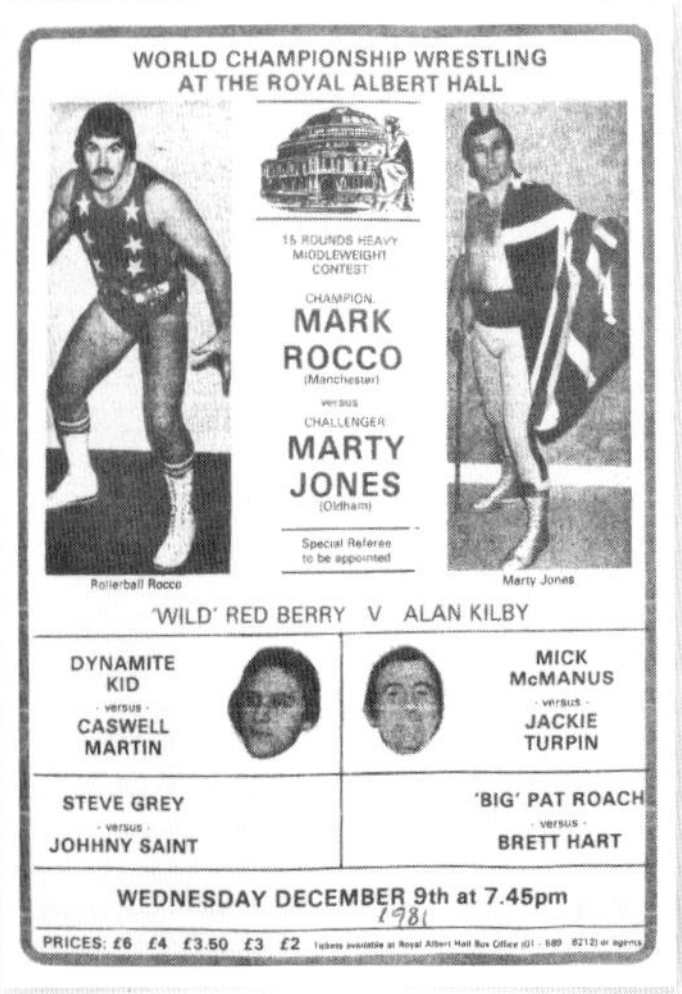

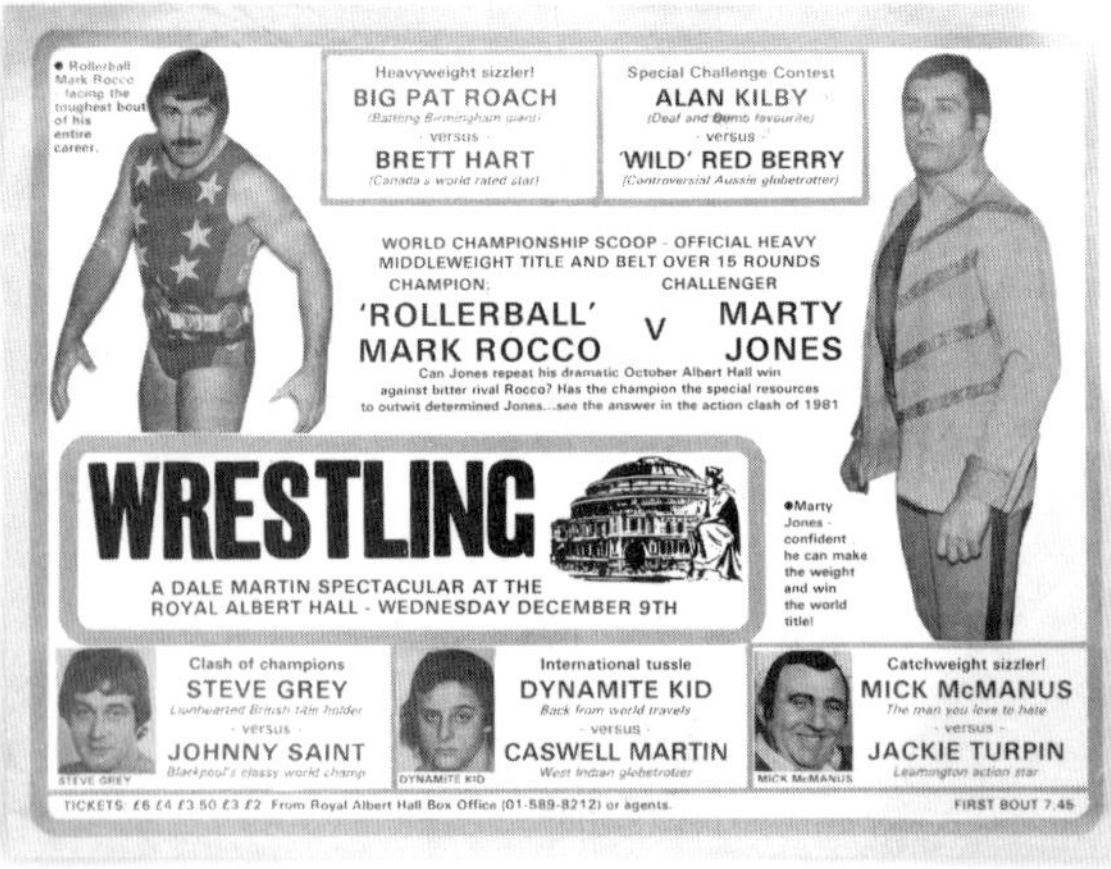

マーク・ロコvsマーティ・ジョーンズの抗争は1980年代に入ってもつづき、ロイヤル・アルバート・ホール大会の目玉カードにもなった。この2大会にはダイナマイト・キッドも参戦。スティーブ・グレイvsジョニー・セイントは当時の軽量級トップカードである。

ダイナマイト・キッドがカルガリー地区で大ブレイク

このトライアングルから抜けてしまったのがダイナマイト・キッドだった。とはいえ、この決断がキッドには大きな転機となる。大西洋を渡り、カナダ・カルガリーへと向かったのだ。

当時、カルガリーを仕切っていたプロモーターは元プロレスラーのスチュ・ハート。ブレット・ハート、オーエン・ハートを輩出したことで知られる一大レスリング・ファミリーの総帥である。

キッドをスチュ主宰の団体スタンピード・レスリングに売り込んだのは、師匠のテッド・ベトレーだった。ベトレーはすでにスティーブ・ライトをドイツに送り込んでおり、教え子の海外遠征

カナダ・カルガリー地区に初遠征する時期に撮影されたダイナマイト・キッドのポーズ写真。ここから北米でのキャリアがスタートし、最終的にWWF（現WWE）へと到達する。

に熱心だったのだろう。スチュの次男ブルース・ハートがイギリス遠征に来た際、ベトレーが声をかけ、そこでブルースがキッドのファイトに興味を持ったことがカルガリー行きにつながった。

ブルースが注目した試合とは1977年12月18日、クリーソプスでおこなわれたキッドvsロコのライバル対決である。結果はキッドがTKOで敗れ、しかもロコに初めて負けた試合だったにもかかわらず、そのファイト内容がブルースの心を動かしたのだ。ちなみに、キッドのカナダ出発が近づいた頃、従弟のデイビーボーイ・スミス（デビュー後のリングネームはヤング・デビッド）がベトレーのもとでトレーニングを始めている。

翌1978年4月27日にイギリスを旅立ったキッドだが、所持金はほとんどなかったそうだ。現地で稼げばいいと考えていたのだろう。実際、当初は2ヵ月くらいで戻ってくるつもりでいた。

当時、スタンピード・レスリングはカルガリーを拠点に多くの大会を開催しており、現地入り翌日となる4月28日、29日にさっそくキッドの試合が組まれていた。両日とも、相手はキューバン・アサシン。5月4日と5日には、ジョン・フォーリーとシングルマッチで対戦している。

1995年12月、筆者がダイナマイト・キッド宅を訪問した際にパネルに入ったカナダ時代の写真をサイン入りで譲り受けた。キッドの左に写っているのはマネージャーのジョン・フォーリーで、1978年か1979年頃に撮影されたものだという。

フォーリーはのちにカナダにおけるマネージャーとなる人物で、キッドがもっとも親しみを感じたレスラーのひとりだった。というのも、彼もイギリスのウィガン出身で、シュートの強さには定評があった。ビリー・ライレー・ジムでレスリングを学び、あのカール・ゴッチをスパーリングで破ったこともあるという。

キッドのカルガリー遠征中、日本から新人レスラーがやって来た。原進（阿修羅・原）である。原は国際プロレスが期待するホープで、ラグビーから鳴り物入りでプロレスに転向。1978年6月29日、寺西勇を相手にデビューすると、7月には早くも海外武者修行に旅立った。その地こそがカナダ・カルガリー。そして、この海外修行に同行した国際の吉原功社長が現地でイギリス人のキッドに注目することとなる。

カルガリーで「ファイティング・ハラ」を名乗った原は、9月にキッド、ミスター・サクラダ（桜田一男＝ケンドー・ナガサキ）らと西ドイツに移動し、トーナメントで知られるハノーバーでの連戦に出場した。

ここで、原はキッドと対戦する機会を得る。9月20日、10月14日にシングルで闘い、いずれもキッドが勝利。この試合がキッドの初来日、日本における原との再戦につながったことは想像に難くない。

原とキッドは試合以外にも、カルガリーの道場でともに練習もおこなっている。キッドによると、原に直接教えることもあったそうだ。道場とは、スチュ・ハートの自宅地下にある「ダンジョン（地下牢）」と呼ばれる一室である。

ここはイギリスで言うビリー・ライレー・ジムに相当するレスラーたちのトレーニング施設。ライレー・ジムにたとえられるだけに、やはり必要最低限のものしか置かれていない。

ハート・ファミリーのレスラーとともに、原もキッドもここでシュートレスリングのスパーリングに時間を費やした。と同時に、キッドが身体を大きくするため薬物を使用するようになったのも、この時期のことである。

原は5ヵ月間の武者修行を終え、12月8日に凱旋帰国。その後、「阿修羅・原」のリングネームが与えられた。

一方のキッドは当初の予定を延ばし、カルガリーに残留する。現地で大ブレイクを果たしたからだ。

キッドのアグレッシブなファイトスタイルは、落ち込みを見せていたスタンピード・レスリングにとって起爆剤となった。アメリカンスタイルを取り入れたキッドとしても、ラウンド制より1本勝負の方が自分を表現できたのだろう。英連邦ジュニアヘビー級王者に認定され、ハート一族を上回るよう

イギリスからマーティ・ジョーンズが呼ばれて、キッドと合流。ジョーンズは1979年2月から3ヵ月間カルガリー地区を転戦し、キッドのタッグパートナーとして活躍した。

カナダ・カルガリーのスタンピード・レスリングで、キッドはハート・ファミリーと抗争を展開。写真の相手はブレット・ハート。ヘビー級至上主義のリングをガラリと変えてみせたのがキッドだった。

な人気を獲得する。

ブレット・ハートとの抗争が展開されていた頃、イギリスからマーティ・ジョーンズがカルガリーにやって来た。イギリス時代からのライバルのひとりである。

しかし、カルガリーでは抗争の続きをおこなうのではなく、タッグを組んだ。ブルース＆ブレットのハート兄弟との抗争において、ジョーンズはキッドの助っ人的存在としてスチュに招聘されたからだ。キッド＆ジョーンズは、イギリスではあり得ないチームである。

イギリスのスケジュールに穴を開けてまで乗り込んできたジョーンズは、1979年2月から5月までカルガリーに滞在。彼もまた、ダンジョンでのトレーニングを経験しており、やはりそこはライレー・ジムに似た雰囲気の場所だったという。

そして、キッドに国際プロレスから来日のオファーが届く。声をかけたのは、カルガリーでの闘いぶりをずっと注視していたミスター・ヒト（安達勝治）だった。

〝英国の貴公子〟が国際プロレスに「特別参加」

初来日ながら、キッドにはまるで大物のような待遇が与えられた。とはいえ、それは本人が知らないところで、1979年7月『ビッグ・サマー・シリーズ』後半戦、1週間の「特別参加」である。

昭和の時代、「特別参加」という言葉にはビッグネームを想起させる響きがあった。シリーズ全戦に出場できない理由があるのだろう。それは売れっ子だからスケジュールが空かないのか、それともファイトマネーが高額なのか。

しかし、キッドはまだ若く、日本ではまったく無名の存在だ。しかもジュニアヘビー級で、身体も小さい。もちろん、イギリスやカナダのリングで活躍したという情報はほとんど入ってきていなかった。

では、なぜキッドは〝特別〟だったのだろうか。キッドの初来日に注目していたという宍倉氏は、次のように語る。

「このシリーズ、新日本プロレスに出ていたアンドレ・ザ・ジャイアントが友情出演みたいな形で、国際プロレスに里帰りするんですよ。そのアンドレも特別参戦。このシリーズはとにかく外国人がすごいメンバーで、アンドレ、アレックス・スミルノフ、ヘイスタック・カルホーンとか。でも、首都圏や大都市での試合はないんだよね。地方ばっかり。それでもテレビマッチが何ヵ所かあってね。シリーズの日程は前から決まっていて変えられないけど、テレビ局（東京12チャンネル＝現・テレビ東京）が中継のテコ入れのために何百万円か出して外国人を豪華にしたんですよ。視聴率アップのためにね。だから、会場はどこでもよかった。たとえ小さくても、ガラガラの大会場よりも超満員の町の体育館の方がよかった。あの頃って、いまの国際プロレスの勢いなら全日本プロレスに勝てるかもしれない。そんな雰囲気があって、テレビ局が動いたんだ。そのなかで、大物として呼ばれたひとりがキッド。でも、当時のキッドはまだ大物じゃないですよ。大物というより、未知の強豪という感じだった。特別参戦と謳うことによって、すごいヤツが来るんじゃないかと思わせたんだよね」

日本での第1戦は7月19日、北海道の木古内町公民館。寺西勇と30分フルタイム闘い、引き分けた。このときの印象を宍倉氏が振り返る。

「まず、ダイナマイト・キッドって名前じたいがすごいよね。何で、そんなすごい名前がついたん

キッドが初来日した国際プロレス『ビッグ・サマー・シリーズ』の巡業中のショット。前方はザ・モンゴリアン1＆2号、後列は左からテキサス・アウトロー（ボビー・バス）、オックス・ベーカー、キッド、アンドレ・ザ・ジャイアント、アレックス・スミルノフ。

だろうと思って興味を持った。それで実際に第1戦の寺西戦をテレビで見た。そのときに何を思ったかというと、とにかく攻めだけじゃなくて、やられっぷりがすごいんですよ。でも、当時はまだ受けがどうだとか、受け身の技術がどうだなんて話は絶対にしない時代。だから、そのときはなんだかよくわからないけど、とにかく何かがすごいってことだけは伝わってきたんだよね。いま見たらわかるけど、すごいバンプ、受け身を取ってる。〝ああ、これがダイナマイトなんだな〟って、後になってわかるよね」

翌20日には、秋田・大館市民体育館で原のWWU世界ジュニアヘビー級王座に挑戦。原は5月にミレ・ツルノから同王座を奪取し、これが2度目の防衛戦だった。

結果は両者リングアウトの引き分けに終わり、試合後にキッドから再戦を申し込むと、王者・原が受諾。しかもキッドが保持する英連邦ジュニアヘビー級王座まで懸けることになり、7月21日、新潟・村上市体育館での決着戦にはイギリス育ちのキッドが有利と思われるラウンド制が採用された。

とはいえ、「4分7ラウンド」というのはイギリスでも異例の時間制限である。現地での主流は、5分6ラウンドの3本勝負。もちろん他にもあるが、4分7ラウンドはいかにも中途半端だ。

いずれにしても、この試合でも決着はつかず時間切れで引き分けた。キッドには次回来日の期待がかかったものの、これが最後の国際プロレス参戦となってしまう。

というのも、キッドは来日当初から初めての日本に戸惑い、知っている人間が誰もいない状況下で常に孤独を感じていたという。この時点では、二度と日本に来る気はなかったそうだ。

なぜ多くの外国人レスラーが憧れる日本に馴染めなかったのか。宍倉氏は、こう分析する。

「日本はすごい都会だと思って来たはず。なのに、試合会場は地方の町ばかりだった。東京に1泊くらいしたのかもしれないけど、いきなり北海道、秋田、新潟ですよ。巡業は、ずっと地方ばっかりだったわけでしょ。話をする人もいない。何を食べればいいのかわからないし、食事にも行きにくい。初来日の外国人には、不便だよね。想像と全然違っていて、嫌になったんじゃないかな。試合も引き分けばかりで、こんな扱いじゃまた来てもしょうがない。そう思ったとしても無理はないよね」

20歳、しかも初来日とはいえ、キッドは当時からプライドが高かった。イギリスでは2冠王となり、カナダではスタンピード・レスリングを救うほどの人気レスラーとなっただけに、慣れない環境での地方巡業で孤独が身に染みたのかもしれない。

また、この若さでタイトル連続挑戦は破格の待遇とも思えるが、ルーキー時代の原を海外で見ているからこそ、〝同格扱い〟に納得がいかなかったのではないか。

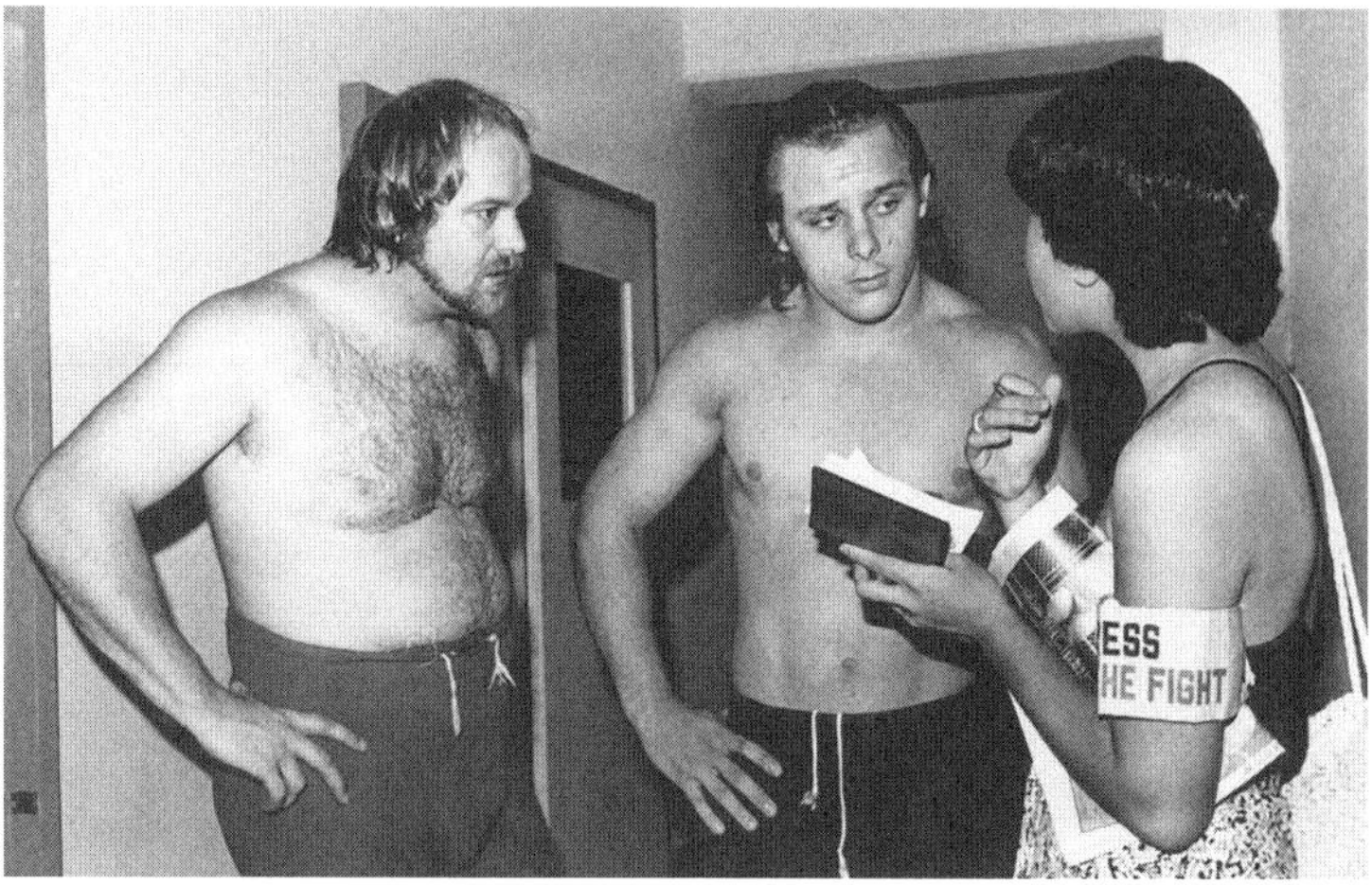

キッド本人から“自伝執筆”のために預かった写真に謎の一枚が…。しかし、その真相はターザン山本氏が知っていた。これは山本氏が週刊ファイト時代に女性通訳とともに取材したときのもの。山本氏はこのショットを撮影したカメラマンの横にいた。

シリーズ中、キッドに直接取材をした人物がいる。のちに週刊プロレスの編集長となる本名・山本隆司、ターザン山本氏だ。当時、山本氏は週刊ファイトの記者で、女性通訳を伴い会場の片隅で初来日したキッドに話を聞いていた。

「キッドに会ったのは、あのときが初めて。意気込みとかを聞きに行ったんじゃないかな。でもね、キッドが何を話したかおぼえてない。当時は、あまり印象に残らなかったんだろうね。キッドはね、国際じゃやなくて新日本に来て変わるんですよぉ！」

〝ローラーボール〟も国際プロレスに「特別参加」

阿修羅・原の対戦相手として国際プロレスがキッドにつづいて招聘したのは、〝ローラーボール〟マーク・ロコだった。

初来日時の表記は、「マーク・ロッコ」。ロコもイギリス人だけにキッドと同じルートから招聘されたと思われがちだが、交渉窓口は異なった。

キッドはミスター・ヒトを介してカルガリーから来日した。が、ロコは本人の話によるとカール・ゴッチのブッキング。その前には新日本プロレス参戦の話もあったというが、半ばゴッチの命令で父ジム・ハジーが参戦した国際プロレスを選んだのだという。

ロコは、同年9月の『ダイナマイト・シリーズ』に参戦。キッドが原からベルト奪取に失敗したことを聞きつけ来襲、というのが来日時の触れ込みだった。キッドと同様、シリーズ途中からの「特別参加」である。

宍倉氏曰く、ロコは日本では無名だったが、「未知の強豪扱い」。しかも「ローラーボールという修飾語がついているってことは、やっぱり普通じゃないんだなと思わせた」。いきなり原のタイトルに挑戦することもあり、「最初から大物」として見ていたという。

テレビ中継の解説によると、キッドとロコはイギリス新時代の旗手で、10年くらい変わり映えがしないタイトルマッチ戦線を変えた2人ということになっていた。すべてがその通りではないとしても、キッドとロコがイギリスマットで時代を変えたことは間違いない。

このシリーズで、ロコは原とシングルで5度対戦。そのうち2回がタイトルマッチで、結果は1

"ローラーボール"マーク・ロコが初来日した国際プロレス『ダイナマイト・シリーズ』のパンフレットの選手紹介。このときはテレビ中継でも「マーク・ロッコ」と呼ばれていた。

敗1分けと、キッド同様ベルトには届かなかった。

しかし、キッドとは異なり、日本という国はロコに好印象を残したようだ。本人は初来日当時を次のように振り返る。

「父の時代のようなオールドファッションな試合があまり好きではなかったので、日本の試合は私好みでもありました。アクティブな闘いをするのは楽しみでしたし、日本での試合は頭脳も磨いてくれたような気がします。原は本当に素晴らしいレスラー。彼と闘うときは私もかなりエキサイトしましたよ。場外乱闘での興奮。あのときの気持ちは、大切に持ちつづけていますよ」

キッドやジョーンズとともにイギリスで新しいスタイルを展開し、独自のヒールファイトを獲得していったロコらしいコメントである。

新日本プロレスvs国際プロレスのキッド争奪戦

本来ならば、原のライバルとしてキッド、ロコとも国際プロレスに継続参戦するところだろう。しかし、現実は異なった。新日本プロレスのカルガリー遠征。これがひとつの転換点となったのだ。

キッド帰国後の1979年8月17日、アントニオ猪木ら新日本勢が初めてカルガリーを訪れた。ここで、キッドは藤波辰巳のWWFジュニアヘビー級王座に挑戦。自身が保持する英連邦王座も懸けたダブルタイトルマッチである。

しかも、この一戦がテレビ朝日『ワールドプロレスリング』で録画中継された。ジュニアヘビー級とはいえ、タイトルコンテンダーとして国際プロレスに参戦したばかりの外国人選手が新日本プロレスの選手と対峙している。この時点で、原vsキッドのタイトルマッチから1ヵ月も経っていない。これは、いったい何を意味しているのか。

試合は両者リングアウトの痛み分けで、2人とも王座を防衛すると同時に、これはキッドにとって新日本プロレスとの出会いであり、間接的ながらWWF（現WWE）との出会いでもあった。

その後、キッドに新日本参戦のオファーが届く。内容は「日本で再び藤波と闘ってほしい」というもので、キッドの自伝によると、ファイトマネーは国際の倍額が提示された。

カルガリーで好勝負を展開した藤波との再戦と、2倍のギャラ。日本には二度と行かないと決めていたとはいえ、別の団体に行けば待遇も違うかもしれないと考えても不思議ではない。

その一方で国際プロレスはキッドを再来日させ、日本陣営に入れるストーリーを想定していた。かつてビル・ロビンソンが日本側に入ってエースとして活躍したが、そのジュニア版というイメージか。

ところが、この「イギリスの貴公子」を外国人のエースに育てたいという思惑は、新日本がキッド参戦を発表したことにより崩れ始める。

12月10日に、新日本が翌年1月の『新春黄金シリーズ』参加外国人を発表。そのなかで、キッドの初参戦を明らかにしたのだ。

すると翌日、国際もキッド2度目の来日をアナウンス。両団体とも年明けの1月4日がシリーズ開幕だが、いったいどちらが本当なのか。

キッドが両団体にイエスと言っていたら、ダブルブッキングである。が、必ずしも当時はトップレスラーではない。加えて、当時の新日本と国際は「対抗戦」の名目で提携関係にあっただけに異例の事件だった。

つづいて12月26日、新日本が次期シリーズの日程と主要カードを発表。そのなかには、キッドが藤波に挑戦するタイトルマッチも含まれていた。

しかし、キッドによれば、両団体の発表時にはまだ態度を保留していたという。だとすれば、どちらとも契約を交わしていなかったことになる。

決意を固めたのは年末とのこと。つまり日本に到着する寸前まで、どちらに転んでもおかしくない状態だったのだ。

また、ミスター・ヒトが国際プロレスとの関係を絶っていたこともキッドが新日本に参戦した要因だっただろう。かつてヒトはフリーとして国際マットに上がっていたこともあったが、猪木らがカルガリーに来た８月に新日本に接近しており、キッドが鞍替えする道筋を作っていたとも考えられる。

結果、キッドは新日本を選んだ。そこには、初来日の第一印象が影響したのではないかとも思われる。

そして、最大の決め手はやはりファイトマネーにあるのだろう。最終的には自分を高く買ってくれる方を選んだのだ。

こうしてキッドは、１９８０年の新春に初めて新日本プロレスのマットを踏む。この決断がなければ、翌年の春に幕を開ける〝黄金の虎伝説〟は違ったものになっていたかもしれない。

第4章　屈辱――タイガーマスクの日本デビュー戦

〝プロレスラー〟タイガーマスクが誕生する前に、ひとつの謎がある。

１９８１年3月6日に開幕する新日本プロレス『ＷＷＦビッグ・ファイト・シリーズ第1弾』。そのポスターに、佐山サトルの名前と素顔の写真が掲載されている。しかも、「凱旋帰国」と銘打たれているのである。

タイガーマスクは、つづく同年4月3日開幕の『ＷＷＦビッグ・ファイト・シリーズ第2弾』最終戦、4月23日の蔵前国技館大会がデビュー戦だ。常識的に考えれば、佐山を正体不明のマスクマンに変身させることが決まっていたのなら、その直前のシリーズにあえて素顔で凱旋させるはずがない。

そもそも海外武者修行から佐山を日本に戻すことは、いつ決まったのか。当時の新日本プロレス営業部長・大塚直樹氏にポスターの写真を見てもらい、事情を聞いてみた。

「このポスターはおぼえていますよ。僕が作りましたから（笑）。ポスターのレイアウトなど誰を載せて、どの選手を大きくするか。そういうのは僕が責任者としてやっていました。とにかく、当時は、『プロレス』の文字を大きくすることが大事。必ずしも『新日本プロレス』じゃなくてもいいんです。『プロレス』の文字を目立たせる。当時は、街中にポスターを貼るじゃないですか。プロレスがこの街に来ると知ってもらうことが一番大切だったんですよね」

そう言いながら懐かしむ大塚氏も、佐山の凱旋について詳しくは聞かされていなかった。あくまでも「参加メンバー」と上層部から伝えられたから、佐山の写真をレイアウトしただけである。大塚氏がつづける。

「通常、シリーズの参戦選手は開幕戦の40日から50日前には決まります。なので、この場合は3月6日開幕ですから、年明けの『新春黄金シリーズ』の半ばくらいには、佐山さんを凱旋帰国させることが決まっていたでしょうね」

しかし、もし水面下で佐山をタイガーマスクとしてデビューさせる話があれば、この時期に素顔で戻すことはないと大塚氏は断言する。

「ポスターを作った1月の時点では、佐山さんをタイガーマスクにする話は絶対にないです。なぜ言い切れるかというと、試合の10日前なんですよ、タイガーマスクのデビュー戦が決まったのは」

この緊急デビューについては後に譲るとして、前述のポスターについて、もう少し説明しておこう。

佐山の写真は右下にレイアウトされ、「凱旋帰国」と記されている。また、このポスターには中央にキラー・カーン、左下にはグラン浜田の顔写真がレイアウトされ、同じく「凱旋帰国」と銘打たれている。

1978年に海外武者修行に出発し、この時期はアメリカのWWFで活躍していたキラー・カーンこと小沢正志はこれが初の凱旋。メキシコのUWAでトップを取っていた浜田は、2度目の凱旋である。ここに佐山を加えようとしたことを考えると、海外からの凱旋選手をシリーズの売りのひとつにしようとしたのかもしれない。

また、このシリーズでは新設されたWWFライトヘビー級王座の初代王者決定リーグ戦がおこなわれた。リーグ戦には浜田、ジョージ高野、メキシコからフィッシュマン、ペロ・アグアヨ、アニバルが参加。決勝戦で浜田を破ったアグアヨが初代王者となるわけだが、当然、佐山は参加していない。

当初は、メキシコ修行を経験した佐山をこのリーグ戦に入れるつもりだったのだろうか。結局、代役（？）として期待の若手だった高野がエントリーされている。

では、なぜ佐山は3月シリーズに帰ってこなかったのか。そもそも、このシリーズ参戦を佐山は聞かされていたのか。

これまでは、アントニオ猪木と営業本部長・新間寿氏の話し合いにより佐山をタイガーマスクにすることが決まり、新間氏が戻ってくるよう再三連絡を取るも、佐山はイギリスでの多忙なスケジュールを理由に帰国を拒んだとされている。

しかしながら、「猪木の顔を潰すのか？」とまで言われては仕方がない。佐山は「一日限り」との約束で、タイガーマスクへの変身と帰国を受諾した、というのが通説だ。

もしかしたら、新日本側が佐山に3月の帰国を要請し、本人が難色を示している間にタイガーマスクの話が出てきたのではないのか。

この件を新間氏に聞いてみると、3月の素顔での凱旋帰国については記憶になく、イギリスにい

サミー・リーがメインに登場した1981年2月25日、ロイヤル・アルバート・ホール大会のカード表。もしも新日本プロレスの3月シリーズに素顔での凱旋が決まっていたとしたら、ビッグ・ダディと組んだこの試合あたりがサミー・リーのラストマッチになったかもしれない。

た佐山に連絡を入れたのは４月に入ってからで、あくまでもタイガーマスクに変身しての帰国を考えていたという。

いずれにしても、佐山は帰国を拒否し続けた。その理由は、イギリスマット界に対する責任だった。

素顔での凱旋帰国が予定されていた３月には、判明しているだけでも現地で26試合をこなしている。この１ヵ月間で、ライバルだった〝ローラーボール〟マーク・ロコとのシングルマッチは９試合おこなわれた。

日本ではまったく伝わらないイギリスでのサミー・リー・ブーム。スケジュールは常に埋まっており、突然消えるわけにはいかなかった。

第１章でも触れたように、新日本プロレスの所属選手である以上、海外修行中でも去就において最終決定権は団体側にある。当時の新日本の場合、それは新間氏であり、社長の猪木だ。

この素顔での凱旋帰国の件について佐山にもポスターの写真を見せながら話を聞いてみると、「イギリスにそういう連絡が来たという記憶はないです」との返答。

とはいえ、日本では３月シリーズへの凱旋が「ポスター」という形で発表・宣伝されていたことは事実である。新日本側が佐山本人の了承を得る前に発表してしまったのかもしれないが、いずれにしてもイギリスでのスケジュールを考えると、この時期に帰国することは無理な相談だった。

「6月」で進められていたデビュー戦

１９８１年４月16日発売の『週刊ＴＶガイド』（東京ニュース通信社）で、同月にスタートするテレビ朝日のアニメ『タイガーマスク二世』が3ページにわたり特集された。そこに掲載されている記事が非常に示唆的なものになっており、興味深い。以下、全文を引用する（原文ママ）。

『世界各地を転戦中のタイガーは6月に凱旋帰国』

6月、新日本プロレスに、タイガーマスクがさっそうとデビューする予定だ。アニメのタイガーマスク二世と同じマスクをかぶり、同じコスチュームで華々しくリングに出現する彼の正体は？残念ながら今のところ、アントニオ猪木の秘蔵っ子であり、現在世界各地で連戦連勝しているという情報しかキャッチできてない。「5月に帰国記者会見をする」といってるので「ワールドプロレスリング」（金曜夜8・00テレビ朝日系）も見逃しちゃダメだ。

この記事には、さらに梶原一騎氏と猪木のコメントも付記されている。

4月16日発売だから、制作の進行上、4月上旬にはこの情報が編集部に伝わっていたと思われる。となれば、タイガーのデビューはその時点では、6月の予定で進められていたのではないか。

この年の6月、新日本プロレスは4日と24日に蔵前国技館をおさえていた。とくに後者は、創立10周年記念興行第1弾『3大スーパーファイト』という特別なイベントである。この2日間のどちらかでデビュー、という話を進めていた可能性は十分にあるだろう。5月の帰国記者会見とは、同月7日に京王プラザホテルで開催された『第4回MSGシリーズ前夜祭』を指しているのではないか。

では、なぜデビューが2ヵ月の前倒しになったのだろうか。そこには、やはりテレビ朝日で始まるアニメ『タイガーマスク二世』が深く関わっていると思われる。

アニメのタイガーマスクを現実のリングに――。その構想は、原作者・梶原一騎氏と新間氏の話し合いから生まれたものだ。

この年の1月、両者が会食。その場で梶原氏は製作中のアニメ『タイガーマスク二世』を現実のレスラーとして新日本のリングに上げて試合をさせてはどうかと提案、それを聞いた新間氏は「先生、おもしろいですね。ぜひともお願いします！」と即答した。

梶原氏から出された条件はふたつ。ひとつは、コーナーポスト最上段に飛び乗れること。もうひとつは、「タイガーマスク二世」とリングアナウンサーにコールさせることだった。

会社に戻った新間氏は、さっそく猪木にこの話を持っていった。猪木もタイガーマスク二世のデビューに乗り気で、中身を誰にやらせるか考えることになった。

大塚氏によれば、デビュー戦は4月23日、蔵前国技館大会の「10日前」に決定した。テレビアニメのスタートは、4月20日である。

当初は6月デビューで話を進めていたものの、4月の緊急デビューは梶原氏、あるいはテレビ朝日サイドからの要請だったのだろうか。アニメが浸透してからではなく、あくまでも同時進行で――。

この決定に、ドタバタしたのは新日本プロレスだ。いったい誰にタイガーマスクをやらせるか。アニメの放映開始まで時間の余裕がない。

当時、猪木はイギリスの貨物航空会社の役員と友人関係で、「イギリスにサミー・リーというすごいレスラーがいる」との噂を聞いていた。猪木が調べてみると、その「すごいレスラー」とは佐山のことだった。

新間氏は「コーナーポスト最上段に飛び乗れるレスラー」は誰かと考えたところ、最初は「飛ぶ」という観点からルチャ・リブレに精通するグラン浜田が浮かんだ。しかし、「ガニ股だから、すぐに正体がバレる」と考え直し、〝国籍不明〟のレスラーとしてアメリカ人とのハーフのジョージ高野も候補になった。しかし、タイガーマスクにするには身長が高すぎるため断念する。

そこで浮かんだのが佐山だった。佐山の運動神経ならアニメの『タイガーマスク二世』を再現できるはず、と確信したのだ。

よって誰にするか一斉に名前を挙げたとき、猪木も新間氏も同時に佐山の名前を出したという話はよく知られている。とはいえ、佐山本人にはまだ何も伝えておらず、社内でも猪木と新間以外には誰も知らない極秘のプロジェクトだった。

しかし、新間氏がイギリスに何度も国際電話を入れるも、佐山は「いまは帰れません」の一点張り。本人が喜ぶと思い、「劇画の主人公タイガーマスクになるんだ」と具体的に提示したのだが、佐山には新日本のリングでそれをやることの意味がわからなかった。

佐山の記憶によれば、「タイガーマスクの映画を撮るから帰ってこい」とも言われたそうだが、待ちに待った格闘技路線がスタートするのではなく、むしろ新日本らしくないマスクマンとしての帰国要請に落胆した。

結局は、前述したように「猪木の顔を潰すつもりか?」との殺し文句で佐山は口説き落とされたが、付き人も務めた猪木の命令なら背けない。しかし、イギリスでの過密スケジュールもある。佐山は帰国を受け入れるも、本人は4月23日、蔵前国技館での一試合のみ出場し、すぐにイギリスに戻るつもりでいた。

前述のように新間氏によると、イギリスに電話を入れたのは4月。佐山は「デビュー戦の1ヵ月くらい前に初めて話が来た」という。多少のズレこそあるものの、いずれにしても4月初旬には帰国に向けての話し合い（新間氏側からの説得）がおこなわれていたと見て間違いなさそうだ。

また、新間氏には週刊ＴＶガイドで発表された６月デビューの件についても訊ねたが、これは新日本側が情報提供をしたわけではないようだ。

「私は、こんな記事が出ていたなんていままで知らなかった。これには梶原先生のコメントが掲載されているでしょ。だから、この情報は梶原先生の方から出したんじゃないかな。６月デビューの予定があったなんて、まったく知らない。４月のデビュー戦だって、急に決まったんだからねえ」

１９８１年４月23日、蔵前国技館にて──

４月18日、ハンリーでのマーティ・ジョーンズ戦を終えると、佐山は帰国の途につく。

繰り返すが、大塚氏がタイガーマスク登場を知らされたのは試合の10日前。週刊ＴＶガイドがタイガーマスクの６月デビュー計画を報じる数日前である。

テレビでは、前週の『ワールドプロレスリング』のエンディングで、「次週タイガーマスクが登場！」と予告が入っただけだった。ポーズ写真が映されたわけでも、ましてやアニメ『タイガーマスク二世』の映像に乗せたわけでもない。そして、肝心のマスクも作られていなかった。

新間氏はマスクとマントを作るよう指示を出したつもりだったのだが、大塚氏はその話を聞かされていなかった。10日前でも時間はないが、新間氏が気づいたのは、わずか４日前のことである。

そこで大塚氏は新日本のポスターやパンフレットのデザインを請け負っていたビバ企画にマスクの製作を依頼した。が、あまりにも時間がなさすぎる。マスクをデザインしたのは、ビバ企画の奥野哲郎氏。本業がデザイナーなので、当然ながら縫製の技術はない。結果としてザ・デストロイヤーのような白地の布マスクにポスターカラーで色を塗ったものになってしまったが、そのデザインはのちのマスクに踏襲されることとなる。

このマスクに虎の耳をつけ、〝完成〟させたのは新日本プロレスの女性社員・平良京子さんだった。しかも蔵前大会前日の夜である。その姿を見ていたのは、ケロちゃんこと田中ケロ（当時は秀和）リングアナウンサーだ。

「平良さんが事務所で〝耳が立たないのよ〜〟と、悪戦苦闘しながら縫いつけていました。でも、なんとか耳が立って。平良さん、頑張りましたね（笑）」

田中リングアナも、タイガーマスクのデビューについて事前には知らされていない。知ったのは、マスコミに発表されてからだった。

蔵前大会当日、イギリスから帰国した佐山を宿泊先の京王プラザホテルに迎えに行ったのは大塚氏だった。大塚氏は新間氏からマスクとマント、さらに伝言を預かり佐山を車に乗せた。

大塚氏がおそるおそるマスクを手渡した瞬間、佐山の表情が変わったという。

「迎えに行ったら車の中で佐山さんに説明してやってくれと、新間さんから言付けをもらっていたんですよ。〝他の選手とは別の控え室を用意するから〟とか〝このマスクを被って試合をしてほしい〟とか、僕が案内することになっていたんです。佐山さんに渡すため事前にマスクをもらっていたんですけど、それを見たときは〝なんだ、この漫画みたいなのは!?〟と思いました（苦笑）。なにしろ、白い布にポスターカラーで色を塗っただけの覆面でしょ。それを佐山さんに渡さないといけない。迎えに行ったときは全然ふつうだったんですが、覆面を被って試合をすると言って渡したら、〝なんですか、これ?〟、〝冗談でしょ?〟と。そこからずっとムッとしていましたね」

大塚氏は、不機嫌になった佐山を蔵前国技館の別室に案内した。よく言えばＶＩＰ待遇だが、事実上の隔離である。何から何まで秘密裏に進んでいたタイガーマスクのリング登場。しかも、前述のように決して大々的に宣伝されていたわけではない。

当日は新日本の蔵前大会としては、場内に空席が目立った（主催者発表は８５００人＝満員）。また、この日は客席の一部を潰してロックバンドが演奏できるステージが用意された。ブレイン・ウォッシュ・バンドと外道の２グループがそれぞれ生演奏を披露し、レスラーもそれに乗って入場するという演出である。

しかし、大塚氏は「これはタイガーマスクのデビュー戦を盛り上げるためではなく、あくまでも演出の新しい形としての試みでした」と説明する。

さらに大塚氏は「その時期の新日本は、蔵前国技館がなかなか埋まらなくなっていました。理由ですか？　外国人レスラーも少々マンネリになっていたかもしれませんね。ただし、蔵前の集客を増やすために急きょ、タイガーマスクをデビューさせたわけではありません」と振り返る。

確かに、集客を目的とするには明らかに宣伝不足であり、いくら有名な『タイガーマスク』とはいえ、海のものとも山のものともわからない謎のレスラーの登場を予告しただけでチケットがさばけるわけでもないだろう。

当日、月刊プロレスの記者として会場に来ていた宍倉氏は言う。

「この日はカードが弱かった。ＭＳＧシリーズの前だったから、それも原因のひとつとしてあったと思う」

メインは、猪木とスタン・ハンセンによる〝最後〟のＮＷＦヘビー級選手権試合（王座決定戦）。勝利した新王者・猪木が試合後にＩＷＧＰ開催に向けてベルトをコミッショナーに返上したが、全体的には地味めのカード編成だった。

このシリーズの外国人参加選手はハンセンのほかにタイガー・ジェット・シン、WWFヘビー級王者のボブ・バックランド、ケン・パテラ、ダイナマイト・キッド、エル・カネック、リック・マグロー、ザイール・ビコの8名。シンは序盤戦の特別参加で、バックランドも中盤戦のみの出場だった。後半にハンセンが合流するも、シリーズ最終戦の陣容はかなり寂しい。

タイガーマスクのデビューをプロレスマスコミも煽ったわけではない。マスコミ陣は興味なし、というのが当時の業界的スタンスだった。それもそのはず、発表された時点ではマスク姿の写真もない。これでは興味の惹きようもない。

が、タイガーマスク登場の情報を聞いて興味を抱いた人物がいる。のちに週刊プロレス編集長となるターザン山本氏だ。

ダイナマイト・キッドが国際プロレスに初来日した際に週刊ファイトの記者だった山本氏は、月刊プロレス編集長・杉山頴男氏にヘッドハンティングされ1980年5月にベースボール・マガジン社に入社。このときは、月刊プロレスの記者だった

「いったい誰がタイガーマスクをやるんだろう?」

山本氏は、大胆にもタイガーの控え室を探すことにした。

「日本側の控え室にいないんですよ。外国人の方にもいない。どこにいるのかなあと思いながら探していたら、倉庫みたいなところにひとり寂しくポツンといたよ。見つけた。発見した」

大塚氏によると、佐山に用意された控え室は国技館の特別な部屋だったという。が、山本氏の印象は違った。

「暗くて他に誰もいなかったし、俺には倉庫みたいなイメージしかない。特別な部屋という感じは、まったくしなかった。とにかく暗いんですよ」

扉が開いていたかどうかの記憶はないが、部屋のなかでうつむく男の姿に気づいた。山本氏は、その男に話しかけた。

「これがタイガーマスクなんだな、とはわかった。何のマスクかは見えなかったけど、覆面を被っていたよ。そのときは、彼が佐山サトルだとは気づかなかった。とにかく、ものすごい孤独感に満ちあふれていた。誰も仲間がいないじゃない。誰かいたら追い出されるんだろうけど、誰もいなかったから話しかけて勝手に取材したのよ。といっても、相手は頷くだけで、何か答えようとは思っていない。とくに何か会話を交わしたわけでもない。こっちが二言三言、話しかけただけ。それでも、見つけられたってだけで満足でしたよ」

部屋を出た山本氏は、場内に戻った。

その前のことと思われるが、新間氏もその控え室に顔を出し、佐山にマスクを被せた。

「いいじゃないか、かっこいいぞ」

「……」

大会開始時刻となり、場内に全カードがアナウンスされた。この日は倍賞鉄夫リングアナにとって、最後のコールだった。タイガーマスクが出場したセミファイナルを担当したのは、キャリア1年目の田中リングアナである。

「僕が第1試合の前に全対戦カードを場内に発表したと思います。記憶では、ふつうにコールしましたね。タイガーマスクの名前を読んだときに反応があったかというと…とくに何かあったわけでもなかったです」

当日のパンフレットの対戦カード表には、「タイガーマスク」の名前が入っていない。試合順は藤波辰巳vsエル・カネックを差し置いてのセミファイナルだが、キッドの相手が空欄になっていた。

これは当時のプロレス団体にはよくあることで、初来日の外国人選手のように、まだ名前のスタンプができていなかったのだ。これもまた、デビュー戦が急きょ決まったことの証左だろう。

プロレスマスコミからの屈辱的な評価

では、急きょタイガーマスクのデビューが決まったとき、ダイナマイト・キッドを対戦相手に選んだのは誰なのか。新間氏が語る。

「あの頃は坂口（征二）さんがマッチメークをやっていた。だから、坂口さんが選んだんだと思うよ。ジュニアの外国人だから、ちょうどよかったんじゃないのかな」

キッドは新日本へのシリーズ参戦はまだ2度目で、本来はWWFジュニアヘビー級王者・藤波への挑戦者として招聘されていた。実際に蔵前大会の約2週間前に、両者の3度目のタイトルマッチが実現している。

つまりタイガーのデビュー戦が急に決まったため来日中の外国人レスラーから対戦相手をチョイスするしかなかったのだが、そのなかにキッドがいた。ある意味、この偶然が結果的には大成功を導くことになる。

セミファイナルを迎え、タイガーマスクがリングに歩を進める。リング下では新間氏が声をかけ、マントをすぐに取るよう指示を出した。

この日、タイガーはコーナーポスト最上段には立っていない。また、リングネームも「タイガーマスク二世」ではなく、そのまま「タイガーマスク」とコールされている。

マントは外したタイガーだが、マスクは隠せない。案の定、場内からは至るところで失笑が漏れ、

「サヤマ〜」という声も飛んだ。現場にいた宍倉氏が、この場面を振り返る。

「タイガーマスクが出てきたときに、笑いが起こった。あのへんてこなマスクには、大笑い。みんな笑ったんだよ。それは間違いない。〃サヤマ！〃って声も聞こえた。前座時代の姿を見ていて、一部には知っているヤツもいたからね。でも、前座もしっかり見ている人間はほんの一部。サヤマコールまでは起こっていない。笑いが大半だった」

ところが、試合が始まるとタイガーは軽快なフットワークからマーシャルアーツ流のキックでキッドを威嚇。観衆を唖然とさせた。

クルクル回転しながらのカニ挟みでキッドを倒し、コーナーに追い込めば相手を蹴り上げてから空中で一回転。のちに「四次元殺法」と呼ばれる技の片鱗を見せると、最後は高角度のジャーマン・スープレックス・ホールドでフォール勝ちをおさめてみせた。

試合中、タイガーマスクの動きはイギリスでのサミー・リーそのままである。が、日本人には何から何までが新鮮で新しいプロレスだった。

佐山によれば、闘いながら「イギリスみたいにウケないな」、「あ

1981年4月23日、新日本プロレスの蔵前国技館大会でデビュー戦のリングに上がったタイガーマスク。劇画やアニメとはイメージが異なるチープなマスク姿で現れ、試合前は場内から失笑が漏れていた。

まりいい試合ではないのかな？」と感じていた。しかし、実際はあまりのすごさに観客が笑いから一転、タイガーの動きに見入っていたのである。入場の際にコーナーに上がらなかったことなど忘れ、原作者の梶原氏も大喜びだった。

この日、リング下でデビュー戦を見守っていた新間氏は当日の心境を次のように振り返る。

「デビュー戦ではコーナーポストに上らなかった？　私ははてっきり上ったもんだと思っていたよ。ちょうどその瞬間は、おそらくタイガーじゃなくてリングサイドにいた梶原先生の方に視線が行っていたんだね。だから、見逃した（苦笑）。とにかく、あの試合ではタイガーと梶原先生、両方に関して気が気じゃなかったね。佐山にマスクを被せればピチピチだし、マントはペラペラだし。とにかく、あの試合では焦りっぱなしだったよ（笑）」

試合後、マスコミが正体不明のマスクマンをバックステージに追いかけた。

とはいえ、当然のごとくシャットアウト。マスコミが後を追うも、タイガーはそのまま姿を消した。宍倉氏が月刊プロレス編集部に戻ると、山本氏が話しかけてきた。

タイガーマスクが見事なブリッジでダイナマイト・キッドをピンフォールした歴史的瞬間。ここから"黄金の虎伝説"がスタートする。それはキッドにとっても同じく運命が変わった瞬間だった。

「あれは佐山だよ！」

山本氏は、タイガーマスクの正体は海外修行に出ていた佐山サトルだと直感した。宍倉氏によると、山本氏は海外へ行く前から若い佐山に注目していたという。

「佐山は猪木さんの付き人をやっていたから、見ていたんですよ。非常におとなしくて、忠実で真面目な好青年。要するに、がらっぱち系の他のレスラーとは違うわけ。品が違った。それでいて、他の格闘技ジムにも通っていたというじゃない。新日本の道場は絶対なのにね。このちょっと変わった性格というか、時代性がすごい。時代を先取りしているわけですよ、彼は。その生き方にメチャクチャ注目していたんだよ」（山本）

山本氏は、タイガーマスクの登場に衝撃を受けた。もちろん、それは一般のファンも同じだった。テレビでは、翌週5月1日の金曜夜8時に『ワールドプロレスリング』で録画放送。新聞のテレビ欄にも、「タイガーマスク×ダイナマイト・キッド」の文字が躍った。これにより、衝撃のデビュー戦が〝全国区〟になった。このあたりは、イギリスにおけるサミー・リーのデビューと重なる。

が、マスコミ陣にはなぜかあまりウケがよくなかった。山本氏は当時のプロレスマスコミについて、こう話す。

「そのころは、ヘビー級全盛の時代だった。軽量のジュニアヘビー級に対して差別があったし、マスクマンに対しても差別があるわけ。ミル・マスカラスはヘビー級で別格だけど、マスクマンは要するに格下だという偏見があるんだよ。タイガーはマスクマンで小さいから、お子様ランチというか子ども向け。だから、あのときにタイガーマスクをきちんと評価した人は、誰もいない！　月刊プロレスだって、デビュー戦はモノクロページだった。ほかも、だいたい同じような扱いだったでしょ。あれは革命だとか、そういう論調にはなっていない。記者にとって、それまで培ってきた伝統的なプロレスの価値観では、ああいうのって圏外なんだよね、圏外」

さらに、山本氏がつづける。

「劇画の主人公が実際に出てくるんだから、本当はすごいことなんですよ。でも、劇画であることから、また差別につながった。劇画とは、漫画だと。漫画とは、子ども向けであると。そうなると、やっぱり下に見られてしまう。そういう意味では、タイガーマスクって、すごい屈辱的な評価のもとにデビューしたってことにもなるんだよね」

この一戦に関して言えば、山本氏はタイガーマスクの登場によってプロレス雑誌が売れる、との思いにまではならなかったという。前述のように業界内にヘビー級以外のレスラー、マスクマンへの偏見が幅をきかせていたからだ。当時は、まだ月刊誌の時代。山本氏が週刊化された週刊プロレスの編集長に就任するのはそれから6年後、1987年のことである。

タイガーのデビュー戦を報じた当時の月刊プロレスと別冊ゴングを見てみると、どちらもまるで示し合わせたかのようにモノクログラビアの見開きページで掲載している。大見出しは前者が「正体不明タイガーマスク　キッドに原爆固めで完勝」、後者が「タイガーマスクが原爆デビュー」で、使われた写真はともに6点だった。

しかも、両誌ともタイガーマスクの中身が佐山サトルであることを示唆しているのが興味深い。別冊ゴングは写真のキャプションで「その正体は佐山聡という説が有力である（原文ママ）」と掲載。月刊プロレスは写真6点のうち、1点でメキシコ時代の佐山のカットを載せている。

その写真のキャプションには「メキシコ時代の佐山、なんとなく体つきが似ているが」とあり、グラビアのリード文には「さてこのマスクマンの正体だが体の大きさ、カンフー技、イギリス仕込みのキッドと途中ロビンソンばりのバックの取り合いを見せたことから考えて、メキシコからイ

上は月刊プロレス1981年６月号（ベースボール・マガジン社）、下は別冊ゴング1981年６月号（日本スポーツ出版社）のグラビアで、いずれもタイガーマスクのデビュー戦をモノクロ２ページで報じた。月刊プロレスの方には試合の模様とともに、メキシコ時代のサトル・サヤマの写真も掲載されている。

ギリスに渡った佐山サトルらしいが、さて正体はいかに?」と書かれている(いずれも原文ママ)。つまり、デビューした時点で専門誌はタイガーマスクの正体を読者にほのめかしていたのだ。

当時、月刊プロレスのスタッフだった宍倉氏に、このグラビアをあらためて見てもらった。

「〃えっ、これ、モノクロ2ページなの?〃と当時思った。でも、ベースボール・マガジン社に入って、まだ3ヵ月ぐらいの新弟子だったから意見など言えるわけがない。全体のページ数が少ない時代にしても、あのインパクトを考えたら〃カラーで3ページはほしいよな〃と当時から思っていた。あとはジャーマン・スープレックス・ホールドに『原爆固め』という言葉を使っている驚きね。確かその後、杉山編集長が〃ウチでは原爆という言葉は使うのをやめよう〃と言ったんですよ。以後、本誌では使っていないはず。記録でもジャーマン・スープレックス・ホールドに統一された。佐山の写真を載せていたのも驚きですよ」

補足すると、このグラビアを組んだのは宍倉氏でも山本氏でもなく、当時在籍していた別の編集者だった。山本氏はこのタイガーマスクと佐山の素顔の写真を一緒に掲載したページについて、こう語る。

「カラーページにしなかったということがジュニアヘビー級やマスクマンへの偏見があったという証拠だよ。あくまでもメインはメイン、中堅は中堅、前座は前座で扱いが変わる。そういう階級制度みたいなのがマスコミの常識だったわけ。だから、タイガーマスクがどれだけすごくても扱いは変わらない。〃佐山が正体では?〃と書かれているのも、若手だったからだよ。まだスターじゃないし、海外に出る前の佐山は前座クラスの選手だから。そこにも偏見があるんですよ」

ただし、月刊プロレスと別冊ゴングのデビュー戦のグラビアで、ひとつの大きな違いがある。それはゴングにはバックステージでのタイガーマスクのポーズ写真が掲載されているということだ。

「バックステージの写真は明らかに月刊プロレスにはないので、東スポとゴングだけに撮らせたことが考えられるね。当時、東スポのトップは櫻井康雄さんで、その櫻井さんがゴングの巻頭記事を書いていた時代。櫻井さんとゴングの竹内（宏介）さんは密接だった。私、ゴング時代に何度も櫻井さんの原稿を取りに行ったよ。反対に、ベースボール・マガジン社は週刊ファイトと密接だったからね」（宍倉）

「東スポは新聞社として、ゴングは雑誌としてプロレスの王道だった。だから、きちんとポーズ写真をおさえている。当時のベースボール・マガジン社では、プロレスってまだ社内におけるひとつの部門でしかなかったんだよ。会社のなかでは、まだプロレスが優位ではなかった。ここの差だよね。東スポとゴングは徹底的におさえていたから、タイガーマスクをバックステージで撮ることが許されたんだよ」（山本）

サミー・リーとマーク・ロコによる幻の王座決定戦

タイガーマスクは、キッド戦の1試合のみで姿を消した。約束通り、佐山はサミー・リーとしてイギリスに戻ったのだ。

その間も、新日本プロレスやテレビ朝日にはタイガーマスクについての問い合わせが殺到した。予想をはるかに上回る反響があったわけだが、大塚氏は当時の状況をこう語る。

「最初から、その後も継続してタイガーマスクは出場するという前提で考えられていたはずです。佐山さんが〝一試合だけ〟と言っても、中身を変えようという考えは猪木さんにも新間さんにもないですよ。あのデビュー戦が一応、試金石だったのかもしれませんが、やってみたら合格なんてものじゃなかった」

　しかし、約束とはいえ、佐山はすぐにイギリスへ帰ってしまった。これは新日本プロレス、とくに営業部にとって打撃ではなかったのか。

「困ったというのはないですかね。それこそタイガーマスクには〝虎の穴〟みたいなところがあって、どこでトレーニングしているかわからない神秘性も生まれたというか。当初は国籍不明ということになっていましたから、一度消えてから日本に戻ってきてくれた方がいいんじゃないかという側面があったと思いますよ」

　その後、イギリスに戻った佐山は、再び日本に舞い戻り、5月7日に京王プラザホテルでおこなわれた『第4回MSGシリーズ前夜祭』にタイガーマスクとして参加した。プロレスとしては前例のない「ぬいぐるみ」のような立体的な新マスクでの登場だった。

通称「ぬいぐるみ」と呼ばれる2代目マスクを被り、『第4回MSGシリーズ』の前夜祭に登場したタイガーマスク。アニメ版と“夢の共演”を果たし、エキシビションマッチもおこなった。

　生みの親である梶原一騎氏も見守るなか、タイガーはエキシビションマッチで斉藤弘幸（ヒロ斉藤）と対戦。ここで初披露されたのがジャーマンから発展させたオリジナルのタイガー・スープレックス・ホールドである。

　このぬいぐるみマスクは、超合金シリーズで知られる玩具メーカーのポピーが製作を担当したものだ。当初ははじめからポピーが作る予定だったようだが、６月デビューの予定が４月に早まったため、あの手作り急造マスクになってしまったということなのだろう。

　この２代目マスクは玩具メーカーらしく気合いの入った作りになったものの、被る本人にとっては実戦向きではなかったようで、日本では数試合でしか着用していない。

　この後、タイガーマスクはメキシコへ飛んだ。素顔のサトル・サヤマではなく、ぬいぐるみマスクを被った「ティグレ・エンマスカラード」としてＵＷＡマットに出現。５月17日から25日にかけて、５試合をこなしている。

　このとき、なぜタイガーはメキシコへ向かったのか。様々な説があるが、佐山本人にあらためて聞いてみた。

「目的？　全然わからないです。新日本から試合だと言われて行っただけですよ。マスク作りが目的ではないです。現地でプライベート用のマスクを１枚作りましたけど、そのために行ったわけではないですね」

　メキシコから帰国すると、タイガーは６月３日の名古屋・愛知県体育館に来場し、日本への長期滞在を宣言。近い将来の日本定着が約束された。このあたりの事情を大塚氏が説明する。

「海外修行中の選手にも新日本プロレスはギャラを払ってコントロール権を握っているわけですから、いくら佐山さんがイギリスにとどまりたいと思っていても、最終的には会社の命令に従わなければならないわけです。タイガーマスクの日本定着も、このケースですね」

　６月４日の蔵前国技館では藤波と夢のタッグを結成し、マイク・マスターズ＆クリス・アダムスを破った。同月24日の同所『3大スーパー・ファイト』では、メキシコのビジャノⅢにリングアウトで勝利。この頃に使用し始めた牙付きマスクが、その後のマスクデザインの基本となる。ある意味、ここでキャラクターとしてのタイガーマスクが完成したと言っていい。

実はこの時期、佐山はイギリスにいるはずだった。6月18日、ウエンブリー・アリーナでおこなわれるビッグマッチで、マーク・ロコと新設された世界ヘビーミドル級王座決定戦（トーナメント決勝戦）を争うことになっていたのだ。

しかし、サミー・リーは「家族の病気」により欠場。現地では、ロコがそのまま初代王者に認定された。

このウエンブリー大会は、ロイヤル・アルバート・ホールでの定期戦とは別の意味を持つイギリス最大級のビッグマッチである。4月初旬に新間氏から帰国を要請された際、佐山が頑なに拒んだ理由は、このロコとの決定戦がすでに決まっていたからでもあった。

6月中旬の開催であることを考えると、4月初旬にはすでに宣伝が始まっており、チケットも売

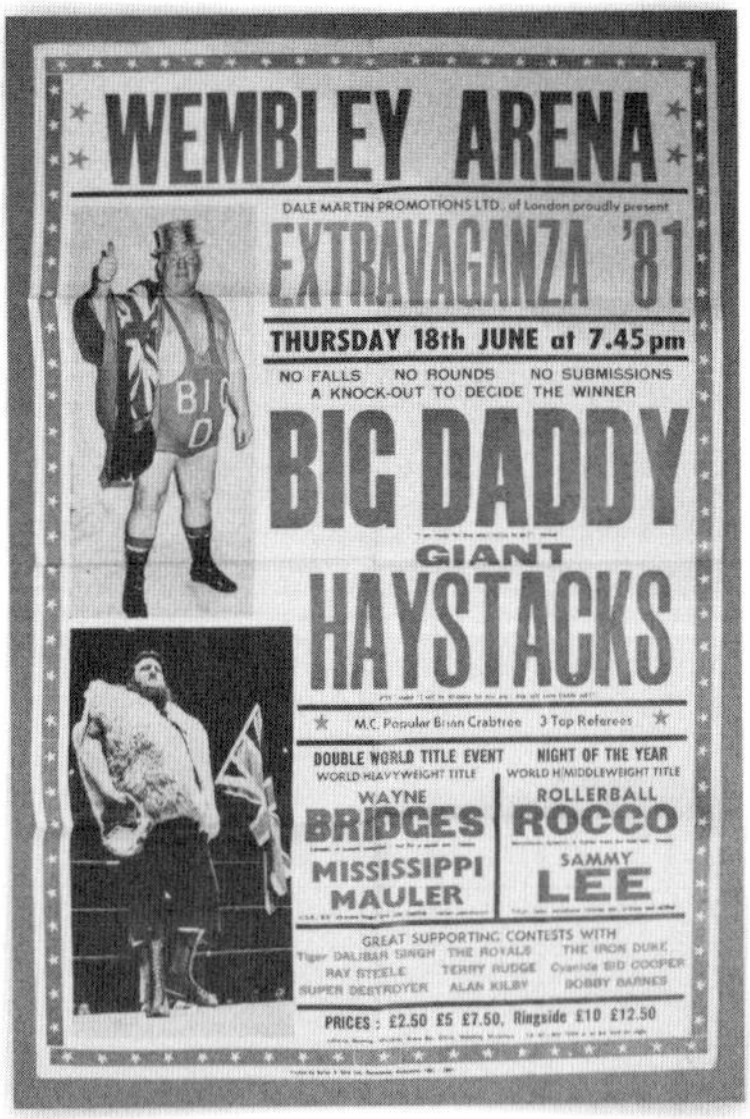

1981年6月18日、ウェンブリー・アリーナ大会のポスター。メインはビッグ・ダディvsジャイアント・ヘイスタックスの一騎打ち。マーク・ロコとの世界ヘビーミドル級王座決定戦は、サミー・リーの欠場により消滅してしまった。

り出されていたと思われるが、サミー・リーがいなくなるとマーク・ロコとの前哨戦を組むこともままならない。

「4月の時点で、タイトルマッチの話を聞かされていたんです。だから、僕が〝一度、日本に戻ることになった〟と伝えると、プロモーターは抵抗しましたよ。それは当然ですよね」（佐山）

一方、サミーと闘わずして新王者となったロコは8月26日のサウスポートでジョエル・デ・フレメリーを相手に防衛すると、その後、世界へビーミドル級王座は彼の代名詞的タイトルとなる。

そのチャンピオンロードの中には、後述する〝フライング〟フジ・ヤマダ（山田恵一＝獣神サンダー・ライガー）とのベルトを巡る抗争も含まれており、それはロコvsサミー・リーによる幻のタイトルマッチのやり直し、という意味も込められていたはずである。

振り返ってみれば、サミー・リーにとってはイギリスで大ブームを巻き起こしながらも、これが最初で最後のタイトル挑戦の機会だった。満を持して組まれたロコとの大一番。それさえも中止になってしまうとは、サミー・リーはベルトを超越した存在だったということかもしれないが、実現していたら果たしてどうなっていたのだろうか。

ビジャノⅢとの試合を終えたタイガーは、再びイギリスへ飛んだ。結果的には、これが最後のイギリス遠征となる。7月27日にはボグノーギレスで、ブッチャー・ボンドに勝利。これが現時点で判明しているイギリスでのラストマッチである。

〝小さな英雄〟グラン浜田との一騎打ち

帰国後、タイガーマスクは『サマー・ファイト・シリーズ』終盤戦に合流した。最終戦の蔵前大会では、エル・スコルピオにタイガー・スープレックスで勝利。一般観客、テレビの前では、これが初公開となった。

つづく8月21日開幕の『ブラディ・ファイト・シリーズ』全29戦がタイガーにとって初のシリーズフル参戦となる。

最終戦の田園コロシアム大会は、1980年代前半の新日本プロレス人気を決定づけた伝説の大会である。猪木に挑戦状を叩きつけるはずの新国際軍団、ラッシャー木村による「こんばんは事件」。アンドレ・ザ・ジャイアントvsスタン・ハンセンのスーパーヘビー級バトル。そして、タイガーマスクも田コロ伝説の重要な登場人物となった。

対戦相手のエル・ソラールが、試合中に左肩を脱臼。タイガーは戦闘不能状態の太陽仮面に非情な攻めを見せ、勝負の厳しさを身をもって示した有名な一戦である。

日本に完全に定着したタイガーマスクに対して、会社側は次々とビッグカードを用意した。10月8日の蔵前大会では、マスクド・ハリケーン（ボビー・リー）と「覆面剥ぎマッチ」を敢行して勝利。11月5日の蔵前大会では、メキシコ修行中に世話になったグラン浜田との一騎打ちが組まれた。

メキシコで一時代を築いた浜田の初凱旋は1979年2月。本場のルチャ・リブレを初めて日本に持ち込んだ選手として、浜田が残した功績は大きい。新日本プロレスの1期生でもあり、佐山にとっては大先輩だ。

しかし、タイガーマスクであるからには負けることは許されない。この時代の佐山にとって、もっともやりにくかった相手が浜田だと思われる。

このシングル初対決は、タイガーがリングアウトで辛くも勝利した。当日、本部席にいた田中リングアナは、試合後の表情から佐山の心情を感じ取ったという。

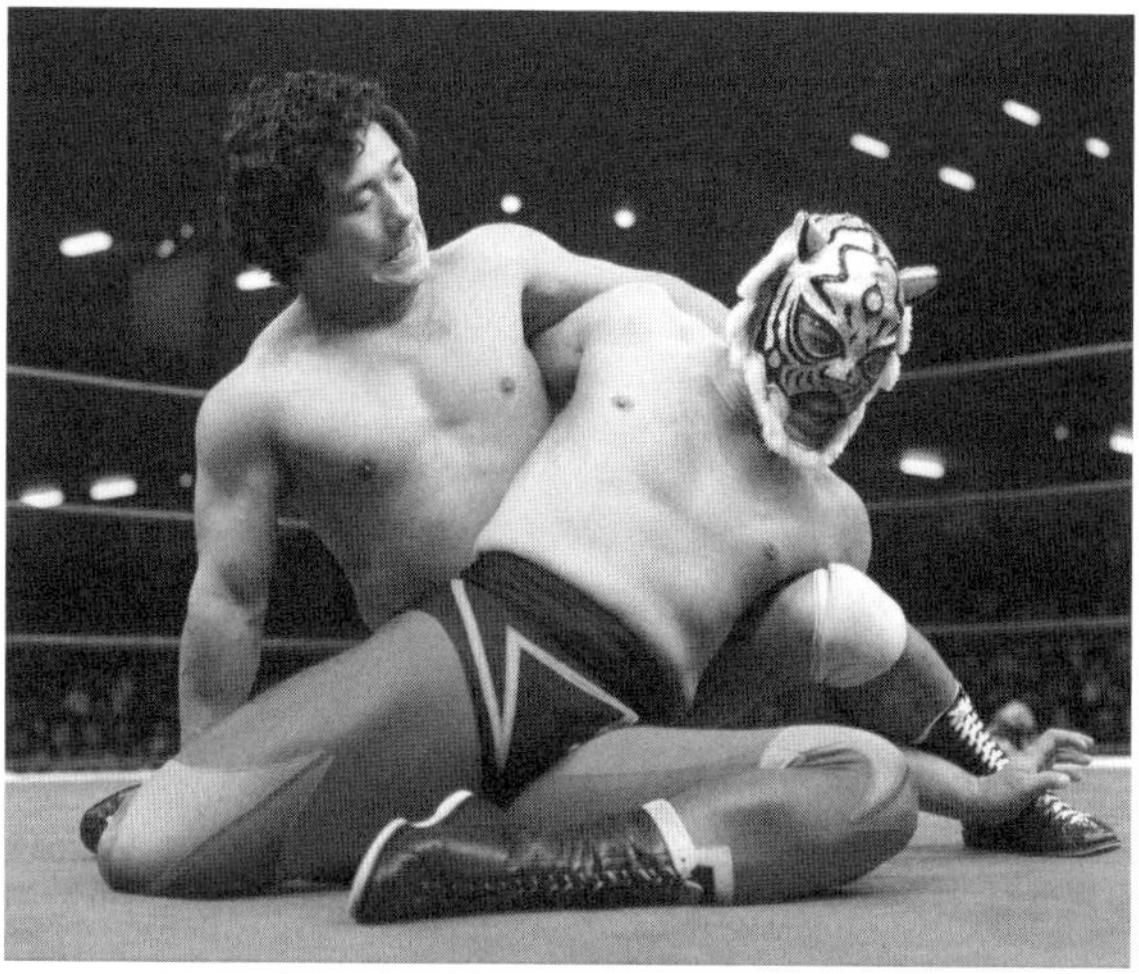
1981年のタイガーマスクの対戦相手はUWAのルチャドールがメインだったが、その流れのなかでグラン浜田との一騎打ちも実現。当時、浜田は新日本プロレスの所属選手ではなく、「外国人扱い」でメキシコから来日していた。

「やりにくいんだろうなと見ていて思いました。相手は先輩だから、立てなきゃいけない。同時に、自分はヒーローとして勝たなきゃいけない。そんな苦しさが伝わってきましたね。リングアウトで勝った瞬間、佐山さんがすごくホッとした表情を見せたんですよ。〝やっと終わった…〟というか、そんな表情でしたね。佐山さんにはすごく難しくて、気を遣う試合だったんだろうなと思います」

難しい試合といえば、12月8日、蔵前大会でのエル・カネック戦も同様だろう。新日本ではジュニアヘビー級にカテゴライズされていたものの、カネックの体格は立派なヘビー級だった。

事実、現役のUWA世界ヘビー級王者としての来日である。よってタイガーは、デビュー以来最大の苦戦をしいられた。

結果は両者リングアウトのドローで、しかも試合中に左足首を亀裂骨折。全治3週間の怪我を負い、シリーズ残り2戦を欠場している。

鮮烈デビューを飾ったこの年、タイガーの相手はメキシカンが多くを占めた。UWAに長く定着していた浜田も、そのなかに含めて差し支えないだろう。メキシコ人以外で対戦した外国人は、イギリスのピート・ロバーツと2回タッグマッチで当たっただけである。

このタイガーマスクvsメキシカンの図式には、何か明確な理由でもあったのだろうか。その疑問に大塚氏が答えてくれた。

「最初は、員数合わせみたいなところもありましたね。メキシカンはギャラも安かったですから。逆に向こうの選手からすると、日本のギャラが魅力なんですよ。メキシコのプロモーターも、彼らに〝頑張れば日本に行かせてあげるから〟と言うんです。来日を目標に向こうでトップになれば、日本に行かせてもらえる。それでUWAのトップのレスラーをはじめ、いろんなメキシコの選手が新日本に来ていたんですね」

どうやらこの年に来日したメキシカンたちは、とくにタイガーマスクへの刺客として選ばれたわけではないようだが、それなりにトップどころも参戦したことで、バラエティー豊かな布陣になったことは間違いない。

そして、タイガーには年明けにおこなわれる初のタイトルマッチという新たな舞台が用意された。それはデビュー戦以来、8ヵ月ぶりとなるダイナマイト・キッドとの再会だった。

第5章　絶頂――1982年夏の新日本プロレス

　1982年1月1日、営業部長だった大塚氏の発案で、新日本プロレスは後楽園ホールで団体初の元日興行を開催することになった。

　特別感のある大会とあって、テレビ朝日も当日の生中継を決める。メインイベントは、猪木vsローラン・ボックのシングル日本初対決。セミファイナルでは、ヘビー級に転向した藤波による「飛龍十番勝負」がWWFヘビー級王者ボブ・バックランドへの初挑戦でスタート。そして、もうひとつの目玉カードがタイガーマスクvsダイナマイト・キッドのWWFジュニアヘビー級王座決定戦である。

　藤波は前年11月にWWFジュニア王座を返上し、ヘビー級転向を表明した。そこにタイガーマスクの登場は関係しているのだろうか。

　なかには同じ階級のタイガーが出現し、しかもファンや関係者の想像をはるかに超えるファイトを披露したことによって、自分のポジションに対し焦りが生まれたのではないかとの見方もあるが、この疑問に対して大塚氏は、こう答える。

「それはないと思います。ジュニアのチャンピオンにはなれたけれど、当時はやっぱりヘビー級にならないと、なかなかメインを取れない。だから、佐山さんがタイガーマスクとしてジュニアで素晴らしい動きをするからヘビーに行かなきゃ、ということではないですね。藤波さんは身長もありましたし、佐山さんとは関係なしにヘビー級転向を意識していたはずです」

1982年1月1日に後楽園ホールでおこなわれたタイガーマスクvsダイナマイト・キッドのWWFジュニアヘビー級王座決定戦。前年のデビュー戦以来8ヵ月ぶりの再戦で、キッドは丸坊主姿になっていた。

ターザン山本氏が言っていたように、当時の日本のプロレス界はヘビー級全盛期。藤波、浜田、タイガーによって多少イメージは変わったものの、まだまだヘビー級至上主義は根強いものがあった。

言い換えれば、トップを目指す日本人レスラーにとって、ジュニアヘビー級は通過点でしかない。そうした考えが主流だったから、藤波もそのパターンを踏襲しただけである。そんなプロレス＝ヘビー級の時代に、絶頂を極めたのがタイガーマスクだった。

なぜダイナマイト・キッドは坊主になったのか？

この日はカール・ゴッチvs藤原喜明の師弟対決、長州力vsアニマル浜口のシングル初対決と、いまになって振り返るとあらためて豪華なカードの連続から、キッドとタイガーが約8ヵ月ぶりに対峙した。

　このとき、キッドは丸坊主だった。その姿に日本では知られざる、ひとつの疑問が浮上する――。

　ここに、イギリスの対戦カード表がある。１９８１年12月19日、ジョイント・プロモーション傘下ライトン・プロモーションが主催したハンリー大会だ。

　トップに載せられているカードは、〝ローラーボール〟マーク・ロコvsダイナマイト・キッドの世界ヘビーミドル級選手権試合。ロコがサミー・リーとの〝幻の王座決定戦〟で、新王者に認定されたタイトルである。

　また、試合の敗者はその場で髪の毛を切られるとも書いてある。イギリスでは非常に珍しい敗者髪切りマッチだ。

　キッドにとっては、カナダ・カルガリーを主戦場にしてから3度目の里帰り。11月になるとイギリスに戻り、クリスマスあたりまで試合をおこなうのが恒例になっていた。１９８１年暮れの里帰りの際にビッグカードとして組まれたのがイギリス時代のライバル、ロコとの髪切りマッチだったということである。

　しかし、キッドとロコ双方の試合記録を探してみても、この一戦が見つからない。果たして、このタイトル＆髪切りマッチは本当におこなわれたのだろうか。

　ヒントは新日本プロレス、１９８２年

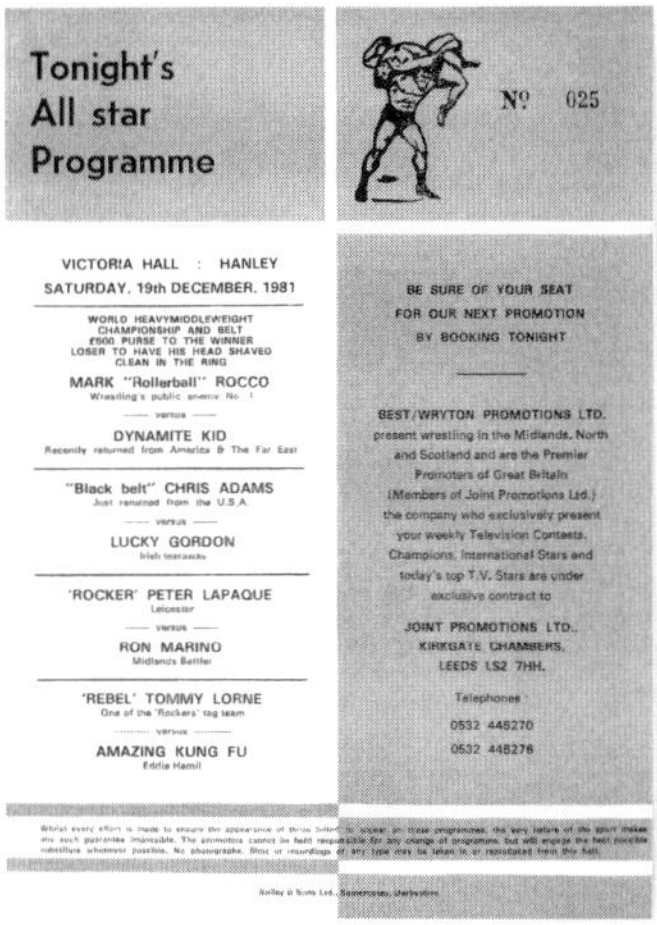
Tonight's
All star
Programme

№ 025

VICTORIA HALL : HANLEY
SATURDAY, 19th DECEMBER, 1981

WORLD HEAVYMIDDLEWEIGHT
CHAMPIONSHIP AND BELT
£500 PURSE TO THE WINNER
LOSER TO HAVE HIS HEAD SHAVED
CLEAN IN THE RING

MARK "Rollerball" ROCCO
Wrestling's public enemy No. 1
versus
DYNAMITE KID
Recently returned from America & The Far East

"Black belt" CHRIS ADAMS
Just returned from the U.S.A.
versus
LUCKY GORDON

'ROCKER' PETER LAPAQUE
Leicester
versus
RON MARINO
Midlands Battler

'REBEL' TOMMY LORNE
One of the 'Rockers' tag team
versus
AMAZING KUNG FU
Eddie Hamil

BE SURE OF YOUR SEAT
FOR OUR NEXT PROMOTION
BY BOOKING TONIGHT

BEST/WRYTON PROMOTIONS LTD.
present wrestling in the Midlands, North
and Scotland and are the Premier
Promoters of Great Britain
(Members of Joint Promotions Ltd.)
the company who exclusively present
your weekly Television Contests.
Champions, International Stars and
today's top T.V. Stars are under
exclusive contract to

JOINT PROMOTIONS LTD.,
KIRKGATE CHAMBERS,
LEEDS LS2 7HH.

Telephones
0532 445270
0532 445276

メキシコとは違い、イギリスで髪切りマッチがおこなわれるのは極めて異例である。1981年12月19日にイギリスで組まれたマーク・ロコvsダイナマイト・キッドの世界ミドルヘビー級戦には敗者髪切りのほか、賞金500ポンドも加わる「クリスマス特別試合」の意味合いが込められていた。

元日のリング上にあった。タイガーの対角線上に立ったキッドは、きれいな坊主頭。ロコに敗れて潔く剃り上げたのか。

だとすれば、この日の姿にも納得がいく。この時期に、ロコがベルトを落としたという記録も見当たらない。キッドが試合と関係なくイメチェンで坊主にした可能性もあるが、ロコに敗れ、髪を切った後に日本に戻ってきたとしても辻褄が合う。

話を日本に戻すと、元日興行のリングに立ったタイガーは足首の負傷が完治しておらず本調子ではなかったが、最後は逆転の丸め込みで3カウントを奪い、初のタイトルマッチにて初戴冠。その後も1月8日開幕の『新春黄金シリーズ』で連日のように両者はタッグマッチで対戦し、同月28日の東京体育館ではタイトルマッチの再戦がおこなわれた。

試合は、キッドのツームストーン・パイルドライバー、ダイビング・ヘッドバットの必殺フルコースをかわしたタイガーがデビュー戦と同じくジャーマン・スープレックス・ホールドで挑戦者を退け、初防衛に成功した。キッドは勝利こそつかめなかったものの、〝タイガーマスク最大のライバル〟としての地位をこの2連戦で確固たるものとしたと言っていい。

同シリーズでは、カルガリー・ルートでスチュ・ハートの四男坊ブレット・ハートが参戦した。初来日は1980年6月だが、このときはカナダではライバル関係にあるキッドの弟分的存在としてリングに上がっている。よってシリーズ中は、タイガーvsキッドのライバル闘争にブレットも割って入った。キッドの自伝によると、スチュが新日本側に提示したキッド参戦の条件には「ブレット来日」も含まれていたという。

2月5日に札幌中島スポーツセンターで、ブレットはタイガーのWWFジュニア王座に挑戦する機会を得た。敗れはしたものの、将来の大物を予感させる好ファイトを展開。しかし、それ以上にフィニッシュ前に繰り出したタイガーのカウンターミサイルキックが圧巻で、ズバリのタイミングと飛行距離が見る者の度肝を抜いた。

ダイナマイト・キッドが新日本プロレスと決別!?

この年の前半、タイガーマスクは英墨のテクニシャンと激突する。イギリスがスティーブ・ライトで、メキシコがブラックマン。佐山曰く「どちらもナチュラル」な技巧派だ。ライトはテッド・ベトレーの弟子で、キッドの兄弟子に当たるが、当時は両者の関係など日本では知られていない。

どうやら、イギリスでサミー・リーとライトが対戦したとの記録は残っていないようだ。ライトはドイツでも試合をしていたから、行き違いとなった可能性もあるだろう。

ライトは3月4日の後楽園ホールと4月1日の蔵前国技館で2度、タイガーのベルトに挑戦した。前者がリングアウト負けで、後者は初公開となるタイガーのブロックバスターでピンフォールを奪われている。

しかしながら、玄人好みのキャッチスタイルでインパクトを残すことに成功。ダイナマイト・キッド、ブラック・タイガー、小林邦昭が「第1ライバル群」ならば、ライトはブレット・ハート、寺西勇と並ぶ「第2ライバル群」に置きたい選手である。

ブラックマンとの対戦は、タイガーにとって意外な拾いものと言っていいだろう。3月12日の後楽園ホールでおこなわれたノンタイトル戦。佐山はメキシコ修行時代にブラックマンの闘いぶりを目撃しており、華麗な空中殺法は記憶に残っていた。なにしろトペ・コン・ヒーロの開発者である。

が、新日本のスタイルには合わないと思っていたのが正直なところだった。

しかし、いざ肌を合わせてみると、ブラックマンは想像とは異なる実力の持ち主だった。アマレスの基礎があり、あのディアブロ・ベラスコの門下生とあれば、納得がいく。空中技にも、佐山が言う「学芸会のような動きにはならないナチュラルさ」があったのだ。

タイガーは、飛び技は「実戦の中から飛ぶ」との信念で四次元殺法を駆使していた。ブラックマンは、メキシコにおいて数少ないその考えの同調者だったと言えるかもしれない。そのため、試合は非常にスリリングな展開となった。対メキシカンでは、タイガーのベストマッチに挙げてもいい。

4月上旬には新日本プロレスがＩＷＧＰ中近東ゾーンのマーケット開拓を狙い、初めての中東・アラブ首長国連邦ドバイ遠征を敢行した。

参加メンバーは猪木、坂口、タイガーのほか、主要外国人レスラーも同行し、ダイナマイト・キッド、ブレット・ハートも含まれていた。タイガーは全3大会中、ブレットと2試合、キッドとは中日《なかび》にシングルマッチをおこなっている。

このツアー中、キッドはギャラで新日本と揉めたと自伝で告白している。タイガーとのライバル関係が完全に構築されたことからキッドは日本で日常的にファイトしていたかのような印象があるが、実際はときおりしか新日本のリングには上がっていない。

のちに本人と知り合ってからも感じたが、とにかくキッドは自分の実力に絶対の自信を持っている。キャリアのなかで金銭で揉めたのは、一度や二度ではない。

自分の〝価値〟が認められなければ、参戦キャンセルもいとわない性格の持ち主であり、実際にここからキッドは新日本と距離を置くことになる。

〝暗闇の虎〟ブラック・タイガーが誕生した経緯

そんな頃、日本ではタイガーマスクの新たなるライバルレスラーの出現が決まっていた。〝暗闇の虎〟ブラック・タイガーである。

キッドが「自然発生的なライバル」なら、ブラックは「作られたライバル」だった。タイガーマスクが絶対的な正義のスーパーヒーローだからこそ、敵対するダークな悪役が必要となる。

ある日、新間氏がタイガーに訊ねた。

「イギリスでは、誰がよかった?」

「マーク・ロコという選手がよかったですよ」

このとき、佐山は単にサミー・リー時代に闘ったなかから、いい試合ができたと自分が感じた選手の名前を挙げただけだった。

一方、新間氏は最初からその選手を「ブラック・タイガー」に仕立て上げるつもりだった。佐山は、まさかイギリス時代の好敵手だったロコがマスクマンとして日本にやって来るとは夢にも思っていなかったという。

そもそも、ブラック・タイガー誕生はどこから出てきた話なのか。

「梶原先生と話していたときに、タイガーの相手を考えようということになったんだと思うな。そこで出てきたのがブラック・タイガー。梶原先生のアイデアだったと思うよ」(新間)

キッドの自伝では、当初はバッドニュース・アレンがブラック・タイガーのマスクを被る予定だったという記述がある。肌の色と「黒い虎」というキャラクターを結びつけたのだろうか。アレ

1982年の新日本プロレス『ビッグ・ファイト・シリーズ』のパンフレット。選手紹介のページに掲載されたブラック・タイガーは明らかに別人で、マスク姿でもマーク・ロコとは似ても似つかないことがわかる。

ンの方からその要請を断ったともあるが、真偽はともかくアレンはヘビー級でタイガーの相手には大きすぎる。新間氏も大塚氏も「そんな話は初めて聞いた」と、アレンが候補に上がったことは一笑に付す。

　ブラック・タイガーの初登場は4月21日、蔵前国技館での特別興行で、つづく同月23日開幕『ビッグ・ファイト・シリーズ』への継続参戦も発表された。

　パンフレットの紹介文によれば、ジョイント・プロモーションのマックス・クラブトリー推薦による参戦で、イギリス人であることは間違いないとされている。

　このとき、ロコは自ら黒いマスクを用意して来日した。事前に、覆面レスラーへの変身を聞かされていたからだ。

　当初は、国際プロレスのときと同様に素顔の〝ローラーボール〟マーク・ロコとして日本に行くものだと思っていたが、

「すでにタイガーマスクvsブラック・タイガーで発表している」と聞かされ、「このカードを大会の目玉にしているから」との説明もあった。

彼にとっては過去に立ち消えとなった新日本プロレスへの初参戦である。あのアントニオ猪木の団体に行ってみたいとの思いから、マスクマンへの変身も悪くないと考えをあらためた。

新日本からは、「飛行機を降りてくるところからマスクを被ってほしい」との要請もあった。「ブラック・タイガー来襲」をマスコミにアピールするためだろう。とはいえ、当時イギリスでプロレスのマスクを作るメーカー、職人はいない。

どうしようかと考えたロコは、知り合いのリングシューズ職人にマスク製作を頼んでみた。その職人は困った顔を見せながらも、１週間ほどで作り上げてくれたのだが、結局はそのマスクが入国時以外に披露されることはなかったようだ。新日本側がすぐに日本製の新しいマスクを手渡したからである。

来日当初、タイガーマスクとの対戦こそ聞かされていたものの、その正体がイギリスで激闘を繰り広げていたサミー・リーだとは聞かされていなかった。昭和のプロレス界では、ありそうな話ではある。

４月21日、蔵前国技館でタイガーマスクvsブラック・タイガーの初対決がおこなわれた。日本デビュー戦がいきなりＷＷＦジュニア王座挑戦で、結果は両者リングアウトの痛み分け。タイガーにとっては初めての引き分け防衛となった。この結果からも、ブラックはあらかじめ作られたライバルだったことがわかる。

それはまた、正体がロコだったからこそ成り立ったことでもあるが、見る者からすれば違和感をおぼえたのではないか。

1982年4月21日、蔵前国技館大会に“暗闇の虎”が初登場。日本でのブラック・タイガーは、イギリスでの“ローラーボール”マーク・ロコとはファイトが異なっていた。日本の方がむしろイギリスらしい地味なスタイル。イギリスでロコはダイナマイト・キッドやマーティ・ジョーンズらと熾烈な闘いを展開しており、その“正体”はどちらもこなす万能選手だった。

ダイナマイト・キッドの存在があまりにも強烈だっただけに、ブラック・タイガーはタイガーマスクのライバルとして相応しいレスラーなのか。宍倉清則氏が登場時を振り返る。

「最初、〝ブラック・タイガー、大丈夫かよ!?〟と思ったよ。無理があるんじゃないかなって。セールスポイントがない。見ていて、どこがいいのかよくわからない」

キッドのわかりやすい突貫ファイトに比べると、ブラックのスタイルは地味に映る。まったく同じスタイルでは意味がないとしても、しばらくはその印象をぬぐえなかった。

それでも子どものファンは、そのキャラクター性から無意識のうちにライバルとして認識していただろう。実態が実に〝大人向きのレスラー〟であったことは、のちに判明する事実である。宍倉氏がつづける。

「ブラック・タイガーって、すぐダメになるんじゃないかと思ってた。ところがですよ、その考えが突然変わった。なぜ変わったかというと、試合じゃないんです。ブラックを見る目が変わったのは、タイガー、佐山の話からなんですよ。それは取材で話したとき。〝ブラック・タイガーって、どうですか？　覆面をしているだけでとくにセールスポイントもないし、アピールするものがないじゃないですか〟って言ったの。そうしたら、〝そう見えるかな？　ああいうのが一番嫌なタイプなんですよ〟と佐山が言ったんだ。なぜかというと、〝派手なことをやらないから見ている人にはわからないけど、あの人は全然へばらないんだ〟と。〝すごく動き回るし、全然スタミナが切れない。だから、やっているこっちには凄く嫌なタイプだ〟ってね。それを聞いて、〝見る方とやってる方では違うんですね〟って話をしたのをおぼえてる。確かに言われてみると、とにかくずっと動き回ってる。相手は、まったく休ませてもらえないんですよ。これじゃ嫌だろうなと思った。確かに、スティーブ・ライトとかマーティ・ジョーンズもそうだった。ウェイン・ブリッジもね。ヨーロッパ系のよさがわかるまでには、相当時間がかかっている」

ターザン山本氏もまた、当初は宍倉氏と同じ印象をブラック・タイガーに抱いていた。キッドと比較しながら、ブラックのすごさをこう分析する。

「キッドは佐山のライバルだから、敵でしょ。佐山が太陽だとしたら、敵のキッドは月なんですよ。陽と陰みたいな関係。ただし、月は月でも、その月の輝き、陰の輝きがすごいんです。陰でありながら陽であるみたいな独特の雰囲気を持ってる。そんなオーラがキッドにはある。そこでブラックは何かと言うと、陽でもないし、陰でもない、第3の存在なわけです。第3の存在として、ブラックは最高の人材。なぜかというと、彼の持ち味である技、テクニック、スピード、コンビネーション、そのすべてが目に見えない何気ない形でハイクオリティーなの。隠れたクオリティーがすごく高いんですよ。でも、それが伝わらない、伝わりにくい。キッドとタイガーの試合はすべてが名勝負になるんだけど、ところがブラックとは名勝負にならない。ファンによさが伝わらないから。キッドのよさはダイレクトに伝わるけれども、ブラックはわかりにくい。でも、見る人が見たらわかる。そういう存在だったわけ。佐山と話したら、彼は見事にそれを表現したよ。〝ブラック・タイガーとやると、まるで五月雨みたいだった〟と。〝永久に晴れることのない、うっとうしい梅雨空みたいだった〟、〝ジメジメジワジワ攻めてくるから、あんなにやりにくい人はいなかった〟とね」

タイガーマスクがジュニア2冠を達成

前述のようにロコは4月の初対戦時、タイガーマスクの中身を知らずに闘っていた。サミー・リーが正体だと知ったのは、2度目のシングルマッチとなった5月26日の大阪府立体育会館だったという。

この間、タイガーとブラックはタッグマッチで4度闘っている。それでも、わからなかったのだろうか。ロコは、当時の状況をこう語る。

「なんとなくサミーだという感覚はありましたけど、確証はありませんでした。2度目のシングルマッチを終えた後、日本人のある選手が〝あれはイギリスにいた佐山だよ〟と教えてくれたんです。それでようやく納得できました。それまでは、誰も中身がサミー・リーだとは教えてくれなかった(笑)。当時、マスクマンの中身を明かすのはタブーでしたからね。そんな風潮があるなか、さすがに日本人だろうとは思っていましたが、あのときは暗黙の了解というか、誰も言及しようとしない雰囲気が伝わってきましたね」

おそらく初戦から中身が佐山だったことはわかったと思われるが、第三者から告げられたのが第２戦の試合後。それまでは確信に近い半信半疑だったということか。

ところで、この時期にタイガーマスクは負傷欠場している。

ブラックとの初対戦から3日後の4月24日、タッグマッチにおいて右ヒザ靭帯を損傷。このシリーズは糖尿病を患っていた猪木が「ヒザ負傷」の名目で途中欠場しており、タイガーにかかる負担は大きかったと思われ、テーピングを施しリングに上がるときもあった。

が、５月１日からタイガーも試合を欠場し、翌日にドクターから２週間の安静を言い渡される。これを受けてタイガーはベルトを返上し、ＷＷＦジュニア王座は空位となった。

このベルトは5月6日の福岡スポーツセンターで王座決定戦がおこなわれ、グラン浜田を破ったブラック・タイガーがタイトル奪取に成功。瓢箪から駒のような形でブラックが新王者になったことは、「作られたライバル抗争」をよりドラマティックに演出する結果となる。

無冠のタイガーが戻ってきたのは、５月20日の高知・中村市スポーツセンター大会だった。シングルマッチでホセ・ゴンザレスを一蹴し、その後に5試合をこなすと、５月25日には静岡産業館でレス・ソントンが保持するＮＷＡ世界ジュニアヘビー級王座に初挑戦。ツームストーン・パイルドライバーで勝利し、日本人としてはヒロ・マツダ以来２人目、マスクマンとしては史上初のＮＷＡ世界ジュニア王者に輝いた。

さらに翌日、大阪府立体育会館でブラック・タイガーの手に渡ったＷＷＦジュニア王座奪回にチャレンジ。初公開のラウンディング・ボディープレスで、連日のタイトルマッチを制してみせた。

正回転のムーンサルトプレスが誕生する前に開発された、身体を斜めにして見舞うコーナーからのボディープレス。この新必殺技によって、タイガーはジュニア２冠王となったのである。

この新技にはファンはもちろん、田中リングアナも度肝を抜かれた。

「自分は本部席にいるときは、試合を見て感動とかあまりしないんですよ。ここまでできて当たり前というふうに見ちゃったり、〝もっとできるのに〟と思うこともあります。ただし、想像を超えた技をやられたときには、素直に〝すげえな！〟と思うんですね。みんなの発想にはない猪木会長の切り返しとか。そのひとつがタイガーマスクのラウンディング・ボディープレスでした。初めて見たときは衝撃でしたね。あのときくらいから、試合結果を発表する際にはフィニッシュの形の前に、何の技で決めたかを記録につけたいと思うようになりました。『体固め』、『片エビ固め』、『エビ固め』だけだと、どんな技でピンフォールを取ったのかわからない。その後、『○○から体固め』『△△から片エビ固め』と記録するようになったんです」

つまりタイガーの新技は、プロレスの試合記録のつけ方まで変えたということだ。

多くのファン、関係者に衝撃を与えたタイガーマスクのラウンディング・ボディープレス。1982年5月26日、大阪府立体育会館でブラック・タイガーを相手に初披露した瞬間がこれである。

ちなみに、ラウンディング・ボディープレスは、ジャッキー・チェンの主演映画『ヤング・マスター』でのアクションからヒントを得たという。イギリスでブルース・リー人気を背景に大ブレイクしたサミー・リーがタイガーマスクに変身し、ジャッキー・チェンをヒントに画期的な新技を編み出すというのもおもしろいではないか。

「ラウンディング・ボディープレス炸裂の瞬間こそ、タイガー史上一番の名シーン！」

そう話すのは、宍倉氏だ。

人気が沸騰した「タイガーマスク」の素顔

2冠達成により、タイガーマスク人気はひとつの頂点を迎えたと言っていい。

この時期はテレビ中継の視聴率も好調で、タイガーには試合以外にもサイン会などの依頼が殺到した。地方大会の試合前、スーパーマーケットなどでの販促イベントに駆り出されることも激増する。

それまでは猪木や藤波が中心だったのだが、タイガーの人気が追い抜いてしまったのだ。大塚氏によれば、会社に届けられるバレンタインデーのチョコレートも、それまで一番人気だった藤波を圧倒してしまった。つまり子どもだけでなく、女性人気も高かったということである。

そんな人気過熱の日々を間近で見ていたのは、田中リングアナだ。仕事柄、田中氏はそれこそ国内でのタイガーマスクの試合をすべて見ていたと言っても過言ではない。

「猪木さんと国際軍団が抗争を始めた1981年10月頃からタイガーマスクの人気も上がり始めたというのが自分のイメージなんです。だから、デビューから半年くらい経ってからですね。あの頃からテレビの視聴率が上がってきて、お客さんが増えて、プロモーターさんが喜んだ。そこからタイガーのサイン会が激増して、すごく忙しくなったんですよ」

田中氏は、タイガーの付き人の山崎一夫とともにサイン会などの際に〝司会進行役〟として同行することが多かった。さらに〝通訳〟も兼務。初期のタイガーマスクは、国籍不明のマスクマンだったからである。

「タイガーマスクは、日本語も英語もしゃべっちゃいけない。イベントでファンから質問を受けると僕が佐山さんの耳元で〝通訳〟し、佐山さんがゴソゴソ言って僕が答える形にしていたんです（笑）。でも、佐山さんは質問とは全然違うことを答えますから。返ってくるのは、メチャクチャなジョークです。たとえば〝腹が減ったから、○○が食べたい〟とか。質問は、好きな女性のタイプなのに（笑）。そこで僕が優等生的な回答を考えて、答えていましたね。〝芯の強い女性が好きです〟とか（笑）。そうしたらある日、疑ったお母さんがいて、〝ホントは日本人なんじゃないの？〟と言いながら、佐山さんに英語で話しかけたんですよ。すると、佐山さんは英語で返したんです。

ジュニア２冠王に輝き、タイガーマスクはアントニオ猪木と並ぶ新日本プロレスの二大看板となった。NWA世界２階級制覇も佐山が成し遂げた偉業のひとつである。

そのお母さん、〝日本人じゃない！〟と驚いていました（笑）」

　また、熱狂的ファンが地方の宿舎に押しかけてくることもあった。

「タイガーを追っかけている若い女の子が会いたいとホテルに来たことがあるんです。けっこう遠くから来たみたいでしたね。ホテルのレストランで我々が食事をしていたときで、佐山さんは素顔で浴衣姿でした。その女の子が〝タイガーにどうしても会いたいんです！〟と言うわけですよ。僕が〝ゴメンね、タイガーとは会えないんだ〟と言ったら、佐山さんは部屋に戻ってマスク被って下りてきたんですよね。でも、〝タイガーです〟と握手しようとしたら、その女の子に〝これ、ニセモノ！　さっきの人でしょ！〟と言われちゃって。〝ホンモノなのになあ〟って（笑）」

　このように人気絶頂のタイガーだったが、素顔の佐山が巡業先で、もみくちゃにされることはなかった。マスク姿では一発で人だかりとなるところ、素顔でいればまったく気づかれなかったからだ。

　しかも子どもや若い女性ファンのなかには、かつて前座レスラーだった佐山サトルの姿を知る者がいない。プライベートの佐山について、田中氏はこう振り返る。

「ふだんは、冗談が好きなおちゃらけマンですね。我々にはよく接してくださったし、偉そうにもしないし、一緒にいて全然苦にならない方でした。プライベートで、プロレスの話をした記憶はないです。いつも冗談を言っている感じでした」

　また、大塚氏も佐山のイタズラ好きの素顔を見ている。

「食事に誘うと、サングラスだけしてくるんですよ。車を運転しているときも自分はサングラスをして、新日本の営業の人間にタイガーのマスクを被せるんです。すると、〝タイガーマスクが乗ってるぞ！〟と気づかれる。ホンモノは、隣なんですけどね（笑）。佐山さんは、そんなことを平気でしちゃうタイプ。ただ、会社からは〝徹底して正体をわからないようにしろ〟というような命令もなかったんですよ」

タイガーマスクとウルトラマンの満員伝説

タイガーマスクといえば、全国のファンを魅了した「四次元殺法」にも触れないわけにはいかないだろう。

付き人の山崎が練習台となり開発されたのが、6月18日の蔵前国技館、ウルトラマン戦で初公開されたスペース・フライング・タイガー・アタック（スペース・フライング・タイガー・ドロップ）だ。側転に捻りを加え着地し、そこからリング下の相手に向けてボディーアタックを放つという四次元殺法を代表する大技である。

とはいえ、山崎を実験台にわずか数回飛んでみただけで、「もう、いいや」と練習を終えた逸話も残っている。サマーソルトキックもメキシコのホテルで壁にマットを立てかけ習得したが、発想をすぐ動きに変換できる。そこに、佐山の天才ぶりがうかがえる。

タイガーマスクの空中殺法は後世、多くのレスラーに影響を与え、何人もの選手が同じ技を使おうとした。スペース・フライング・タイガー・アタックを「サスケ・スペシャル」に改良したのが、みちのくプロレスを旗揚げし、のちにタイガーマスクとダイナマイト・キッドの劇的再会を演出することとなるザ・グレート・サスケである。

「タイガーマスクの現役当時、コミック版の『タイガーマスク二世』が同時進行で連載されていたんですよ。アニメ版の方は放送が終了したけど、コミックの方は延長されていたんです。そのコ

タイガーマスクvsウルトラマンという夢のヒーロー対決が実現。この試合で、タイガーは想像もつかない驚愕の空中殺法「スペース・フライング・タイガー・アタック」を初公開した。

ミック版の終盤の方では、現実に起きたことが漫画になっていたんですよね。そこでウルトラマン戦ってあったじゃないですか。そのときに初めてスペース・フライング・タイガー・ドロップが出たんですが、コミック版では捻りを加えない完全な正回転のバック宙で飛んでいく描写だったんです。だから、体操競技の技により近い表現にしているんだなと思いました。そこで私は、こっちの方をコピーしようと思ったんです。それでサスケ・スペシャル1号が生まれた。サスケ・スペシャル1号は現実の技がコミックになり、それをコピーしたものなんです」

このウルトラマンとの試合は、文字通りヒーロー対決だった。

テレビアニメ『タイガーマスク二世』の放送はこの年の年1月18日（全33話）で終了していたものの、現実のリングで闘うタイガーマスクの人気は完全に一人歩き。そのなかでマッチメークされたのがWWFジュニア王座を懸けたウルトラマン戦である。

少年ファンが待ち焦がれた夢の対決――。だからこそ、タイガーはとっておきの新技を披露したのだろう。

この時期、たとえエースの猪木が欠場しても、新日本の観客動員に大きな影響を与えることはなかった。もともと層の厚い戦力に加え、ブーム真っ只中のタイガーマスクがいる。外国人レスラーも豊富で、まさに盤石だった。当時の営業事情を大塚氏が語る。

「あの頃は、猪木さんがいなくても大丈夫でしたね。売り興行の場合は〝猪木欠場〟のお詫びの電話を入れ、難しいところには当日に顔を出して値引きをさせていただきました。猪木さんの欠場はしょっちゅうだったので、営業としてはあまり気にはならなかったです。とにかく、この1982年の夏はメチャクチャ入りました。ウルトラマンを呼んで子ども向けのシリーズにもして、全興行が超満員ですよ」

満員続きのシリーズに圧倒されていたのは、田中リングアナも同じである。それは6月18日の蔵前国技館から7月8日の横須賀市総合体育館まで全19戦の『サマー・ファイト・シリーズ第1弾』だった。

同シリーズは猪木、タイガーが出場し、外国人では前述のウルトラマンをメキシコから招聘したほか、アンドレ・ザ・ジャイアント、ハルク・ホーガンが全戦に参加。ところが、ここで田中氏が告白する。

「実力的にウルトラマンがちょっと…というのはありましたけど、タイガーマスクとウルトラマンで動員効果はあったと思います。ただ、実は満員じゃないところが1ヵ所あって、しかも最終戦の横須賀。でも、僕が無理やり満員と発表しちゃったんですよ（苦笑）。2階席がちょっと空いていたけど、こんなにシリーズを通して入ったことはなかったから、観衆発表を担当していた自分が勢いでつけたんです。これでシリーズ全戦満員、あるいは満員以上になりましたと。心の中ではちょっと申し訳ないなと思いながら（笑）」

プロレス興行の観衆は動員人数のほか、満員かどうかのマークが〝主催者発表〟でつけられる。満員に届かない人数発表のみのノーマークから順に、「満員」「超満員」「超満員札止め」の4段階で、団体によって基準はまちまちと思われるが、若干の空席がある場合でも「満員」がつけられ、チケット完売なら「超満員札止め」とされるのが一般的だ。

横須賀大会では2階にわずかの空席があったとのことだが、それまで満員以上の観客動員を18大会も続けていたのだから驚異的である。これもまた、当時の勢いを物語るエピソードのひとつだ。ファン、プロモーター以外にも、タイガーマスクはレスラーたちからも注目を集めた。大塚氏が語る。

「僕は藤波さんが凱旋したときに、すごい成長だなとビックリしたんですよ。トペ（ドラゴン・ロケット）に、すごい衝撃を受けたんですね。メキシコではふつうらしいけど、それまで日本ではああいうリング下に飛び込むなんて技はなかったじゃないですか。ホントにすごいなと思ったら、佐山さんがタイガーマスクとして、そのギアをもう一段上げたような内容の試合をしたんですよ。ビックリしたのは僕だけじゃない。選手たちも同じで、猪木さん、坂口さんさえもそうですよ。佐山さんの試合を控え室のドアを開けて、ずっと見ていました。あんなことは珍しいです。同じプロレスラーとして今日はどういう試合をやるんだろう、どういう技を出すんだろうと興味を持ったんでしょうね。僕なんかにも、ふつうに話してくれましたよ。プライドとか難しい問題を抜きにして、〝おもしろい！〟と。技を研究しているとかではなく、今日は何をやるんだろうという単純な興味で、みなさん純粋に佐山さんの試合を楽しんでいました」

ダイナマイト・キッドがタイガーマスクに初勝利

当時は、まだまだヘビー級がメインの時代。いくらタイガーマスクの人気が沸騰しても、興行の最後にシングルマッチが組まれることはなかった。

しかし、7月16日開幕の『サマー・ファイト・シリーズ第2弾』で、遂にタイガーのシングルでのメインイベント初登場が実現する。

このシリーズにはブレット・ハートを伴い、5ヵ月ぶりにダイナマイト・キッドが来日。最終戦の8月5日、蔵前国技館ではタイガーのWWFジュニア王座に挑戦することになっていた。

その過程でデビュー以来、通算5度目となるキッドとの一騎打ちがタイガーにとってシングル初のメインイベントとなった。7月23日、石川・金沢市産業展示場3号館で組まれたタイトルマッチに向けての前哨戦である。

試合は戦場が場外に拡大。最後はエキサイトしたタイガーがキッドをフェンスの外に出してしまい、反則負けの裁定を食らってしまう。

当時の新日本には、相手をフェンスの外に出すと「フェンスアウト負け」というルールがあり、タイガーにとっては反則ながらデビュー以来初の黒星となった。また、これが新日本時代のタイガーマスク唯一のシングル敗戦となる。

記録上こそ敗れたとはいえ、この金沢のキッド戦をタイガーマスクのベストバウトに推す声は多い。キッド側から見ても同様で、タイガーvsキッド名勝負数え唄の頂点である。

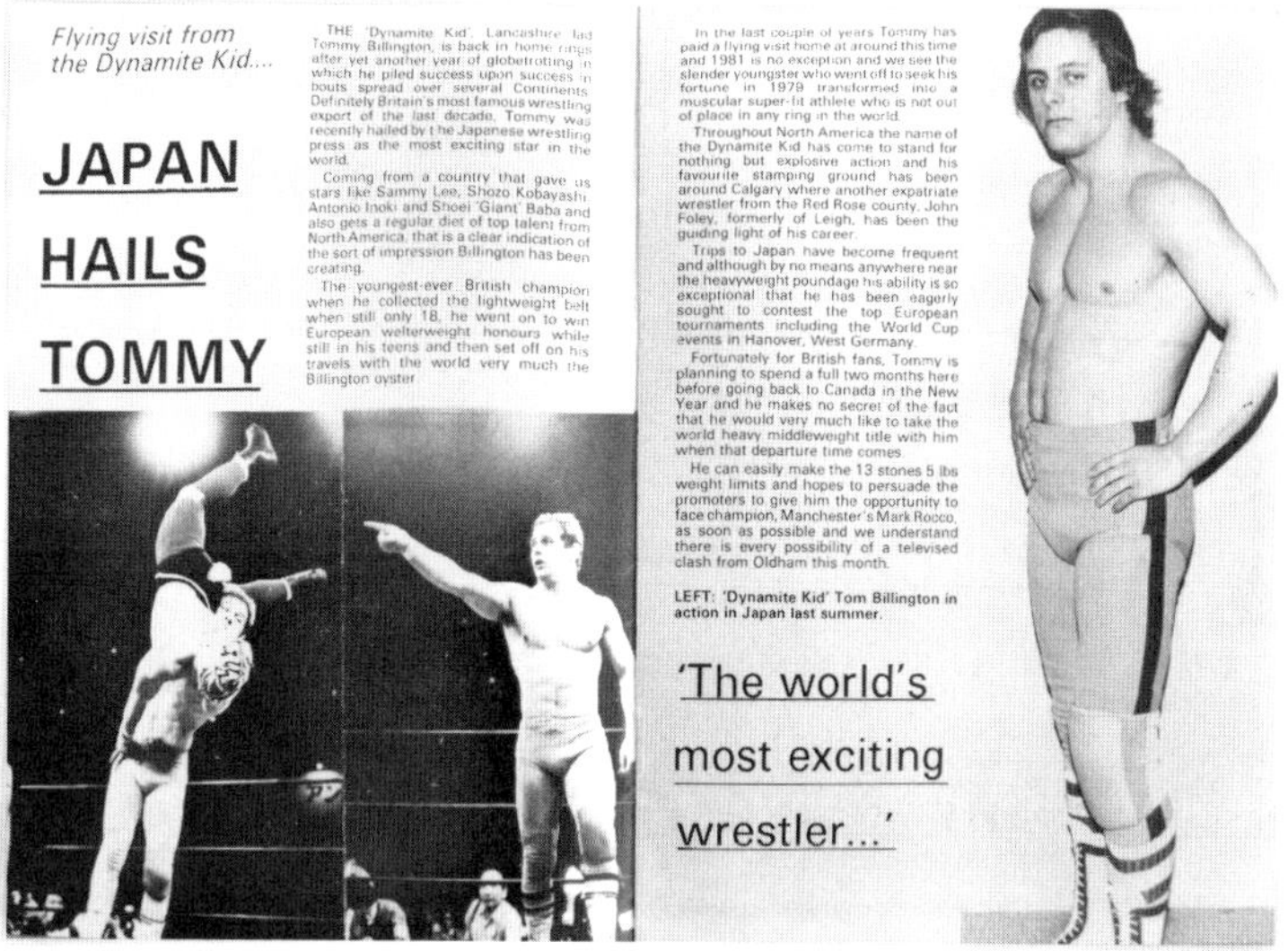

Flying visit from the Dynamite Kid...

JAPAN HAILS TOMMY

THE 'Dynamite Kid', Lancashire lad Tommy Billington, is back in home rings after yet another year of globetrotting in which he piled success upon success in bouts spread over several Continents. Definitely Britain's most famous wrestling export of the last decade, Tommy was recently hailed by the Japanese wrestling press as the most exciting star in the world.

Coming from a country that gave us stars like Sammy Lee, Shozo Kobayashi, Antonio Inoki and Shoei 'Giant' Baba and also gets a regular diet of top talent from North America, that is a clear indication of the sort of impression Billington has been creating.

The youngest-ever British champion when he collected the lightweight belt when still only 18, he went on to win European welterweight honours while still in his teens and then set off on his travels with the world very much the Billington oyster.

In the last couple of years Tommy has paid a flying visit home at around this time and 1981 is no exception and we see the slender youngster who went off to seek his fortune in 1979 transformed into a muscular super-fit athlete who is not out of place in any ring in the world.

Throughout North America the name of the Dynamite Kid has come to stand for nothing but explosive action and his favourite stamping ground has been around Calgary where another expatriate wrestler from the Red Rose county, John Foley, formerly of Leigh, has been the guiding light of his career.

Trips to Japan have become frequent and although by no means anywhere near the heavyweight poundage his ability is so exceptional that he has been eagerly sought to contest the top European tournaments including the World Cup events in Hanover, West Germany.

Fortunately for British fans, Tommy is planning to spend a full two months here before going back to Canada in the New Year and he makes no secret of the fact that he would very much like to take the world heavy middleweight title with him when that departure time comes.

He can easily make the 13 stones 5 lbs weight limits and hopes to persuade the promoters to give him the opportunity to face champion, Manchester's Mark Rocco, as soon as possible and we understand there is every possibility of a televised clash from Oldham this month.

LEFT: 'Dynamite Kid' Tom Billington in action in Japan last summer.

'The world's most exciting wrestler...'

イギリスでのサミー・リー人気は日本に伝わらなかったが、ダイナマイト・キッドの日本での活躍はイギリスにも伝わっていた。現地のパンフレットで海外での闘いぶりが紹介された記事に、タイガーマスク戦の写真も掲載されている。

そして両者は、最終戦の蔵前大会でベルトを懸けて再び対峙。キッドは藤波戦も含め、５度目のＷＷＦジュニア王座挑戦だ。

結局は、またもやベルトには届かなかったが、このシリーズ全19戦中、タイガーとキッドは15大会で対戦している。ライバル関係を全国区で絶対的なものとし、キッドがタイガーに欠かせない存在であることを、あらためて見せつけることとなった。

国際プロレスへの初来日時には「こんな国には二度と来るか！」と憤慨したキッドだったが、新日本初参戦で日本への印象がガラリと変わったという。

新日本から受けた待遇。２度目の参戦で闘ったタイガーとの出会い。すでに薬物の使用を始めていたとはいえ、この頃、金銭面を除けば、心身ともに充実していたと言えるだろう。

そのキッドのレスラーのすごさは、どこにあるのか。新日本初参戦時の印象を大塚氏は、こう語る。

「一番最初の僕の印象では、身体こそできているけど、まだ細くて、しなやかさがないような感じでしたね。だから、〝大丈夫なのかな？〟と思いました。ただ、新日本に継続参戦するようになって、そういうイメージは完全に変わりました。あの真剣味、あの表情にみんな魅了されるんじゃないですかね。なにしろ、抜くところがまったくない全力ファイト。キレもすごいし、けなすところがまったくないですよ。日本人好みのレスラーですよね。あの時期の若い選手は、みんな憧れた？わかるなあ」

では、タイガーと同様に、この時期のキッドの試合をほとんど見ている田中リングアナの印象は、どうだろうか。

「たとえば屋外の試合で雨が降ると、ロープやリングが濡れるじゃないですか。そういうときは、みんな気をつけて試合をするんですよ。でも、〝トップロープからの技は滑って危険だから〟と注意を受けていたとしても、キッドはコーナーからダイビング・ヘッドバットをするんです。それを見て、〝すげえ！〟と思いました。一歩間違ったら怪我するかもしれないのに、どんな状況でもお客さんを満足させる。自分のすごみを出そう、お客さんに自分のすべてを見せようとする。本当にプロだなって。とにかくキッドはストイックで、すごくプロフェッショナルだったなと思いますね」

つづいてプロレスマスコミの立場から、ターザン山本氏に語ってもらおう。

「小っちゃいけど、気性が激しい。そんなキッドが新日本に来て、新日イズム、猪木イズムが何であるかを一発で感じ取ったんですよ。それまではクオリティーの高いルーティーンワークをやっていたはず。あくまでもビジネスとしてね。でも、新日本に来たら、それまでも突貫小僧的なところはあったんだけれども、いままでとは別の日本スタイルの情念というか、そういう過激なプロレスに洗脳され、覚醒したんだよね。これは俺のものだ、俺の進む道はここだと瞬発的に感じ取った。そのセンスがすごいわけよ。その発想はスタン・ハンセンやタイガー・ジェット・シンにつながる。彼らも日本で覚醒したでしょ。そのジュニア版がキッドだった。だってキッドって、いつも不機嫌で仏頂面じゃない。あれはすべて新日本の教えですよ。とくにミスター高橋さんの影響が大きい。高橋さんはレフェリーであり、外国人選手の係をして面倒を見つつコントロールしていた。高橋さんが新日本イズムを教えていくんだ。絶対に笑顔を見せるな、サインをするな、写真を撮らせるな、ファンが来たら追っ払えと。つまり、プロレスラーの威厳を保てということですよ。ヒールはもちろん、外国人に徹底的に叩き込んでいた。だからシンは、マスコミまでも蹴散らしたんだよ。キッドもまた、その教えを忠実に守った。素顔は純粋な青年なのにね。それは猪木イズムであり、高橋さんじたいもそういうプロレス観を持っていたのよ。ファンと馴れ合っちゃダメだと。馴れ馴れしくしたら、レスラー神話は崩れるってね」

いまでこそキッドのこうしたプロ意識は広く知られるところだが、新日本初参戦当初はまだ若手でもあり、ほとんど知られていない。

それを早い段階で至近距離から体感したのが月刊プロレス時代の宍倉氏だった。

「あれは1982年2月（9日）の大阪府立体育会館。メインで猪木がラッシャー木村にリングアウトで負けて、セミでタイガーマスクがベビーフェイスを相手にWWFジュニアを防衛した大会だった。キッドはその日、アンダーカード（キッド&エル・ハルコン78 vs 星野勘太郎&木村健吾）だったんだけど、試合前に会場の隅でインタビューしたんだよね。といっても、俺は週刊ファイトの井上譲二さんと一緒にいただけ。隣で取材を聞いていたんだよ。そうしたら、ひとりの少年ファンがキッドを見つけて、近寄ってきたんですよ、サイン用の色紙を持って恐る恐るね。〝サイン・プリーズ〟とか言ったと思うよ。そうしたらキッドは〝ゲラウェー！〟って叫んで色紙を取り上げると、思いっ切り蹴り上げた。いくらなんでもそこはサインすると思いきや、蹴り上げたんだよね。その子は、ビックリして逃げていったよ。テレビカメラが回っていたり、マスコミが何人もいるならともかく、そこにいたのは俺たちとカメラマンがひとりだけ、全部で3人ですよ。だから、俺たち以外には誰もその現場を目撃していない。なのに、ここまでやるんだと。それがものすごくインパクトがあった。その前まで和やかじゃないけど、ふつうに受け答えしていたんだよ。少年ファンが逃げたら、また元に戻って受け答えするんだよね。キッドらしいというか、よく言えばプロ意識の高さだよね。そういえば国際プロレス時代にもファンのヤジに対して、なにを言われているかわからないだろうけども、〝うるせえ！〟って感じで反応はしてた。もともとそういう資質はあったんだろうけど、それにしても衝撃的だった」

宍倉氏は、このエピソードを筆頭に「私的キッドの3大名場面」を挙げてくれた。残りのふたつを紹介しよう。

「これはタイガーがデビューする前の話ね。新日本初参戦の1980年1月のシリーズ、2週目でキッドはテレビ国内初登場。スティーブ・カーンと組んで、いきなり猪木&藤波とやったんだ。川崎からの生中継。次の週も1月25日、岡山からの生中継で、シングルマッチでいきなり番組の頭にキッドが出てきたんですよ。相手はスキップ・ヤングという黒人レスラーで、藤波のWWFジュニア挑戦者を決める試合だった。試合の冠はともかく、驚いたのはなんの因縁もないなかで繰り出されたキッドのダイビング・ヘッドバットですよ。これがまた、戦慄のシーンだったね。放ったキッドが一瞬動かなくなった、動きが止まった。〝あれ？〟と思ったところでキッドが上体を起こしたんだけど、額から鮮血がタラタラと流れ落ちてる。キッドの方が、だよ。仕掛けた方が流血してるなんて、〝なんだ、これ!?〟と思ったね。最後はこれで3カウントを取ったけど、勢い余って仕掛けた自分の額が割れてしまった。それを生中継でやってるんだよ。すごいインパクトだったね」

そして、もうひとつの名場面。こちらは映像には残っていない、いかにも宍倉氏らしい選出である。

「第3の名場面は週刊ファイトに載りました。ある写真のことなんだけど、東京スポーツではありません。ファイトだから載せた、載せてしまった。これは1982年1月の『新春黄金シリーズ』。試合じゃなくて、バスのなかの写真なんだよね。外国人バスのなかで、キッドが至近距離からアブドーラ・ザ・ブッチャーを睨みつけている。しかもアップで撮影されていて、それが掲載されたんだ。当時ってもちろん、2人の格に明らかな差があるでしょ。ヘビーとジュニアというのもあるし、ブッチャーとは全然格が違う。でも、写真ではキッドの方が上から目線に見えるんだ。ふつう、これってまずい。どう考えてもブッチャーの方が上だからさ。その写真、明らかにキッドが睨みつけてるんだよね。ブッチャーもそれに対して一応ニヤリとしてるんだけど、やっぱり睨みつけられてる。それを撮ってしまった、載せてしまった。俺が思うに、ブッチャーはこんな小さなヤツが刃向かってこないだろうと思って、なにかイタズラしたんじゃないかな。そうしたら、キッドが〝てめえ、ふざけんじゃねえ！〟って感じで詰め寄ったんじゃないか。キッドなら、あり得るでしょ。相手がデカいヤツだろうと誰だろうと、なめられたと感じたんでしょ。真相はわからないよ。記事もそういう内容ではないかもしれない。本当は仲がよかったのかもしれないし、カメラマンを意識してあえてやったのかもしれない。それを撮ったカメラマンがふつうとは違う人で、ホントはいけないんだけど、バスのなかに勝手に入って行っちゃうような人だった。ここにもキッドらしさが見えるなと思った」

宍倉氏は、キッドの髪型にも言及する。先にも述べたが、国際プロレスへの初来日時とは対照的に、坊主頭で新日本のリングにやって来た。

「キッドって髪型にもインパクトがあるよね。長髪だったり、坊主だったり極端。不思議というか、狙い、戦略だったらすごいなって。長髪で来るかと思ったら、いきなり坊主だったりするでしょ。もうそれだけでインパクトがある。新日本で変わった自分を見せようと思ったのかな。国際では長髪姿で、〝英国の貴公子〟とか言われていた。そのままじゃ新日本ではイメージがよくないから、自分を変えるためにはまず坊主にしてしまえと。坊主で来たときは長髪がかっこよかったのにとも思ったけど、代わりにこんどは怖さが出たわけですよ。怖くなって、カミソリファイターになっていた。カミソリ度が増していたんだよね。結果的には、それが正解だった。でも、ずっと坊主ではなかったのは謎。長くなったり、バッサリ切ってきたり。イギリスで髪切りマッチをやって負けたのかもしれないけど、それ一度きりじゃないからね」

MSGで起きたスタンディングオベーション

タイガーとの闘いでカミソリ度を増したキッドに、WWF初登場の話が持ち上がる。

ブラック・タイガーが2度目の参戦を果たした8月開幕『ブラディ・ファイト・シリーズ』の途中にタイガーは日本を飛び出し、マディソン・スクエア・ガーデン（以下、MSG）で1試合だけおこない、帰国してシリーズに再合流する強行スケジュール。このとき、タイガーの相手にキッドが選ばれたのである。

８月29日、田園コロシアムでタイガーはブラックを退けＷＷＦジュニア王座を防衛すると、翌30日に藤波とともにニューヨークに飛び、そのままＭＳＧのリングに立った。

試合前、タイガーはＭＳＧの客席を見渡し武者震いしたという。対するキッドは、主戦場であるカナダ・カルガリーからニューヨーク入り。キッドもまた、タイガーと同じようにワンマッチのみの参戦だ。

なぜ新日本プロレスの興行に欠かせない存在になっていたタイガーは、シリーズ中に日本を抜け出してまでニューヨークに渡ったのか。

このＭＳＧ大会では藤波がジノ・ブリットに勝利し、ＷＷＦインターナショナル・ヘビー級王座を奪取、初めてヘビー級のベルトを巻いた。新間氏とともに同行した大塚氏は、裏事情をこのように証言する。

「これはもう、テレビ用の試合ですね。番組の尺の問題もあるから、藤波さんだけじゃなく、もうひとり連れて行こうということです。せっかくニューヨークに行くんだから、タイガーマスクを売り出したいという気持ちが新間

日本向けのカードではあったが、タイガーマスクのＭＳＧ初登場はＷＷＦのパンフレットで告知された。当日は藤波辰巳のほか、ＷＷＦに定着していたキラー・カーン、マサ斎藤も出場。メインのカードは、ボブ・バックランドvs“プレイボーイ”バディ・ローズだった。

さんにはあったと思いますよ」

大塚氏の証言通り、新間氏にはタイガーマスクをアメリカで売り出そうとの思惑があった。日本のテレビ中継向けながら、会場はニューヨークのMSGである。ただし、そのまますんなりとタイガーの登場が決まったわけではなかった。

「WWFのビンス・マクマホン（・シニア）にタイガーマスクを連れて行きたいと言ったら、〝マスクマンにはちょっと抵抗がある〟という返事だったんだよね。でも、向こうの奥さん連中が日本のタイガーマスクを知っていて、たとえばフレッド・ブラッシーの奥さんで日本人のミヤコさんが〝タイガーマスクが来るなら私も見たい〟と言ってくれたというんだ。それならとビンスも認めてくれたんだよ」（新間）

そのタイガーの相手は、誰にすべきか。言うまでもなく、キッドが最適だ。このMSGデビューで新間氏はそう考え、「1日だけだが、1週間分のギャラを払う」とキッドに要請し、本人もこれに応じた。

大会当日、客席には新間氏の姿があった。そのまわりには、プロモーターの夫人たちが陣取っている。タイガーの試合前、「日本のマスクマンなんて…」という声が新間氏周辺の関係者から上がったものの、来日経験のあるビンス・マクマホン・シニア夫人が「あなたたち、まあ見てなさい」と言ったという。

試合が始まると、タイガーとキッドの動きに大観衆が驚きの声を上げた。繰り返すが、両者ともニューヨーク初登場で、ほぼ無名である。しかも、WWFのストーリーとは関係のない「日本用のカード」だ。にもかかわらず、ジュニアヘビー級の2人が観客の視線を一点に集中させていく。それはまるでタイガーマスクの日本デビュー戦の再現でもあった。WWFジュニア王座を懸けた

ＭＳＧのバックステージで記念撮影。新日本プロレスの大塚直樹営業部長（後列左から２人目）もニューヨーク遠征に同行し、タイガーマスクとダイナマイト・キッドの歴史に残る名勝負を客席から見届けた。

闘いは、タイガーがラウンディング・ボディープレスから勝利しベルトを防衛。試合後には、スタンディングオベーションが自然発生した。新間氏、そしてビンス夫人も鼻高々の試合だった。

この一戦を同じく客席から見ていたのが大塚氏である。

「最初は、〝なんだ、この試合は？〟ですよ。みんなシーンとして見ていたのが、だんだん〝オー！〟という感じに盛り上がっていったんです。試合が終わると、あまりにも素晴らしかったので、誰かが立ち上がったら、みんな立ち上がった。プロレスでは、これまで見なかった光景でしたね」

試合は、文句なしの名勝負になった。が、内容に満足する一方、キッドはギャラについて再び新日本と揉めたと自伝で告白している。

このとき、「新日本と手を切ろうと思った」というが、最終的には和解。翌83年4月の『ビッグ・ファイト・シリーズ第2弾』で、再び新日本マットに上がることとなる。

この件に関して、当時の事情を新間氏が振り返る。

「あれはね、キッドの勘違いなんですよ。何を血迷ったのか、キッドが猪木さんに手紙を出して、〝ニューヨークで新間にギャラを横領された。ドバイでも自分のギャラを新間が使ったみたいだから調べてくれ〟と言ってきた。これは会社の方もビックリしていたね。決められたギャラを払っていないなんて、そんなことは当時の新日本では絶対にないから」

MSGという檜舞台を体感したタイガーは、藤波とともにトンボ返りで帰国。9月2日からシリーズに合流し、ブラック・タイガーとの抗争を再開させた。9月21日の大阪府立体育会館大会では、再びブラックを相手にWWFジュニア王座防衛を飾っている。

つづく『闘魂シリーズ』はキッド、ブラックが不在だった。

このシリーズでは新日本の前座時代に闘い、イギリスではキッドとロコのライバルであるマーティ・ジョーンズが参戦。タイガーとは、4度シングルマッチで対戦している。

が、ジョーンズはタイガーのライバルとして再び招聘されることはなかった。実際、地味な印象しか残っていない。

ちなみに、ジョーンズとキッドが新日本の同じシリーズに来日する機会は一度もなかった。ブラックもキッドとの同時来日は、タイガー引退後、ザ・コブラ（ジョージ高野）がジュニア戦線の中心に立った1シリーズだけである。

やりようによってはジョーンズがタイガーのライバルになる可能性もあったかもしれない。本人は「俺がもしマスクを被ってホワイト・タイガーとでも名乗っていたら、また違っていたかもしれないなあ（笑）」とジョーク混じりに振り返る。

このシリーズでタイガーは、ほかのヨーロッパ勢ではジム・ロンドスとタッグマッチで何度も対戦した。

ベルギー出身でカール・ゴッチとも親しいシューターとして知られ、ローラン・ボックをコーチしたこともあるロンドスは、72年1月に「チャールズ・ベレッツ」のリングネームで国際プロレスに初来日。同年11月にジョニー・ロンドスとして新日本初参戦を果たし、このシリーズではジュニアヘビー級のカテゴリーで闘った。ロンドス&ジョーンズとしてもタイガーとタッグマッチで3度対戦しており、当時注目されなかったのはなんとも惜しい。

タイガーに無風のシリーズと思われた矢先、ハプニングが勃発した。

レス・ソントンのウエートオーバーにより、NWAジュニア王座防衛戦から一転、ノンタイトル戦となった10月22日の広島県立体育館。メキシコから凱旋帰国した小林邦昭が試合後にタイガーを襲撃、〝虎ハンター〟として牙を剥いたのである。

振り返ってみれば、シリー

タイガーマスクの覆面を引き裂く"虎ハンター"小林邦昭。この小林の出現で、タイガー包囲網が完璧に揃ったと言えるだろう。しかし、これは終わりの始まりでもあった。

ズ開幕戦の後楽園ホールで、同じくメキシコから凱旋した長州力が藤波と仲間割れし、あの有名な「噛ませ犬発言」とともに宣戦布告。壮絶なライバル抗争が始まった。そのジュニア版が小林のタイガー襲撃である。タイガーにとっては、これまでのキッド、ブラックとはまた違う日本人ライバルの出現となった。

この後、タイガーはメキシコとアメリカに1ヵ月の長期遠征。11月22日には、2度目のMSG出場を果たした。

本来ならこの大会でもキッドを相手にするはずも、カルガリーからのフライトがトラブルで遅延。やむなくカードが変更となり、タイガーはカルロス・ホセ・エストラーダを相手にWWFジュニア王座防衛に成功している。

12月19日、後楽園ホールで帰国第1戦をおこなったタイガーには、プロレス大賞最優秀選手賞&技能賞受賞のニュースが舞い込んだ。ジャイアント馬場、アントニオ猪木以外の選手がMVPを受賞するのは史上初の快挙である。

しかし、当の本人には実感がなかった。

「僕は会社のためにと考えてタイガーマスクをやっていたので、個人的にはMVPをもらっても思うことはなかったですね。アントンハイセルのせいで会社が苦しいのはわかっていましたし、それを助けるために一生懸命頑張っているだけだと。だから、MVPと言われても、とくに感慨もなかったです。いま考えればとても名誉なことですけど、当時はそういう感覚だったんですよ。いまもそうですけど、自分はアントニオ猪木の弟子というのが最初にあるし、猪木さんに作ってもらった、新間さんに作ってもらったという思いがありますから、〝自分が!〟という気持ちもなかった。だから、自分がトップに立ったなんて感覚はまったくありませんでしたね」(佐山)

第6章　引退―「さよならタイガーマスク」

1983年元日スタートの『新春黄金シリーズ』には、再びブラック・タイガーが来日した。

このシリーズでのタイガーのマッチメークはブラック、小林邦昭とのライバル闘争が中心で、2月7日の蔵前国技館では前者、翌8日の大阪府立体育会館では後者を破り、WWFジュニア王座を連日の防衛。振り返れば、蔵前での対決が〝ファイナル〟タイガーマスクvsブラック・タイガーとなってしまった。

つづく『ビッグ・ファイト・シリーズ第1弾』をはさんで、4月1日開幕の『ビッグ・ファイト・シリーズ第2弾』には長髪姿のダイナマイト・キッドが参戦した。開幕戦におけるタッグマッチで、タイガーがキッドのツームストーン・パイルドライバーを食らい頸椎を負傷。全治10日と診断され、7大会を欠場することになった。

本来なら4月3日の蔵前大会でタイガーはキッドとNWA世界ジュニア王座の防衛戦をおこなう予定も、欠場により2本のベルトを返上。急きょ3日の蔵前国技館でキッドvs小林のNWA世界ジュニア、翌4日に新潟市体育館で同一カードによるWWFジュニアの王座決定戦が開催された。

しかし、両試合とも引き分けで決着つかず。2本のベルトはコミッショナー預かりとなり、空位のままとなる。

4月11日の群馬・桐生市民体育館で、タイガーは首に爆弾を抱えたままカムバック。21日の蔵前大会で、あらためてキッドとのNWA世界ジュニア王座決定戦が実現した。

試合は両者フェンスアウトの引き分けから異例の延長戦に突入も、こちらも両者リングアウトで白黒つかず、ベルトの行方も不透明な結末となってしまった。

タイガーの衝撃デビューから2年。皮肉にも、これが〝ファイナル〟タイガーマスクvsダイナマイト・キッドになってしまう。もちろん、当時は誰もが知る由もない。

キッドとのタイトルマッチで再び首の負傷を悪化させたタイガーは治療に専念し、1カ月半の欠場後、6月2日の蔵前国技館大会で復帰した。

この日は、第1回IWGP優勝戦のアントニオ猪木vsハルク・ホーガンがメインに控えており、タイガーvs小林の宿命の対決はセミファイナルでおこなわれた。しかも仕切り直しのNWA世界ジュニア王座決定戦である。

タイガーは一瞬の丸め込みで小林からピンフォールを奪い、2ヵ月ぶりにNWA世界ジュニア王座を奪回。その後、3度目のメキ

1983年2月7日、蔵前国技館でおこなわれたタイガーマスクvsブラック・タイガーの最後のシングルマッチ。ブラック・タイガーの次の来日は翌年1月だったため、マーク・ロコはイギリスで「タイガーマスク引退」の報を伝え聞き、大きな驚きと失望を感じたという。

シコ遠征に出発する。

6月12日、タイガーはエル・トレオにニューコスチュームの赤いパンタロン姿で登場、フィッシュマンとのWWFジュニア王座決定戦を制し2冠王に返り咲いたが、結果的にこれが最後の海外遠征となってしまう。

IWGP優勝戦における猪木の舌出しKO負けの衝撃から約1ヵ月後の7月1日、『サマー・ファイト・シリーズ』が後楽園ホールでスタートした。猪木が欠場したこのシリーズは、全33戦の長丁場である。

キッド、ブラックの両ライバルが不在のシリーズで、タイガーはヨーロッパ勢ではピート・ロバーツ、デーブ・フィンレーと対戦した。

フィンレーは、これが初来日。1980年代中盤あたりからキッド、ロコ、ジョーンズを継ぐイギリス中量級の中心に立つフィンレーだが、当時の新日本ではまだ若手との認識だったか。シリーズ中には、タイガーとシングルで3度対戦。いまとなっては、夢の

1983年4月21日、蔵前国技館でおこなわれたタイガーマスクvsダイナマイト・キッドの最後のシングルマッチ。キッドは佐山が電撃引退した理由を自伝で「2年間にわたって素顔を隠し、タイガーマスクとしてやってきたが、彼にとってそれは決してありがたいことではなかった」と記述している。

カードが実現していたことになる。

そんななか、タイガーと熱い抗争を展開したのが寺西勇である。元国際プロレスの寺西は新国際軍団として新日本に殴り込んだが、この年の7月に長州力&アニマル浜口の維新軍に合流して小林邦昭と結託。よって寺西のターゲットも小林と同じく、「打倒タイガー」に絞られた。

寺西がタイガーのベルトに挑んだのは、7月7日の大阪府立体育会館。セコンドについた小林の影に集中力を乱されながらも、タイガーはNWA世界ジュニア王座防衛に成功すると、シリーズ最終戦の8月4日、蔵前国技館でもベルトを懸けて両者の再戦がおこなわれた——。

「改名問題」と「プロレス専門誌の週刊化」

遡ること約3ヵ月前、5月25日に原作者・梶原一騎氏が暴行傷害事件で逮捕された。それを受けてタイガーマスクには改名の話が持ち上がっており、7月シリーズを「さよならタイガーマスク」のサブタイトルとし、新リングネームを募集することも検討されていた。

しかし、大塚氏によれば、梶原氏逮捕のニュースは「タイガーマスクの人気に影響を与えることはほとんどなかった」という。

とはいえ、改名プランは進められ、8月4日、蔵前大会では寺西との防衛戦を前に、リング上からあらためて次期シリーズに出場後、世界を行脚し、年内後半または年明けより新リングネームになるとの発表がなされた。

試合は、タイガーがNWA世界ジュニア王座2度目の防衛に成功。このシリーズではNWA世界ジュニア王座を懸けて寺西を連破し、WWFジュニア王座防衛戦で小林の挑戦を退けている。

1983年8月4日、リング上で新間寿氏がタイガーマスクの改名を正式に発表したが、同月12日に佐山は契約解除を一方的に申し入れ、新日本プロレスを離脱。"黄金の虎伝説"は、思いにもよらぬ形で突如、終止符が打たれた。

ところが、シリーズ最終戦の8日後の8月12日、佐山は虎のマスクと2本のチャンピオンベルトを返上、新日本に内容証明書付き文書で契約解除を申し入れて引退を表明し衝撃が走った。

ファンにとっては、〝理由なき電撃引退〟。こうしてタイガーマスクは、2年4ヵ月のマスクマン生活に自らピリオドを打つ。

が、佐山自身は引退したつもりはなかったという。

「タイガーマスクをやめるというのは、一時休むみたいな気持ちで言ったんですけどね。当時、どういう記事が出ていたのか知らないですけど、自分から引退とは言っていないと思います」

現実問題として、当時は全日本プロレスに移籍するか、海外に出るか、国内で自ら新団体を立ち上げる以外に引退・廃業しか道はない。よって「引退」という言葉が強調された節もあるかもしれないが、いずれにしても新日本退団のニュースはファンやマスコミのみならず、団体関係者にも寝耳に水だった。

しかし、タイガーマスクの終焉を感じ取っていた人物がいる。6月のメキシコ遠征に同行した大塚氏だ。

「僕は感じていましたね。メキシコへ行く飛行機のなかで格闘技のルール作りをしているのも見ていましたし。結局、世間が認めているのは佐山サトルじゃなくて、タイガーマスクなんですよ。それが嫌になっていた。これは後になってからの話ですが、僕が新日本を辞めて独立し、新日本プロレス興行（のちのジャパンプロレス）を立ち上げて全日本プロレスと業務提携した際、ジャイアント馬場さんがタイガーマスクをほしがったときに聞いたんですよ。馬場さんは佐山さんではなく、タイガーマスクのキャラクターをほしがっていました。〝中身はウチでも作れるから〟と。馬場さんは興行主ですから、タイガーマスクのキャラクターはまだまだお客さんを呼べるとわかっていましたね」

タイガーマスクの突然の引退は、デビュー時にはほとんど見向きもしなかったプロレスマスコミにとっても、もはや見過ごすことのできない大事件だった。

ちょうどその頃、プロレスマスコミは大きな変革期にぶつかっていた。ベースボール・マガジン社が発行している月刊プロレスの週刊化、『週刊プロレス』の創刊である。

タイガーのラストマッチを前に発売された週刊プロレス創刊号（8月9日号＝7月25日発売）には、「時代はプロレスの味方、だから週刊誌」という帯コピーとともに、次のような見出しがタイガーの写真と合せて大きく表紙を飾っている。

「タイガーマスクが消える…？　新生マスクマン出現の噂を追う」

見方によっては「リングネーム変更」とも受け取れるが、創刊号からいきなりマット界で一番人気のタイガーが〝引退か!?〟という大ニュースである。

人目を引くスキャンダラスな話題性こそ十分とはいえ、長い目で見れば雑誌の売り上げにはマイナスではないのか。大事な創刊号の表紙を何にするかで、週刊化の方向性が定まると言っては過言ではない。

当時、編集部はどのような考えで、この衝撃的なニュースを表紙に選んだのか。山本氏が週刊化の舞台裏を語る。

「編集長の杉山さんは何を表紙にするかで、運命が決まると考えている編集のプロなんですよ。そのとき、ちょうど全日本プロレスでテリー・ファンクが引退するんです。クラスマガジン的発想をすれば、創刊号の表紙はテリー。でもね、全日本では雑誌が売れない。当時は7対3で新日本なの。杉山さんのなかでは、猪木を取り上げないと雑誌は売れないという常識があったわけ。ふつうにいけばテリーだし、引退で話題性もマックスなんだけど、これでスタートしたら週刊誌にする意味がないのでは、という疑問が杉山さんにはあった。週刊誌とは何かと考えれば、次から次へとニュースとスキャンダルを追いかけることだと。引退が決まっているテリーだったら、予定調和なんだよね。それではダメだという猪木イズムが杉山さんにはあるんですよ。そのとき、〝佐山が引退する!?〟という情報を掴んだので、それをやろうとした

プロレス雑誌が週刊の時代に突入。その夜明けとなる週刊プロレス1983年8月9日号（ベースボール・マガジン社）のトップニュースは、「タイガーマスク引退の噂」。引退するテリー・ファンクの写真も使われていたことを忘れさせるインパクトがあった。

わけです。でも、業界的にはそれってすごく異端だった。迷いに迷って、杉山さんは僕に相談してきたんですよ。〝どうしますか？　こういう（タイガーマスクを表紙にする）考えがあるんだけど〟と。僕はもう即決で、〝タイガーしかありません！〟と言った。そうしたら杉山さんは、〝やっぱりそうか〟と安心してタイガーを表紙にしたのよ。でも、これが出たことによって、なぜやめるヤツを表紙にするのかという坂口さんなんかの新日本側から猛烈な批判とバッシング、全日本の（馬場）元子さんからは、なんでテリーが表紙にならないんだという怒り。2団体の挟み撃ち攻撃、その空気感がものすごく伝わってくるの。直接言ったらカッコ悪いだろうから実際にクレームをつけに来たわけではないけれど、その空気感がすごかった。でも、そのときに杉山さんと僕は〝これはしめたもんだ！〟、〝やったぜ！〟、〝こんなおいしいことはない！〟と思ったわけ（笑）。2大メジャー団体から反発を受けることがプロレス界の流れを変えると、杉山さんと僕の意見が完全に一致した。まあ、杉山さんと僕以外の編集部の人間は、なぜこうなるのか疑問に思ったでしょ。そのときもまだ佐山の評価は低かったからね。あんなにブームで、どこに行っても超満員で、全国区の大スター、日本列島を席捲したのにマスコミの評価は低かったのよ。だからこそ、タイガーの表紙は大きな賭けだったんだよね。だって週刊誌で赤字になったら、1ヵ月で4回発行されれば4倍のスピードで赤字になる。これで失敗すれば会社が崩壊。まさに社運を賭けた週刊化だったわけです。というのもね、当時、『フォーカス』という写真週刊誌が売れまくっていたでしょ。あれと同じようなことを会社がやったんだよ。野球版のフォーカスを作った。そうしたら大失敗。野球のスキャンダルなんて無理だったんだよ。そこから会社がこの傾きを何とかしなければならないとなった。そこでプロレスを週刊化しようと考えたのが杉山さんだったんです。だから、社内的にはフォーカスの存在が週プロを誕生させたんだよね。それでスキャンダル性のあったタイガーマスクが表紙になった。野球がダメでも、プロレスはいけるだろうと。引退するかもしれないという人間を表紙にする杉山さんのセンス。これが成功を導いた。スキャンダルを追いかけるのは週刊誌だというベクトルができたわけで、この大博打がのちのち会社を救うことになるんですよ。野球なら取材拒否になるところが、プロレスではならなかったからね。でも、これがのちの取材拒否を受ける土壌にもなるわけ。取材拒否の土壌は、創刊号からできていた。僕の成功と没落の命運は、そのときから決まっていたんですよぉ！」

山本氏はこの後、１９８７年に編集長に就任し、発行部数を飛躍的にアップさせる。１９９６年に新日本プロレスをはじめとする数団体から取材拒否を受け退任するまで、約９年間にわたって週プロの顔であり続けた。

その週プロで、週刊誌の特性を活かしたのが書き手の主観をまじえた豊富な試合リポートだ。活字プロレスの絶頂期を支えた試合リポートの誕生エピソードを宍倉氏が回顧する。

「月刊時代って試合のグラビアはキャプションを入れるくらいだから、何か思うところがあっても書く場がない。後づけだけど、試合リポートを書きたいなあという試合はいくつもあったよね。まあ、月刊時代は毎週書くなんて発想もなかったんだけど、それがいきなり週刊誌になると決まったんですよ。それで試合リポートをこういうふうにやるという説明が杉山編集長と山本さんからあったんです。だけど、そんなの初めて聞いたし、予想もしていない。〝週刊になったら、そんなことするの？〟みたいなリアクションだった。〝お前たちの仕事はこれなんだ〟と聞いて、ビックリしたよね。大会全体ではなく、試合をピックアップして書くんだと。ビックリしたと同時に、すごいプレッシャーになった。だって、前例がないもん。だから、どうしていいかわからない。実際、ひとつの試合で16字詰め84行を書くってけっこう辛い。何のテーマもない試合もあるからさ。とくに全日本は辛かった。〝書くことないよね〟って、みんなぼやいてた（苦笑）。東スポみたいに試合について書けるんだと思ったら喜びもあるけど、新聞とはまた別だから。それに、東スポとは全然違うようにやるよう言われていた。だから、最初はやりがいよりも、プレッシャーの方が大きかったよね。そこで考えたのがリポートのタイトル、見出し。本文を読んでくれるかどうかわからない。だから、まずはタイトルで引きつけようと思ったんだよね。その試合にどんなタイトルをつけるか、そこに全力を傾けたんですよ。それがちょうどタイガーマスクのブームの最後の頃でしょ。まさか創刊のときに引退するなんて誰も予想していない。逆に引退を知っていたら、週刊化をやめていたかもしれない。杉山さんや山本さんはそんなことないと否定するだろうけど、タイガーがもっと早くやめていたら週刊にならなかった可能性はあるよね。でも、タイガーがいたから週刊化できたのも事実ですよ」

タイガーマスク引退後、佐山サトルが素顔を公開

山本氏はタイガーマスクの電撃引退から約2ヵ月後、週刊プロレス同年10月25日号で佐山の素顔を表紙にした。しかも超どアップである。見出しは、「独占撮影　佐山サトル『これがぼくの素顔です』タイガーマスクに別れを告げた素顔の青年格闘家」とつけられた。

この表紙の背景には、何があったのか。山本氏が真相を語る。

「佐山は引退する前に、ショウジ・コンチャという怪しい人とくっついたわけですよ。この2人になって、マット界から完全に島流し状態になっていた。誰も相手にしないんです。佐山は別のことをやろうとしていたんだけれども、コンチャはタイガーマスクを掴んだんだから、ビッグビジネス

になると思っていた。だけど、誰も相手にしてくれなかった。それでコンチャが僕に電話してきたんだよ。〝いまからお前のアパートまで行くから会ってくれないか〟と。そうしたら、本当に車でやって来た。そこでコンチャは〝取引しないか?〟と言ってきたわけ。〝取引ってなんですか?〟と聞いたら、〝応援してほしいんだ〟と。〝誰も応援してくれないから〟とね。それで話を聞いて、〝応援しましょう〟となったんだ。コンチャは、〝その見返りに素顔を特写させるから〟と。そういう交換条件を出してきたわけよ。それで〝じゃあ、わかりました〟となって表紙にした。まだ週刊になって3ヵ月くらいでしょ。〝しめた!〟と思ったね。しかも僕は杉山さんの了承を取らずにOKしたんです。部下だったら報告して相談するじゃない。でも、僕はその場で了承した。杉山さんは、僕が言ったことには後からOKするんです。それで山下公園で撮影して、表紙にしたんですよ。だけれども、マット界からは〝また週プロが余計なことをした〟と叩かれるわけ。しかも他紙(誌)からも猛烈な非難を浴びる。でも僕はもう、そんな批判は浴びることなんて何でもないんですよ。このときも、自分にガッツポーズしてたよ(笑)。だから、週プロは佐山によって成功のベクトルができたんですよぉ!」

山本氏は、「週刊化する前からプロレスマスコミでもっともタイガーマスクを追いかけていたのは僕だから!」と豪語する。「本誌ではなかなか扱えないけど、(別冊の)デラックス・プロレスでガンガン登場させたのは僕の意志」

週刊プロレス1983年10月25日号(ベースボール・マガジン社)では、タイガーマスクの素顔が表紙になった。これ以上ないほどの超どアップで、この号は創刊号を超えるインパクトをもたらした。

とも言う。さらには、タイガーが編集部で作業する模様を掲載した「一日編集長のアイデアも僕だからね」と胸を張る。

「試合とは別にね、タイガーの特写をやったんですよ。そのときに撮影したのが石川一雄カメラマン。石川さんって年配でしょ。佐山は若かったから親子みたいで、いい感じになったんだよ。それからタイガーの雑感写真は石川さんが撮った。タイガーのオフタイムで専属カメラマンみたいになったんだよね。だから、石川さんの貢献度は非常に大きい」

週刊プロレス1984年2月28日号（ベースボール・マガジン社）では、悲願のWWFジュニアヘビー級王座を手にしたダイナマイト・キッドと新天地（旧UWF）でリングネーム＆コスチュームを一新したザ・タイガーが表紙になった。

宍倉氏もまた、本誌以上に別冊でタイガー・ブームを扱うことに情熱を傾けた。

「山本さんが『プロレスアルバム』というシリーズをやっていて、そこで自分はタイガーマスクのライバル、ダイナマイト・キッドを扱いたいと思ったんだ。でも、まだキッドで丸ごと一冊作るまでの大物じゃなかった。だったら、ミニアルバムみたいなものを作ってあげたいなって。そこで山本さんか杉山さんに提案したと思うんだよね。いつも何か企画を出せと言われていたし。それが通って、その第1回がキッドだった。デラプロのなかで何ページか使って、キッドのミニアルバムを作った。そのときにあったキッドのいい写真を全部使ったよ」

山本氏と宍倉氏は競うようにして、タイガーとキッドのグラビアを作ったのだろう。週プロ本誌でもまた、タイガーだけではなく、キッドが何度か表紙を飾っている。

タイガー引退の翌1984年2月28日号では、旧UWFのザ・タイガー（佐山）とWWFジュニア王座を奪ったキッドが表紙となった。

これも本来なら団体側から反発を食らいそうなものだが、山本氏は自由な発想で、いまや実現不可能なかつてのライバルを「コラージュ」という形で並べてみせた。

同年7月10日号では、キッドが単独で表紙を飾っている。が、そこには「ダイナマイト・キッド」の文字がまったく見当たらない。その理由について山本氏は記憶にないというが、ある意味、珍品の号である。

同年8月7日号では、キッドとデイビーボーイ・スミスのスタジオ特写が表紙になった。こちらはデラプロとの連動企画だった。

プロレス撮影を変革させた四次元殺法vsカミソリファイト

時期は前後するが、週刊プロレスが佐山の素顔を表紙にする前、1983年9月発売の『別冊ビッグレスラー』10月号が巻頭グラビアで引退したタイガーマスクを特集した。

このなかには、マスクを脱いだ佐山の後ろ姿が掲載されている。撮影したのは、現在も週プロで活躍する犬童嘉弘氏。プロレスカメラマンのリビングレジェンド的存在である。

犬童氏は1981年に知り合いの編集者に誘われビッグレスラー創刊に参入、それまでの政治経済界の人物撮影から一転して、プロレスカメラマンに転身した。1981年にリングサイドデビューだから、タイガーとはある意味〝同期〟である。

前述の佐山の後ろ姿について、犬童氏はこう語る。

「新聞さんに撮影の話を持っていったら、もう最後だからというので、マスクなしでも撮らせてもらえたんだ。後ろ姿くらいだったらいいんじゃないか、と許可をもらってね。確か、後ろ姿だけじゃなくて横顔も撮ったと思うよ。佐山さんとは何か話したとは思うけど、よくおぼえてないなあ。でも、このときもすごく協力的だった。前からそうだったけど、メチャクチャ気を遣ってくれるし、本当に優しい（伊達直人の）タイガーマスクなんだよね。とにかく人柄がいいんだ。だけど、やっぱり最後ってこともあったのか、どこか寂しそうな目をしていたよね。マスク姿で後ろを振り返っている写真が寂しさを漂わせてる。試合中はギラギラしているけど、タイガーマスクってリングを下りたら目が優しい。プロレスの試合を撮影するときは、レスラーの目を追いかけるのが基本なんですよ。全体の構図はパッと見るけれども、最終的には必ず目にピントを合わせる。だから、目を見るんだよね。それはマスクマンのタイガーマスクも同じ」

犬童氏によると、タイガーとキッドの試合はプロレス撮影にも変革をもたらした。引きつづき、カメラマンならではの話を聞いてみよう。

「タイガーがデビューした年は新日本の人気がすごくて、カメラマンがメチャメチャ多かったんだよね。リングの四方を30人くらい囲んでいたかな。あの頃はまだ新入りだったけど、タイガーとキッドの試合が衝撃的でね。最初は標準レンズで撮っていたんだけど、動きが速いんで35ミリに変えた。技のかけ合いが次から次へと展開されて、いまのスピードとはまた違う速さがあった。それに当時はフィルムでしょ。出す技が多いので、フィルム交換のタイミングに苦労したね。他の人だとだいたい〝間《ま》〟があるんだけど、タイガーとキッドだと、どこでフィルムを交換していいかわからない。だから、36枚撮りのフィルムで、30枚くらい撮ったらタイミングを見計らって早めに替えちゃう。カメラの台数もタイガーとキッドの試合で増えたんだ。最初は、標準とストロボ用の2台で撮影してた。当時のズームレンズは性能が悪いから、みんな単レンズ。標準レンズで試合（の多く）を撮って、28ミリのストロボ撮影用も持ってた。でも、あるときから3台に増やしたんだよ。たぶん俺が最初だと思うよ。これ、自負ね（笑）。標準と28ミリと、ちょっとアップめで撮るために105ミリ。それからしばらくしたら、他の人たちも3台持ってくるようになってた。それもこれも、タイガーとキッドの影響だよ」

当時、ビッグレスラーで誌面の写真を選んでいたのも犬童氏だという。

「フィルムから現像して、印画紙を現像液につけて、自分で紙焼きしてプリントしていた。最初の頃は事務所に暗室がないから、家に帰って真っ暗にして風呂場でやってたよ。カラーは現像所に出すけど、モノクロは自分でやってた。当時は、まだモノクロが多かったんだよね。そこで掲載する写真も選んでいた。キャビネに多めにプリントして、朝方には編集部に持っていったんだ。大変だけど、タイガーの試合は選びがいがあったよ。写真映えするし、全部焼きたくなっちゃう（笑）。タイガーのソバットは絵になるし、キッドのダイビング・ヘッドバッ

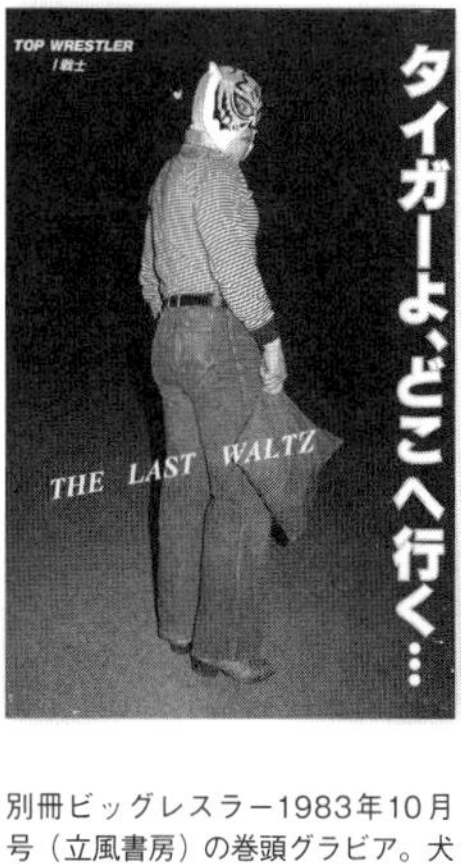

別冊ビッグレスラー1983年10月号（立風書房）の巻頭グラビア。犬童嘉弘氏撮影によるタイガーマスク引退の特写、未公開のオフショット写真などが掲載されている。

トは必ず入れないといけない感じもあるしね。タイガーとキッドの試合で、カメラマンとして鍛えられた部分がすごくあると思うよ。プロレスを撮れるカメラマンは、ボクシングとか他の格闘技に行ってもすぐに通用する。プロレスは選手の動きを読むし、予測しながらこっちも動かないといけない。とくにタイガーとキッドはあれだけすごい試合をやっていたから、メチャクチャ育てられました。タイガーとブラック・タイガーもそう。ブラックってすごいテクニックの持ち主で、これがイギリス系なんだなあ、日本とは違うんだなあと思いながら撮ってた。技でやり合った上で、急所蹴りとか反則をやるでしょ。それでいて、タイガーとは手が合うんだろうなあって。こちらも勉強になりましたよ。ただ、タイガーがやめるとなって、こんなにすごいのにもったいないなあって撮影する側のカメラマンとしても思った。なので、やっぱり新日本を去るときの（別冊ビッグレスラー10月号）巻頭の写真、あの寂しそうな目が印象に残ってますね」

犬童氏はもちろん、佐山がプロレス界から突然引退を宣言したことで、多くの人たちがショックを受けた。

まずは田中リングアナに、あのときの正直な気持ちを語ってもらおう。

「ヘンな人（ショウジ・コンチャ）が横についたじゃないですか。真相はわからないけど、その人の影響でやめたのかなと思ったんですよ。ただ、やめる前に佐山さんが悩んでいるような様子は感じられなかったです。サイン会でも、いつもと同じでした。でも、その横についたヤツがヘンなことを言って佐山さんを丸め込んだんじゃないかなって。〝佐山さん、大丈夫かな？〟と心配しましたよね。何かおいしいことでも言ったんでしょう。タイガーマスクに関して言うと、もうひとつ残念だったのは、負けたらマスクを取ると新聞さんが言っちゃったこと。どの段階で言ったかはおぼえていないですけど、それってタイガーマスクの試合の幅を狭めたと思うんですよ。負けたらダメということにしちゃうと、勝負的におもしろくないだろうと。負けて、そこから這い上がるタイガーマスクがあってもよかったんじゃないかなと思いますね。負けたらマスクを脱ぐということでセンセーショナルにしたかったんでしょうし、そうしたらすべての試合が見逃せなくもなりますからね。でも、地方のノーテレビの試合で負けでもしたら、どうするんだろうって（苦笑）。だから一度、タイガーがキッドから3カウントを取られてもよかったと思いますよ。キッドがベルトを巻いたら、そこからまたすごい物語が生まれたと思いますし。佐山さんがやめてしまって、そこから先がなくなってしまったので、そこは残念でしたね」

一方、新間氏は「タイガーは負けたらマスクを取る」と発言した真意を次のように語る。

「タイガーマスクは正体不明で出したから、〝何人ですか？〟という問い合わせがたくさん来たんだよ。そこでマスコミへのリップサービスとして、〝負けたらマスクを取る〟と言ったんだ。あくまでも注目を集めるためにね。そのコメントが大きくなってしまったこともタイガーマスクの凄さでもあるよね。引退となったときはショックだったねえ。ショックなんてもんじゃなかった。彼はあの時代の新日本でタイガーマスクをやったからこそ、あれだけの人気を得た。そこには、あの時代の新日本のバックアップもあった。いろいろあったけど、彼の人生でも新日本でタイガーマスクだった頃は特別な時間だったと思うよ」

新間氏は、タイガーマスク退団の翌月に起きた内部クーデター騒動の余波により、この年の10月に新日本プロレスを退社。直後に佐山と和解し、「タイガーマスク復帰」を掲げて新団体（旧UWF）設立に動くが、その時期の話は本書のテーマとは異なるので詳細は省く。

そのクーデターを起こした中心人物のひとりであり、責任を取る形で新日本を自ら退社した大塚氏は営業部長だった立場から、こう振り返る。

「佐山さんのタイガーマスクは当時の新日本プロレスにとって救世主も救世主、起爆剤でしたよ。団体側の人間として見たら、こんなにありがたい選手はいなかったですよね。性格もいいし、営業からの要望も受け入れてくれる。何か頼んでも、嫌な顔をしない。藤波さんも全然そういうところがなかったですし、佐山さんもそうでした」

では、プロレスマスコミの立場から見たらどうなのか。引退前後の佐山と距離が近かった山本氏は、こう語る。

「佐山って最初は新間さんに言われて、仕方なく日本に定着したじゃない。彼は本当はイギリスが好きなわけ。イギリスに戻る約束を破ることになって、その恨み、怨念が根源的にあったのかもしれない。売れてくれれば自分が売り物にされている、利用されていると思ったんだろうね。佐山って、ふつうのレスラーが10年でやることをタイガーマスクの2年4ヵ月で全部やったのよ。その後もやっていたとしても、あれ以上の発展はなかったんじゃないかな。佐山としても、新日本としてもね。（ライバルとなり得る）対戦相手も全部呼んできたと思うし。最後に小林邦昭が出てきた。あの辺がマックス。だから、タイガーは終わるべくして終わったのよ。だって、佐山ってそもそも飽きっぽいからね。飽きっぽいからああなったわけだし、飽きっぽい佐山が一番いい。あそこで打ち止めにされたから、タイガーマスクの神話ができた。あの後もやっていたら、神話はないよ」

そして佐山は旧ＵＷＦから修斗、プロレスから総合格闘技へと自身の信じる道を歩んでいく。

それはまた、ダイナマイト・キッド、ブラック・タイガーとの関係がいったん途切れることを意味していた。

第7章　〝爆弾小僧〟と〝黄金の虎〟の再会

衝撃的なタイガーマスク引退後も、ダイナマイト・キッドとブラック・タイガーは新日本プロレスのリングに上がり続けた。

それまではまるで謀ったかのように入れ替わり来日していたが、タイガーのいない新日本においてイギリス出身の２大ライバルが初めて同じシリーズに参戦したのが１９８４年1月1日から2月9日までの『新春黄金シリーズ』だった。

両者とも国際プロレスに初来日し、のちに新日本プロレスに転出。タイガーマスクと激闘を展開するも、同時期に日本にいたことはまったくないから不思議である。

キッドは自伝で、こう記している。

「俺が（ブランク後に）新日本に復帰したことはヤツにとってうれしくなかったことだろう」

「(戻ってきた）俺にスポットライトが当たってしまったために、彼の価値をいくらかは奪ってしまったに違いない」

果たして、そうだろうか。前述のようにキッドとロコは、イギリスでライバル関係にあった。それこそタイガーマスクとの関係に匹敵する好敵手同士である。

実際、ロコは「キッドとの闘いはきつい」、「性格もきつい」と言っていた。が、だからこそ、リング上で熱い火花を散らすことができたのもまた、事実だった。

そんな2人が唯一、一方がマスクマンに姿を変えながらも、同じ時間を過ごしたのが１９８４年の新春シリーズである。

前年の11月3日、蔵前国技館でタイガーマスクの後釜としてザ・コブラ（ジョージ高野）がデビューしていた。そのライバルとして白羽の矢を立てられたのは、キッドの従弟デイビーボーイ・スミスである。

イギリスでデビューしたスミスは、キッドの口添えからカナダ・カルガリーのスタンピード・レスリングに合流し、北米スタイルを吸収していった。現地ではキッドとも闘ったが、このときにスミスは身内からとは思えないほどの厳しい攻撃を食らっている。誰に対しても手加減しないのがキッドらしさではあるが、これは来たるべき初来日に備えての彼なりの教育だったのかもしれない。

ザ・コブラ戦ではマスクマンのザ・バンピートとしてリングに上がるも、試合前に素顔を晒して「俺はデイビーボーイ・スミスだ！」とアピール。その容姿から、キッドと見間違えたファンも多かった。

キッドとスミスが揃い踏みし、そこにブラック・タイガーが加わる。いま思えばとんでもなく豪華なカップリングながら、キッドとブラックが同じシリーズに参戦していた事実はほとんど忘れら

個人的には、これがダイナマイト・キッド史上最高の名場面。1984年2月7日、蔵前国技館にてデイビーボーイ・スミス、ザ・コブラとの三つ巴戦を制し、WWFジュニアヘビー級王座を奪取した直後のショット。

れている。

　というのも、この『新春黄金シリーズ』はタイガー引退で空位となったＷＷＦジュニアヘビー級王座の新王者決定リーグ戦が目玉で、キッド、スミス、そしてコブラの三つ巴が注目の的だったからだ。

　実際、ベルト争いはこの３人に絞られ、最後は２月７日に蔵前国技館でキッドがスミス、コブラを連破し優勝。藤波、タイガーから奪えなかったＷＷＦジュニア王座をようやく手に入れた。キッドのベストバウトといえば文句なしにタイガーとの激闘だが、もっとも感動的な場面といえば、スミスに祝福されベルトを高々と掲げ勝ち誇る、この日の姿に違いない。

　シリーズ中、キッドとブラックのシングルは一度だけおこなわれている。１月19日、佐世保市体育文化館での公式リーグ戦はキッドが勝利し、イギリス国内での戦績がそのまま投影されるような結果になった。ちなみにタッグマッチでは２月９日のシリーズ最終戦を含め６度対戦し、キッドから見て２勝３敗１分けに終わっている。

　１月８日、戸田市スポーツセンターでは一度だけタッグを結成。ダイナマイト・キッド＆ブラック・タイガーvs小林邦昭＆寺西勇という〝タイガーマスクの宿敵オールスター戦〟のような非常に貴重かつ興味深いカードが実現している。

１９９１年12月６日、33歳で電撃引退

「誰も佐山の代わりは務まらない」――。

　ＷＷＦジュニア王者となったキッドだが、タイガーマスクのようなライバルと巡り会うには至ら

1984年11月にダイナマイト・キッドとデイビーボーイ・スミスが全日本プロレスに電撃移籍。この時点で小林邦昭もジャパンプロレスの一員として全日本マットに乗り込んでくることが決まっていたが、いずれも2代目タイガーマスク（三沢光晴＝左端）とは初代との関係を超えるストーリーを紡げなかった。

なかった。

よって、ここからはキッドが全日本プロレスで引退するまでの〝アフター・タイガー・キャリア〟を駆け足で追っていくことにする。

1984年夏、キッドとスミスに新日本のオポジション、全日本プロレスから誘いがあった。早い話が引き抜き工作である。

しかしその頃、WWFがカナダ・カルガリーのスタンピード・レスリングを買収。2人は9月、ビンス・マクマホン・ジュニアとスチュ・ハートが交わした契約から「ブリティッシュ・ブルドッグス」としてWWFの全米ツアーに合流した。

同年11月には、来日直後に全日本への移籍を電撃的に宣言。新日本の『第5回MSGタッグ・リーグ戦』参戦が発表されていたにもかかわらず、全日本の『世界最強タッグ決定リーグ戦』に出場する。

1979年には国際と新日本の同時参戦

発表が問題となったキッド。今回も〝黒幕〟はミスター・ヒトである。このときはダブルブッキングの上、計画的に全日本に転出する形だった。

この頃からブルドッグスは、日本とアメリカを往来する人気チームにのし上がる。１９８６年４月７日にはＷＷＦ『レッスルマニア２』でドリーム・チーム（グレッグ・バレンタイン＆ブルータス・ビーフケーキ）からＷＷＦ世界タッグ王座を奪取し、名声を世界中に知らしめた。

ところが、キッドは同年12月13日、カナダ・ハミルトンで試合中に椎間板断裂の重傷を負い、医師から引退勧告を受けてしまう。それでもカムバックに成功し、戦列復帰。１９８８年末には正式にＷＷＦを離れ、全日本プロレスに主戦場を移した。

当時のＷＷＦは筋肉隆々のマッチョレスラー全盛時代。身体の小さいキッドはステロイドの過剰摂取に加え、肉体のダメージから痛み止めを常に打つ状態でリングに上がっていた。

身体を大きくするために薬物を使い、リングでは自分よりずっと大きなレスラーに全身でぶつかっていく。これを毎晩繰り返し、さらに長距離の移動が肉体的にも精神的にも大きくのしかかった。カルガリーにいる家族にも会えない毎日が続く。

ステロイドは精神にも害を加え、攻撃的な性格に変えてしまう。それゆえロッカールームでの悪ふざけにも拍車がかかった。過激なイタズラがレスラー仲間の怒りを買い、たびたび問題を起こすようになる。

それでも、リング上での人気は絶大だった。とくに全日本では体格の近い相手、たとえばマレンコ・ブラザーズとは名勝負を作り出し、スタン・ハンセンやテリー・ゴディら自分たちより大きなレスラーへ果敢にぶつかっていく姿が共感を呼んだ。全身全霊のファイトは、まさしく日本人好みだった。

人気絶頂の時期だっただけに、突然の引退発表には言葉では言い表せられないほどの衝撃が走った。

1990年にはデイビーボーイ・スミスとのコンビを解消し、師匠テッド・ベトレーの甥であるジョニー・スミスを全日本のリングに上げ心機一転をはかっていたが、肉体のダメージはますます悪化。痛みを隠してリングに上がり続けた代償は大きく、最後は身体が悲鳴を上げた。このときには、すでにリングを下りることしか選択肢がなくなっていたのである。

1991年12月6日、『世界最強タッグ決定リーグ戦』最終戦は33歳の誕生日の翌日だった。日本武道館の第3試合。キッド&スミスvsジョニー・エース&サニー・ビーチが始まる前に、「これが最後のファイトとなります」とのアナウンスがあった。ダイナマイト・キッド引退――。この試合が生涯ラストマッチという発表である。大観衆で埋まった客席から、悲鳴にも近いどよめきが発生した。

試合はキッドがサニーからフォールを奪い有終の美を飾ったとはいえ、リーグ公式戦が引退試合、しかも当日発表とは常識的にはあり得ない。あまりにも刹那的、いかにもキッドらしい選択ではある。

もともと、キッドは引退を公表しないままリングを去るつもりだったらしい。ジャイアント馬場に相談したところ、「そういうわけにもいかないから」と当日リング上での発表で妥協した。試合後、キッドの希望からとくにセレモニーは用意されなかったものの、功績を称える記念品が贈られ、日本人選手が胴上げし、別れを惜しんだ。

実はこの数日前から、キッドに引退をとどまるよう説得していた選手がいる。当時、世界ジュニアヘビー級王者として全日本マットで長期政権を築いていた渕正信だ。

1991年12月6日、キッドが突然、引退を発表し、試合後には全日本プロレスの選手から胴上げされた。筆者がプロレスの試合で涙を流したのは、この日が初めてだった（最初で最後かもしれない）。

キッドは自伝にて、渕から「引退だけはするな。半年ほど休養して戻ってくればいい。引退という言葉は絶対に出しちゃダメだ」と言われたと記している。「まだ若いんだから」、というのが渕の考えだ。

本当にこのような会話がされていたのか渕自身に聞いてみた。

「自伝にあったことは事実ですよ。武道館当日だけじゃなかったような気がするな。シリーズ中、何回か話したと思いますよ。〃腰が、首が、もうダメなんだ〃と言ってきてね。でも、まだ30歳ちょっとでしょ。俺よりも3つか4つ若いのよ。だから、〃引退なんて簡単に言うもんじゃない〃とは言いました。半年休めと言ったかどうかはよくおぼえていないけど、確かにそういう話はしましたよ。でも、まあ驚いたね。〃渕、俺はもうやめる〃って言い出すんだもん。こっちは〃オマエみたいなハードなレスラーとやらなくて済むなあ〃とか冗談で言ったけど、〝ファンが寂しくなる〟、〝こんなに人気あるんだから〟と思いとどまらせようとしたのは事実ですよ。一言二言じゃなくてね。どこかの控え室で、けっこう話したなあ」

また、渕は当時のキッドについて、こう話す。

「ふだんは気さくなヤツでね、〝ゲンキカ?〟、〝ダイジョーブ?〟とか、よく日本語で話しかけてきた。逆にこっちが〝大丈夫?〟と聞くと、〝ノー!〟って冗談で答えたりしてね。そんななか、だんだん身体が弱くなってきているのはわかっていた。それだけハードな試合をやっていたんだろうなあ」

離婚により困窮し、イギリスでリング復帰

しかし、キッドは再びリングに戻ってくることになる。とはいえ、体調が元通りになったわけではなく、肉体はボロボロのままだ。復帰の理由は、主に金銭問題にあった。

引退前の1991年1月、キッドは妻ミシェルとの別離を決意していた。カルガリーの自宅に戻ると、イギリスへの片道航空券が用意されていたという。

薬物の影響が精神にも及んだ夫の家庭内暴力に、ミシェルは家族の身に危険を感じていた。長女ブロンウィン、長男マレック。さらに当時、彼女は第三子を身籠もっていた。カルガリーから去ったキッドはイギリスに帰り、失意のまま全日本に参戦していたのである。

翌年、引退して一般人となったキッドとミシェルの離婚が成立した。キッドは異議を申し立てず、全財産を元妻に譲渡。そして、半ば仕方なくリングに戻る決意を固めた。

キッドが主戦場としたのは、ブライアン・ディクソンがプロモーターのオールスター・プロモー

ションズである。が、この頃のイギリスマット界は、キッドがマーク・ロコやマーティ・ジョーンズと激闘を展開していた頃とは明らかに様子が異なっていた。

最大の原因は、地上波テレビ中継の終了による人気の低下である。イギリスのプロレスがテレビで見られなくなり、その穴を埋めたのはアメリカンスタイルのプロレスだった。

しかしながら、表面上のエンターテインメント的なプロレスをコピーしただけで二番煎じの感は否めなく、伝統のテクニックは影を潜め、ギミックに頼るレスラーが多くを占めた。

それを目にしたキッドは落胆したが、自身の体調も思わしくない。ライバルのマーティ・ジョーンズはバリバリの現役だったものの、キッド本人はもはやついていけない状態だった。

さらに「ブリティッシュ・ブルドッグ」の名称は、すでにデイビーボーイ・スミスと妻のダイアナが商標登録しており、使用しようものならトラブルの原因になった。

キッドに渡した日本人ファンからの手紙

さて、ここから筆者の私が登場する。

私は当時イギリスに住んでおり、ザ・ビートルズゆかりの地巡りでリバプールを訪問した際、彼らが若い頃にライブをおこなっていたキャバーン・クラブの前で偶然プロレスのポスターを発見。これをきっかけに、現地のプロレスとの関わりが生まれた。

その後、ロンドン近郊のクロイドンで開催されるオールスター・プロの興行に通うようになり、日本人としての物珍しさからか、プロモーターのブライアン・ディクソンやレスラーたちに顔をおぼえられていく。

そのなかで1994年2月、復帰したキッドの試合を目撃した。が、闘うキッドを見られたのはいいものの、痩せ細った姿にショックを受けた。〃爆弾小僧〃の面影がまったくないのだ。

それでも唯一、場外で放ったブレーンバスターだけはタイガーマスクとの闘いを彷彿とさせるキレとスピードがあった。一瞬だけながら、カミソリファイターの切れ味が残っていたことに感動もした。しかし、やはりかつての姿にはほど遠い。

その後、何回かキッドの試合を見る機会があった。振り返ってみれば、現地で見たキッドの試合はすべてシングルマッチだったような気がする。

あの頃、日本の友人から月に一度のペースで週刊プロレスを送ってもらっていた。届いた日には一日家に引き籠もり、夢中になって1ヵ月分を読みあさっていたものだ。

すると、1994年8月3日号の『アフター・アワーズNOW』というコーナーで、こんな記事を発見した。

「悲痛告白D・キッドが一般紙を通じてD・スミスに対し『裏切り者』」

それは同年3月20日付の大衆紙サンデー・サン・ニュースに掲載されたゴシップ記事を紹介するコラムだった。

私が衝撃を受けたのは、裏切ったとするスミスへの恨み節よりも、キッドが「生活保護を受けるほどの貧困にあえいでいる」という部分である。

記事は3月20日付なので、2月に生の試合を見た後のこととなる。それだけに余計ショッキングで、実際に苦しそうな表情で闘っていた姿が脳裏に蘇ってきた。

あれほどファンに夢と希望を与えてきたプロレスラーが困窮極まりない状況に置かれている。

「なんとかしなくては…」

偶然イギリスにいるだけなのに、突然の引退で涙を流したせいなのか、なぜか責任を感じてしまう。何もできない自分がふがいなかった。

そこで考えたのがプロレスファンの友人に呼びかけ、キッドに励ましの手紙を渡すことだった。いまのようなＳＮＳなどない時代だけに、ほんの数通しか集められなかったものの、少しでも勇気づけられたらと思い、７月のクロイドン、フェアフィールド・ホール大会に足を運んだ。

まずはプロモーターの許可を得なければならない。試合前、趣旨を書いた手紙をディクソンに渡した。

「これ、キミが書いたの？」

ディクソンは驚いたような表情を見せると、さっそく私をキッドの控え室に連れて行ってくれた。部屋にはキッドしかいなかったように記憶している。

そこで、私は集めた手紙を本人に直接手渡した。短い時間だが、会話もできた。

そのとき、キッドは日本のマット事情を聞いてきた。他団体時代になったことを説明し、もし試合をするならば、みちのくプロレスというローカル団体がもっともダイナマイト・キッドのスタイルに合うのではないか、という話もした。

すると、キッドは「また日本のリングで闘えたら…」と口にした。もちろん、現状では無理だろう。体

1994年、ゴシップ記事に衝撃を受けた筆者はキッドを訪問。激励の手紙を直接、手渡した。このときのキッドは、いかにも体調が悪そうだった。

調を戻してから、という意味での本格復帰願望である。

とはいえ、当時の私は送られてくる日本の雑誌から得た情報のみで伝えただけ。みちプロの試合は見たことがなく、なによりも個人として日本のマット界とはまったくつながりがない、ただの一ファンだ。再び、何もできない自分が歯がゆくなった。

ならばと、日本からみちプロのビデオを取り寄せ、キッドに見てもらうことにした。1994年4月29日、大田区体育館でおこなわれたザ・グレート・サスケvs新崎人生の映像である。

これを見たキッドから、「将来、みちのくプロレスのリングに上がってみたい」と言われた。さらに「そのためにも体調を元に戻す」とも。

この年の9月に私が帰国すると、しばらくして信じられない出来事が起こった。現地で知り合った日本人の友人の知人を通じて、みちのくプロレスのレフェリーだったテッド・タナベ氏から電話がかかってきたのである。

インディー団体ゆえにレフェリーだけではなく、さまざまな雑務を兼任していたのだろう。タナベ氏は私が日本を離れる前、最後のプロレス観戦と覚悟し見に行ったW★INGの会場窓口でチケットを売っていた人だった。

それだけに何かの縁を感じていると、タナベ氏から「イギリスのレスラーを招聘したいので手伝ってくれませんか?」と要請された。

衰退しているとはいえ、日本で見たいと思わせるレスラーは何人もいる。自分の経験が活かせるのならと思い、二つ返事でやらせてもらうことにした。

1995年3月、第1弾としてスティービーJというレスラーが来日した。ここに至るにはまた奇跡的偶然が重なるのだが、それはまた別の話。まったくの無名選手にもかかわらず、スティービーJにはまさかの高評価が続々と舞い込んだ。これをきっかけに、みちプロのイギリス路線が本格的にスタート。ダニー・コリンズ、ドック・ディーン、ロビー・ブルックサイド、そして伝説のジョニー・セイントなど呼びたかったレスラーの来日が次々実現した。

彼らの来日に前後して、ザ・グレート・サスケのなかには壮大な構想が持ち上がっていた。みちプロをそのままイギリスに持って行こうというのである。

サスケから聞いたのは、「みちプロ名物の6人タッグマッチを現地で見せたい」という夢のようなアイデアだった。と同時に、「キッドを日本に呼びたい」とも口にした。

あのときに話したキッドの夢が実現するかもしれない。そもそもどうしてキッドを呼びたかったのか。あらためてサスケの話を聞こう。

「あれはテッドさんの案なんですよ。確か新井さんからテッドさんが預かった写真を私も見せてもらったんじゃないかな。控え室らしきところでイスに座っているような写真でした。イギリスだから寒いんでしょうね。近くにパネルヒーターがあって、試合直後なのか汗をかいていて、身体から湯気が出ているような感じだったと思います。まず何よりも、すごく痩せていたので、そこに衝撃を受けました。〝まだ現役でやっているんだ！〟という驚きと、〝痩せちゃったなあ…〟という驚き。その2つが衝撃的だったんですよ。ただ、痩せてはしまったけど、ギリギリ試合ができそうだという雰囲気だけはありましたね。なので、現役でいるならば将来的にはサスケvsキッドのシングルをやりたい。それがテッドさんの考えでした。私もぜひやってみたいと思いましたよ。現役ならば、ね」

そこから出てきたアイデアがまずは立会人としての招待だった。

みちプロの試合をイギリスで直に見て、判断してもらいたい。その前に、キッドは本当に日本に帰ってくる意志があるのか確かめる必要がある。

確認の意味も込めて、私はイギリスに飛んだ。１９９５年12月のことである。

キッドに「立会人」としての来日を依頼

しかしながら、キッドがどこにいるのかわからなかった。たとえプロレス興行が開催されていたとしても、出場するとは限らない。むしろ会えない可能性の方が断然高かった。

現地のシステムは、日本のプロレスとはだいぶ異なっている。日本の団体ならば所属選手は負傷欠場でもしない限り全戦出場するのがふつうだが、イギリスでは所属の形を取っておらず、基本的に1試合ごとの契約（口約束？）である。

会場に行ってみなければ誰がいるのかわからない。たとえカードに名前が入っていても、急きょ変更は日常茶飯事だった。

12月7日にロンドンに到着し、まずはオールスター・プロのディクソン代表に電話をかけた。が、彼も直接の連絡先は知らず、つづけてキッドの勤務地だという場所に電話をかけることにした。

しかし、「そんな人、ここでは働いていないよ」、「昨日、転勤になったよ」と、すぐにはつかまらず何軒かたらい回しされる始末。イギリスに来て5日目、「やっぱりダメか…」とあきらめつつ、もう一軒電話してみることにした。

「もしもし、そちらにトミー・ビリントンさんはいらっしゃいますか？」

「トミー？　誰だろう…。トミーって、ウチにいた？」

そこはビル解体の工事を請け負う会社のようだ。日雇いが多いためか、電話に出た人はそこで働いている人間の名前をあまり把握していない様子である。

だったら、一か八かだ。私はダメ元で聞いてみた。

「ダイナマイト・キッドというプロレスラーなのですが…」

案の定、先方は返答に困っていた。少しすると、誰かが階段から下りてきたのか、電話口の向こうでのやり取りが聞こえてきた。

「あんた、ダイナマイト・キッドって呼ばれてた？」

「はあ？　ああ、そうだよ」

そこに偶然やって来たのがダイナマイト・キッドことトミー・ビリントンだったのだ。電話口から懐かしい声が聞こえてきた。

「おう、あのときの君か。イギリスに来ているのか？　じゃあ、夕方5時にいまから言う場所に来てくれないか。詳しくは、そのときに」

12月13日の午後5時、指定されたウィガンの住所を尋ねてみた。イギリスの典型的な長屋住宅。どうやらキッドはここに住んでいるらしい。冬とあって日が短く、夕方とはいえ、すでに真っ暗だ。

窓越しに人の背中が見えた。どうやら女性のようである。ドアをノックすると、その女性が私を迎え入れてくれた。彼女は同棲していたガールフレンドで、キッドはリビングルームで私を待っていてくれた。

キッドの姿を見て、私は直感した。「やる気だ」と。クロイドンで会ったときとは格段に表情が違う。肌のつや、目の輝き。全盛期と比較してはいけないが、確実に体調が上昇していると一目で感じ取れたのだ。

このとき、キッドは上半身裸だった。解体工事の現場で働いているのは、体力作りも兼ねてのことだという。

「今夜はどこに泊まるんだ?」

「まだ決めていません」

「だったら、ウチに泊まっていけ」

キッドの好意で、その日は自宅に泊まらせてもらうことになったため、いろいろと話もできた。キッドはずっと上半身裸の状態。いまの俺を見てみろと言わんばかりだった。

そこで、私はイギリスの大衆紙に掲載された記事は事実かどうか思い切って聞いてみることにした。するとキッドは、こう答えた。

「あれは作り話。小さな話が大きくなってしまった。自分はそこまで落ちぶれてはいないぜ(笑)」

ただ、本音を言わせてもらえば、完全な作り話とも思えない。多少の誇張はあるだろうが、あのときの肉体からして、かなり疲弊していたのは明らかだった。

しかし、いま私の前にいるキッドは元気そのもの。トレーニングは毎日おこなっているとい

1995年12月、ウィガンにあるダイナマイト・キッドことトミー・ビリントン宅を訪問。このときは試合会場で会った際とは別人のように元気だった。犬種は忘れたが、大きな黒い犬を飼っており、正直怖かった。

うし、ガールフレンドも現在の復調ぶりに太鼓判を押していた。

そして、本題である日本行きの話を切り出すと、キッドはほとんど何の条件も出さず、立会人としての翌年3月の来日にＯＫを出した。

まずはみちプロの3月16日、大田区体育館大会にゲストとして登場。キッドは将来的にはサスケ、4代目タイガーマスクと対戦したいと言ってきた。やはり「タイガーマスク」の名前を聞くと、奮い立つのだろう。

さらに2月にみちプロ勢がイギリス遠征をおこなうと告げると、同月6日のクロイドン大会に来場してくれるというではないか。

いろいろ話をしているうちに、キッドからこんな提案があった。

「俺の自伝を書いてくれないか？」

一瞬何のことか呑み込めなかったが、キッドの自伝制作を手伝えるのならば、これほど光栄なことはない。直々に私を指名してくれたのだ。

「チョットマッテ」

日本語でそう言ったキッドは2階に行き、数分後に戻ってきた。手にした箱のなかに、たくさんの写真が入っている。そこから何枚かを私に手渡し、本で使ってほしいと言ってきた。

原稿に関しては、キッドが自身の人生を語った録音テープを日本に送ってくれることになった。こちらからも質問し、答えをもらう段取りで話がまとまった。このときのキッドは、とことんやる気に満ちていた。

みちのくプロレスが演出した〝奇跡の再会〟

みちプロのイギリス遠征を経た1996年3月14日、キッドはガールフレンドを帯同し、成田空港に到着した。

みちプロの遠征時にはイングランド北部の大雪の影響で来場は実現しなかったものの、今回は無事到着。アライバルゲートに姿を見せると開口一番、「次はいつ来ればいいんだ？　それまでに日本向きに万全な体調を仕上げてくる。そのときはこういう技を使おうと思うんだけど、サスケは耐えられる男か？」と言い出した。

いきなり身振り手振りで、技の動きを矢継ぎ早に説明。早くもレスラーとしてのプランを頭に描いているようだ。また、都内に向かう車内では日本のプロレス雑誌を見ながら、「この選手は、いまどうしている？」、「あの選手との試合は、●●だったなあ」などと饒舌で、話が途切れることはなかった。

キッドはこの日、池袋のホテルに宿泊した。来日はサスケ、タナベ氏、私しか知らない超極秘プロジェクトである。が、ホテル周辺を散策していると、キッドに気づく人が何人もいたから驚いた。

「あれ？　プロレスのダイナマイト・キッドじゃない？」

「どこの団体に出るんだろう？」

「どうしてキッドがここにいるんだ？」

食事したレストランでは、「キッドさんですよね？」と声をかけられ、色紙にサインを求められた。日本での引退後も知名度は下がらず、そのビッグネームぶりにガールフレンドも驚いていたものだ。

15日にはお忍びで大阪まで足を伸ばし、観光を楽しんだ。新日本プロレス時代にはよく試合をした場所ながら、「観光らしき観光はしたことがない」と、間近に見る大阪城に満足そうな表情を浮かべていた。

翌16日、我々は団体からの指示で午後3時にホテルを出発した。目指すは大田区体育館である。渋滞を見込んで早めに出発するも、この日はなぜか予想以上に車が多く、大幅な遅延は確実な状態に…。

それでもなんとか到着すると、我々に気づいたサスケが「早く！　早く！」と手招きしている。場内からはゴングの打ち鳴らされる音が聞こえてきた。それはヨネ原人vsウィリー・ウィルキンス・ジュニアの試合がいつものように両者リングアウトに終わった瞬間だった。

バレないように黒いマスクを被ったキッドが薄暗い控え室に通された。

それにしても、ギリギリで冷や冷やものの到着だった。もしもあと15分遅れていたら、佐山との劇的再会はなかったかもしれない。

控え室ではゆっくりする暇もなく、10分後にはアリーナ入り口付近で待機させられた。

休憩時間が終了し、アントニオ猪木の入場テーマ曲『炎のファイター』が流れ始める。といっても、猪木本人が来場したわけではなく、モノマネタレントの春一番が登場。ファンにはすでにおなじみ、みちのくプロレスのお家芸的演出である。

この直後、ダイナマイト・キッドの入場テーマ曲が流れ始めた。この曲に気づいたファンも、再び何かの冗談だと思ったに違いない。

ところが、ドアが開いて出てきたのはキッド本人。歩を進めるうちに、「キッドだ！」、「ホンモノだ！」との声があちこちで上がり、それはすぐに大歓声へと変わっていった。

キッドの視線はリング上へ。そこには初代タイガーマスクこと佐山サトルが立っている。これは佐山へのサプライズプレゼントでもあったため、本人も知らされていない。キッドの姿を確認した佐山は狐につままれたかのような表情から、いまにも涙がこぼれそうな状態に。

1996年3月16日、みちのくプロレスの大田区体育館大会でタイガーマスク（佐山サトル）とダイナマイト・キッドが劇的再会。佐山には事前に一切知らせていないサプライズ演出だった。

そして、佐山とキッドがリング上で対面した。最後の激突から13年ぶりの再会。キッドにとっては引退後の1993年7月に全日本プロレスに特別参戦して以来、3年ぶりとなる日本のリングである。

佐山とキッドが笑顔でガッチリと握手を交わした。新日本時代には、ありえない光景である。マイクを手にしたキッドが佐山と観衆にメッセージを送った。会場へ向かう車内で何を言うかあらかじめ打ち合わせをしていたのだが、興奮と感激のあまりキッドは言うべきことをすっかり忘れてしまっていた。そのため、私が日本語の翻訳で言い忘れた箇所をつけ加えさせてもらった。

「今日は佐山さんと会えて、すごく感激している。佐山さん、ありがとう。この場をセッティングし、佐山さんに会わせてくれたみちのくプロレスに感謝します。今回はみちプロの招待でこのリングに上がれることをとても光栄に思っている。みちプロは現在、世界でも成長著しい団体としてイギリス人レスラーにも知られており、２月のイギリス遠征も大成功に終わったと聞いた。残念ながら悪天候のため試合を見ることはかなわなかったが、ビデオで見て自分もこの闘いの輪に入りたいと思えるようになってきた。イギリスでは月に２、３回程度の出場だが、日本での試合に向けて調整している。ここには佐山さんもいるし、ニュー（４代目）・タイガーマスク登場の話も聞いた。だから次に来るときは、プロレスラーのダイナマイト・キッドとして、みちプロのリングに上がりたい。サンキュー！」

本部席でも佐山とキッドは万感の思いで握手を交わしていた。佐山と会話をしながらも、キッドはメインの試合をしっかり見ていたからさすがである。

キッドはガールフレンドとともに本部席に陣取り、試合を見守った。が、実際にはセミファイナルの時間、ずっと佐山と話しっぱなし。２人とも積もる話がたくさんあったことだろう。

この日のメインは、ザ・グレート・サスケ＆４代目タイガーマスク＆獅龍vsスペル・デルフィン＆愚乱・浪花＆ＴＡＫＡみちのくの６人タッグマッチ。大会終了後には、選手たちが次から次へとキッドの控え室を訪れた。みちプロの選手たち全員が大興奮状態。キッドのプロレスに影響を受けた人間ばかりだけに当然だ。

驚いたことに、キッドはメインに出ていた選手には一人ひとり、的確なアドバイスを送っていた。やはり、レスラーとしての血が騒いだのだろう。

ただし、選手たちに見せる表情はキッドらしく厳しいもの。そこには、黄金時代を闘い抜いたレスラーの威厳が保たれていた。それは招聘したサスケに対しても変わらない。

サスケとキッドは、この日が初対面だった。サスケは、そのときの印象をこう語る。

「かつてテレビで見ていたような怖いイメージそのままでしたね。古舘伊知郎さん曰く、全身これ鋭利な刃物、カミソリファイターそのものでした」

この日、佐山はスケジュールの都合でキッドよりも早く会場を後にした。サスケが言葉をつづける。

「佐山さんは、〝驚かせないでくださいよぉ〜〟みたいな感じで笑顔でした。すごく喜んでくれたので、こちらもうれしかったです」

キッド来場をまったく知らなかった佐山は、突然の出来事に何を感じていたのか。本人は次のように振り返る。

「うれしかったです。ホントにビックリしました。本部席で何を話していたか？　いやあ、（興奮して）話の内容はおぼえていないですね。ただ、トミーの印象は以前と変わらなかったですよ。人柄のよさが伝わってきたというか、〝変わってないなあ〟と思いました」

大会のエンディングでは、ＷＷＦでハクシー（白使）として活躍中だった新崎人生が一瞬姿を現わし、10月10日の両国国技館初進出が発表された。サスケとタナベ氏のなかでは、すでに両国でのサスケvsキッドの一騎打ちが描かれていたのだろう。

翌17日、キッドは盛岡に向かい、みちプロの聖地・矢巾町民総合体育館のリングにも登場、観客にメッセージを送った。到着時には雪が舞っており、「サムイネー」を連発。日本語を忘れていないキッドの気持ちがうれしかった。

大会終了後、サスケはキッドを焼き肉レストランに招待した。和やかな雰囲気からビジネストークになると、キッドの口調が一変する。

「俺を呼んでくれて感謝しているが、リングでは敵として闘おうじゃないか。だから、こうやって食事をするのも今回限りになるだろう。次に来るときには日本向けのコンディションを整えてくるから、お前も怪我しないよう十分にトレーニングしておけよ」

来日当初から、キッドはことあるごとに「次に来るときは試合をする」と言い続けていた。「日本向けのコンディション」とは、新日本のリングでタイガーマスクと闘っていた１９８０年代前半に戻すという意味なのだろう。

翌18日には、盛岡市内でキッドとサスケが記念撮影。東京に戻ると浅草を観光し、19日に帰国の途についた。

考えてみれば、東京、大阪、東京、

岩手県盛岡市内で撮影されたザ・グレート・サスケとキッドのツーショット。滞在中、移動の連続だったキッドだが、疲弊した様子もなく、会食時にサスケに向けた言葉も力強かった。しかし…。

盛岡、そして東京と休むことなく精力的に動き回った6日間。それだけに7ヵ月後、あのような姿で戻ってくるとは予想だにしていなかった。

両国国技館での生涯ファイナルマッチ

10月10日、両国国技館『竹脇─these Days』。セミファイナルの対戦カードは、ザ・グレート・サスケ&初代タイガーマスク&ミル・マスカラスvsダイナマイト・キッド&小林邦昭&ドス・カラスの6人タッグマッチになっていた。

どの顔合わせをとっても〝夢過ぎるカード〟ながら、当初の構想にあったキッドvsサスケのシングルマッチは見送られた。その理由は、サスケの負傷である。

8月、新日本プロレスで王者ばかりを集めたジュニア8冠統一トーナメント『J-CROWN』が開催され、ウルティモ・ドラゴンを決勝で破ったサスケが優勝。保持していたIWGPジュニアヘビー級王座とともに、8本のベルトを手にしてみせた。

しかし、試合で鉄柱越えトペ・コン・ヒーロを仕掛けた際に後頭部がフロアーを直撃して頭蓋骨骨折の重傷を負い、欠場となってしまう。

とはいえ、団体旗揚げ以来最大のビッグマッチを休むわけにはいかない。サスケは強行出場を決意し、見切り発車ながらも両国大会が復帰戦の舞台になったのだ。

サスケはなんとかリングに戻ってきたものの、このとき、キッドの体調が最悪であったことは誰も把握していなかった。来日時、送迎などキッドの面倒を見たのはみちプロのスタッフ。私はどんな状態で来日したのか知らないまま、試合当日、両国に向かった。

そして、迎えたセミファイナル。入場花道に近い枡席の後方に陣取っていた私は、キッドの入場を見て我が目を疑った。

背中しか見えなかったが、明らかに筋肉がそげ落ちてしまっている。タイツはブカブカで、イギリスで初めて見たとき以上に痩せ細っているではないか。案の定、リングに上がると、表情に覇気がない。

何かのトラブルで別人がやって来たのか。むしろ、その方がいいのかもしれない。そう考えてしまうほど、コスチューム姿のキッドは衝撃的だった。

そんな状況下ながらも、サスケとの初対決はもちろん、蔵前から両国へと舞台を移したタイガーとキッドの再会も実現した。しかし、当然ファンが望むような闘いにはならなかった。

最後は、ドス・カラスのライガー・ボムでサスケがピンフォールを奪われた。試合タイムは15分30秒。この間、どんな思いでキッドは闘っていたのか。

「頑張れ。いまは（発作は）起こるなよ。どうかいまだけは、何も起こらないでくれ…」

自伝によると、日本へ向かう機内から体調の異変を感じており、会場入りすると意識が朦朧。すでに何度か同じ経験をしており、このまま倒れる可能性も予期していたという。

大会終了後、私は宿泊先だった浅草のホテルに向かった。が、その場にいたジョニー・セイントは「いまは機嫌が悪いから会わない方がいい」と言う。周囲への気配りか、〝聖人〟はそっと耳元でささやいてくれた。

とはいえ、キッドの容態が心配だ。とりあえず待っていると、約1時間半後にキッドがロビーに下りてきた。

このとき、本人はコンディションの不調を次のように説明していた。

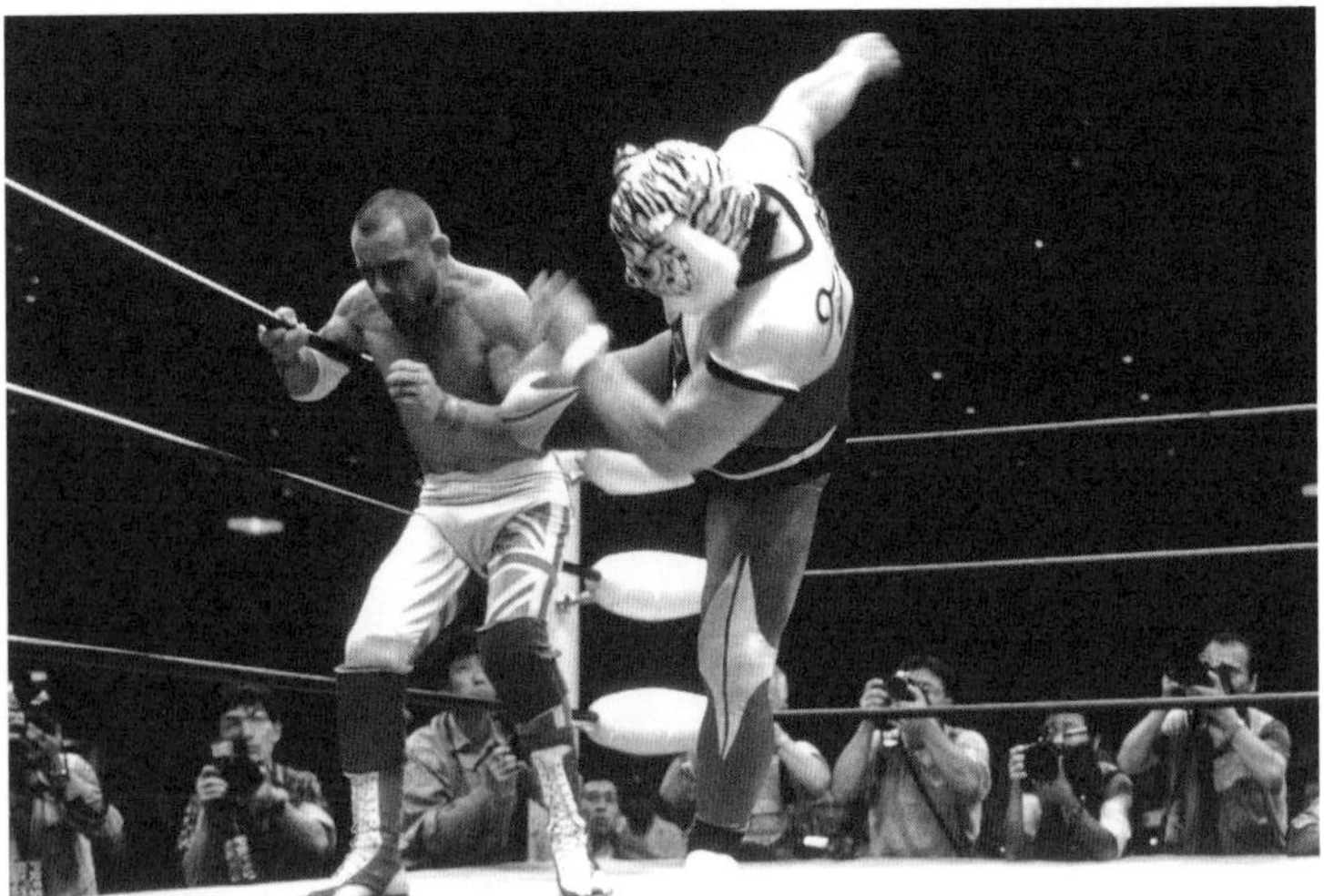

1996年10月10日、みちのくプロレスの両国国技館大会でダイナマイト・キッドとザ・グレート・サスケの初対決、そして初代タイガーマスクとの再会マッチが実現したが、キッドの肉体は衝撃的なほど衰えていた。

「俺は長いこと日本のリングから離れていた。スタミナ不足を痛感したよ。来日前はジョギング程度しかできなかった。実は背中の痛みが再発してしまってね。10年ほど前に受けた手術、その古傷がここにきて痺れ出してしまい調整に失敗し、パーフェクトなコンディションにすることができなかったんだ。それでも、俺はまた日本に来たい。今度こそ体調を戻してサスケ、サヤマ、４代目タイガーとシングルでやってみたい。次こそ必ず強いダイナマイト・キッドで帰ってくる。日本のヤングレスラーを道場で育てるのもいい。そのためにも、コンディションをパーフェクトにしなければ。もう少し時間をくれ。必ず戻すから」

この言葉を聞いて、私はキッドと別れた。彼の言葉すべてを額面通りにとらえることはできないが、この半年でいったい何があったというのか。

後年、実弟のマーク・ビリントンに聞いてみたものの、当時は交流がなく、真相はわからないという。マークが率先して面倒を見るようになったのは、キッドが車イスを使うようになってからだ。

10月11日、キッドが帰国の途についた。いや、つくはずだった。

というのも、成田空港で意識を失い、病院に搬送されたのである。翌日の便で帰国できたというが、その事実を知ったのはだいぶ経ってからのことだった。

「倒れた現場に立ち会えなかったのがホントに悔しいですね。本来ならば見送りに行きたかった。病院にも行って、付き添っていたかったしね。もっともっと最大限のケアをしてあげるべきだったと、後悔が残ります。あの日、私は大阪でＷＡＲの大会に出ていたので電話でしか様子を聞けなくて、外国人担当の社員が慌てふためいて救急車を呼んで、確か空港近くの病院に入院したのかな。帰りの便も変更して、対応していました」（サスケ）

キッドの自伝では帰国のチェックインを手伝ったのは私となっているが、このときに送迎をしていたのも実際はみちプロのスタッフだった。

さらに自伝では、１９９６年に小柄な日本人のヒロシ、つまり私がいきなり控え室を訪ね、両国大会のギャラ交渉をしたようになっている。が、前述したように真相は異なる。団体から伝えられたギャラを提示したのは自宅を訪ねたときで、それはレスラーではなく立会人としてのものだった。

日本から帰国後、格闘探偵団バトラーツでマネージャーをするというプランもキッドから言い出したことで、これについては後述する。このようにキッドの自伝には記憶違いや間違いがいくつかあるらしく、カナダやアメリカで他のレスラーからも指摘されたようである。

とにかく、キッドは日本を去った。キッドと初めて肌を合わせ、サスケは何を感じていたのだろうか。

「頭蓋骨を骨折し、病み上がりの復帰第1戦だったので、ツームストーン・パイルドライバーをやられたときは恐怖でしたね。そういう意味では、すごみというのは1ミリも衰えていないと感じました。それは間違いないです。そこにキッドらしさは残っていました」

では、キッドと再会し、闘いも再開させた初代タイガーはどう思ったのか。

「スープレックスに行こうとしたら、〝おいおい、やめろ、やめろ〟と抵抗されました。でも、僕は投げてしまったんですね。食らいたくないという気持ちはわかりますけど…あの姿を見て？　まあ、お互い全盛期とは違いますからね、（衰えているという）覚悟はしていました」

実現しなかったキッドのマネージャー転身計画

この年の12月、私は再びイギリスに飛んだ。

ヨーロッパ取材のなかでは、キッドも出稽古に行ったビリー・ライレー・ジムの跡地を訪問。同ジムはウィガンにあるため、キッドがどうしているか確認もできるのではないか。来日時の状況からしても、現在の体調が気にかかる。

ところが、こちらの心配をよそにキッドはいたって元気だった。確かに顔色はあまりよくないが、カメラを向けたときの鋭い眼光は〝爆弾小僧〟の面目躍如。しかも、こちらが面食らうくらいに動き回っているではないか。

いきつけのパブ、格闘技道場、友人宅まで、まるで私を連れ回すかのように移動しまくった。宿泊はなぜか友人宅だったが、バスつきゲストルームがある豪邸だ。そこにはレスラー仲間のジェ

再び渡英した筆者は、日本で倒れたキッドを訪問。ところが、こちらの心配をよそに本人は元気いっぱいに動き回っていた。友人宅にいた際、ジェフ・ポーツ（右）がやって来ると満面の笑み。両国大会で見たキッドと同一人物とは思えなかった。

馴染みのパブで、いつもの仲間と飲んだくれるキッド。メガネがズレているところからも、酔っ払っていることがうかがえる。

フ・ポーツがやって来て、キッドと談笑。ちなみに、ポーツの息子スコット・マギーは旧UWFに来日してスーパー・タイガーと対戦している。

滞在中、近所のパブには複数回行った。そのたびに客は同じメンバーで家族同然、一見さんお断りのような雰囲気がある。

キッドはそこにすっかりなじんでおり、気の合う仲間と終始冗談を言い合いながら、「もう一杯、飲むか?」、「これ、うまいぞ」と私にも気を遣ってくれる。

彼らパブの常連客たちは、キッドをレスラーとしては見ていない。この空間がキッドには心地よいのだろう。

ここの主人は格闘技のコーチでもあった。パブでありながらも、この店は常連客にとって友だちの家感覚。気分しだいとしか思えない適当な時間に店を閉め、我々は主人とともに道場へ向かった。

この道場では、ムエタイの練習を見学した。日本で闘いたいという女子ボクサーもいたが、それにしても薄汚い道場だ。当時のイギリスではありがちなことではある。

自宅に戻ると、大柄な男がやって来た。身長は2メートル近く、体重は100キロを超えているだろう。彼は、キッドが一押しする若手のプロレスラーだった。

名前はスティーブン・バッファロー・ジュニア。彼にはアーニー・グラッドウェル・ジュニアと

キッドに呼ばれてやって来たスティーブン・バッファロー・ジュニア（右）。打撃のデモンストレーションを写真に撮らせるなど来日に向けたアピールをしていたのだが…。

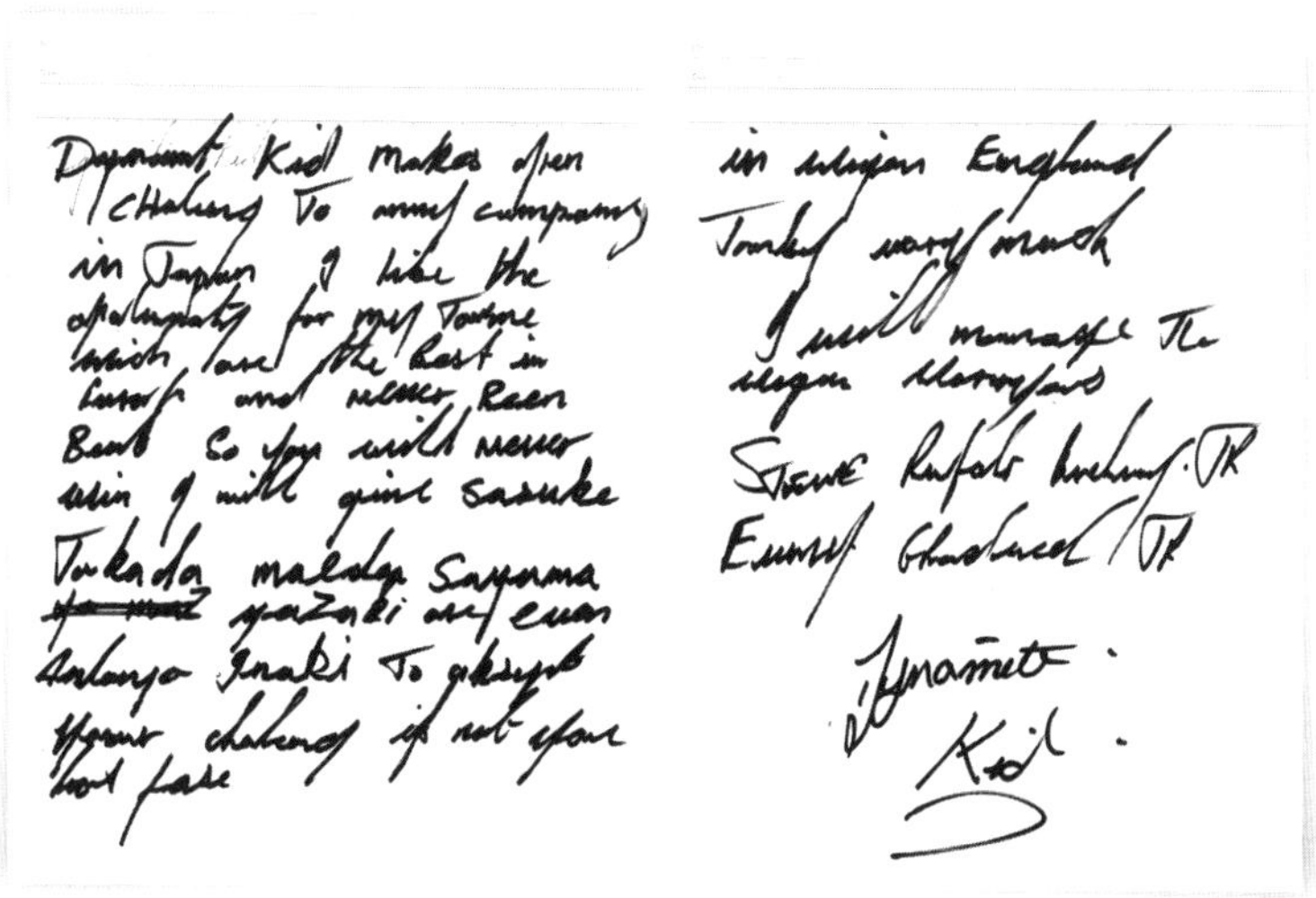
Dynamite Kid makes open
challeng To anny company
in Japan I like the
opertunity for my Team
wich are the Best in
Europe and never Been
Beat so you will never
win I will give Sasuke
Takada maeda Sayama
yazaki and evan
Antonio Inaki To accept
your chaleng if not your
lost face

in Wigan England
Thanks very much
I will manage The
Wigan Warriors
Steve [illegible] JR
[illegible] Chadwick JR
Dynamite Kid

キッド直筆の“挑戦状”。これはマネージャー転身宣言でもあったのだが、実現することはなかった。

いうタッグパートナーがおり、「ウィガン・ウォリアーズ」を名乗っているという。キッドは、なぜ彼をこの場に呼び出したのか。

キッドには、再来日のプランがあった。満足に闘えなかった前回来日のリベンジを考えていたのである。

「選手としては限界がある。これからの俺はプレーイング・マネージャーだ。今後は俺の方から日本に選手を送り込みたい。俺はマネージャーとして、今後も日本のプロレス界と関わっていくつもりだ」

私の前でバッファロー・ジュニアに打撃のデモンストレーションをやらせたキッドは、日本の団体に向けた直筆の挑戦状を手渡してきた。

「これは日本のプロレス団体へのダイナマイト・キッドからの挑戦状だ。俺が勝ったことのないヨーロッパ最高のファイターを２人紹介しよう。サスケ、髙田（延彦）、前田（日明）、佐山、山崎（一夫）、そしてアントニオ猪木。誰でもいい。日本プロレス界のメンツにかけて、こいつらの挑戦を受けてみろ。スティーブン・バッファロー・ジュニアとアーニー・グラッドウエル・ジュニアのウィガン・ウォリアーズ。こいつらは、この俺がマネージメントする」

しかし、このプランが実現することはなかった。一時期、格闘探偵団バトラーツが興味を示したものの、進展なくフェードアウトしてしまう。

その後、バッファロー・ジュニアはどうなったのか。グラッドウエル・ジュニアは関しては、一度も姿を見せなかった。この2人によるウィガン・ウォリアーズなるチームがイギリスマットで活動したという話も私は聞いたことがない。

キッドの自伝では、私が電話で「ウィガンのレスラーを何人か呼んだら、彼らのマネージャーになれるぞ」と、バトラーツの団体名を挙げつつ話したことになっている。が、これもまた実際にはキッドの方から提示してきたアイデアだ。

それはともかく、このときに会ったキッドの姿からは、少なくとも両国大会参戦時のような体調不良は感じられなかった。キッドもあえてかどうかわからないが、そのときの話はしないままで、こちらから振ることもしなかった。

キッドが言いたかったのは、今後のプランである。選手としては無理かもしれないが、熱意ある話しぶりからしても再来日の実現はあり得るのではないかと思われた。

テレビ画面に映し出された車イス姿

１９９７年、キッドはドット夫人と結婚し、新しい家族を持った。彼女はキッドがプロレスラー

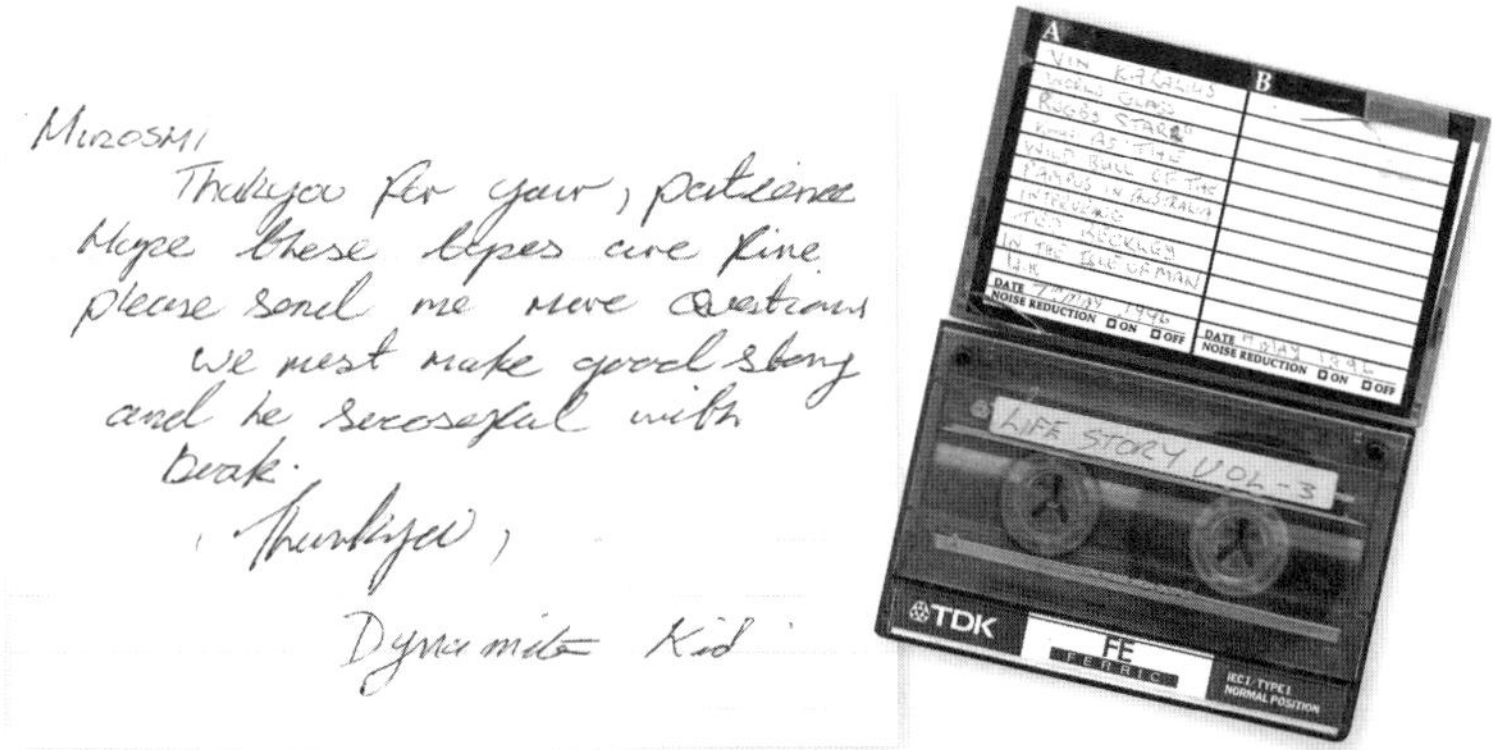
Thankyou for your patience
Hope these tapes are fine
please send me more questions
we must make good story
and be successful with
book.
Thankyou,
Dynamite Kid
LIFE STORY VOL-3
TDK
FE

直筆の手紙とともに何本かのカセットテープがキッドの自伝用に送られてきた。音源は1996年5月7日に録音されたようである。しかし、この後にキッドは「かつてない痛み」に襲われ、歩行できなくなってしまう。

とはまったく知らず、プロレスへの興味も皆無。出会った瞬間からキッド、いやトーマス・ビリントンの人柄そのものに惹きつけられたのだ。

「プロポーズ？　よくおぼえているわ。トミーがひざまずいて、恥ずかしかった。とにかく一緒にいてほしいと。〝背中が痛くてたまらないから、助けてほしいんだ〟と言うから、〝イエス！〟と答えたわ」（ドット）

プロポーズの後半は、冗談のように聞こえただろう。だが、その数ヵ月後、キッドの両脚と背中に激痛が走った。

それはいままでに経験したことのないような痛みだったという。レスラーになって以来、数え切れないほどの受け身を取り、身体を酷使してきた。それを考えると、「かつてない痛み」とは、いったいどれほどのものなのか。

歩行すらままならないキッドは病院で診察を受け、手術をすることになった。しかし、検査の結果、土壇場で医師が手術を断念。手の施しようがないほど、すでに肉体がボロボロの状態だったのだ。試合とサーキットで蓄積されたダメージに、ステロイドの副作用。体調は再び歩行できる状態には戻らないほど悪化していた。

絶望するキッドに寄り添ったのは、ドット夫人だ。「彼女がいなかったら、どうなっていたことか。俺は何をしでかしたかわからない」（キッド）

いつの間にか、キッドからの連絡は途絶えていた。自伝のために録音されたカセットテープが届かなくなったのだ。

過去の出来事を詳細に語るには、膨大な労力が必要だ。こちらとしては催促することもなく、キッドのペースに合わせようと気長に待っていたのだが、まさか車イスでの生活を強いられることになっていたとは知らなかった。

この後、キッドは外部との接触を断ってしまう。プロレス界との「絶縁」と言っていい。

約４年間の空白を経た２００１年、イギリスで自伝『ＰＵＲＥ　ＤＹＮＡＭＩＴＥ（ピュア・ダイナマイト）』がアリソン・コールマン氏との共著で出版された。

自伝の手伝いを頼まれていた手前、個人的には寝耳に水の出来事だった。確かに、英語で出版した方

左はイギリスで発売されたキッドの自伝『ピュア・ダイナマイト』の表紙。裏表紙（右）には、日本でのタイガーマスク戦の写真が使用されている。2001年10月には日本語翻訳版も出版された。

が大幅に手間は省ける。条件もよかったはずだし、キッドがそれでいいのなら何の問題もない。むしろ気になったのは、預かった写真である。もちろん、英語版自伝には掲載されていない。いい写真なのにもったいないと思いつつ、どうすることもできないでいた。

自伝出版こそ実現したものの、会えるのは家族のみで、プロレス関係者との絶縁状態はつづいた。イギリスでは毎年数回、リユニオンというレスラーの同窓会が開催されている。なかでももっとも規模が大きいのが、ウェイン・ブリッジ経営のパブで開催される同窓会だ。こちらはイングランド南部で、北部ではおもにマーティ・ジョーンズが主導しリーズなどで開かれている。

これらの同窓会には、当然キッドにも声がかかる。が、キッドは招待を毎回拒否。マーク・ロコが直々に自宅まで行き出席を依頼したこともあったが、門前払いされたという。

ロコはイギリスからカナリア諸島テネリフェに移住後もスケジュールを合わせ、できるだけリユニオンに出席するようにしていた。マンチェスターへの里帰りもでき、一石二鳥でもあったからだろう。

しかし、キッドは出席を頑なに拒みつづけた。理由は、衰えた自分の姿を見られるのが嫌だったからだと思われる。それがまた、キッドらしくもあるのだが、そういう状況がつづけば、しだいに声もかからなくなってしまう。当然、プロレス興行への参加など望めるはずもない。

ところが、一度だけ会場を訪れたことがある。２００２年２月２日、ロンドン・クリスタルパレスで開催された『ＲＥＶＩＶＡＬ（リバイバル）』に特別ゲストとして招かれたのだ。

この大会は、ラジオ・パーソナリティーのトミー・ボイドがプロレス番組を始めたことをきっかけに持ち上がった企画である。

ボイドはテレビ中継の復活（リバイバル）をテーマに自身のプロモーションを起ち上げ、ＦＷＡ

（フロンティア・レスリング・アライアンス）というインディー団体の協力で興行開催にこぎ着ける。

　さらに同大会のテレビ中継も実現させた。１８００人の観衆を集めた大会の目玉は、８人参加のトーナメント「キング・オブ・イングランド」である。

　２代目ブラック・タイガーのエディ・ゲレロもエントリーされたトーナメントは、決勝戦でダグ・ウィリアムスを破ったジョディ・フラッシュが優勝を飾った。ウィリアムスはプロレスリング・ノア、フラッシュはみちのくプロレスと、ともに日本で活躍した経歴を持つ。

　とくにフラッシュは１９９９年の初来日時、「ダッコＣＨＡＮ」のリングネームで『第２回ふく面ワールドリーグ戦』に参戦。最下位となって規定によりマスクを脱ぎ、かえって人気者になった。

　彼が繰り出す〝壁〟を蹴り上げるムーンサルトアタックの元祖は、タイガーマスクのサルト・モルタル。タイガーvsキッドの影響をダイレクトに受けたイギリス空中戦のパイオニアである。

　試合終了後、女性リングアナウンサーが興奮気味にマイクを取った。

「イギリスが生んだ、もっとも素晴らしいレスラーの登場です。唯一無二の存在。トミー・ビリントン！　ダイナマイト・キッド‼」

　車イスのキッドが入場ゲートに現われた。押しているのは、ジョン・ネイラーの孫マーク君。ネイラーは、キッドやロコと同時代にイギリスで活躍したレスラーである。

　スーツ姿のキッドは、ブランケットをヒザに乗せている。花道を下がるフラッシュを迎えると、大きな優勝メダルを彼の首にかけ勝利を称えた。さらに両手で力強く握手を交わす。この時間をフラッシュが振り返る。

「昔からダイナマイト・キッドの試合ビデオを何度も何度も見て研究したよ。自伝も読んでいたしね。だからこそ、彼からの祝福は光栄だったし、プロレスラーとして認められた瞬間に思えた。だって、プロレス界にハイフライングの波を起こした張本人だからね。うれしかったなんてもんじゃないよ。ただ、車イス姿には違和感をおぼえたね。あんなに動き回っていた人なのに」

ほんの一瞬の出来事だったため、フラッシュはあらためてキッドのもとに出向いた。自己紹介をするためだ。

「緊張したよ（苦笑）。厳しくて怖い印象もあったからね。あのとき、キッドはパット・ローチとなにやら話をしていたんだ。話が終わってから、きちんと自己紹介させてもらった。そうしたら、僕の試合を褒めてくれたよ」

パット・ローチはイギリスのヘビー級戦線を代表するレスラーで、一般には俳優としても知られている。テレビドラマで人気を獲得し、ハリウッドの大作映画にも出演。イギリスでもっとも名前の知られるレスラーのひとりである。

キッドの登場を実現させたのは、ディノ・スカルノという2世レスラーだった。父トニー・スカルノは、テレビマッチを含めキッドと何度も闘った間柄。とはいえ、何度か触れたようにキッドはレスラー仲間からの要請には頑なに拒否の姿勢を示してきた。

自伝出版後、挨拶だけの条件で別の団体への来場が決まっていたが、ドタキャンした例もある。今回のゲスト出演実現については、よほどギャラがよかったのではないかというのが大半の声だ。

とはいえ、映像で見る限り、車イス姿ながらも決して表情は悪くない。まだこのときには、かつての爆弾小僧、カミソリファイターの面影が十分に残っていた。少なくとも、両国で見たキッドよりも全然いい顔をしている。

また、２００７年にはクリス・ベンワーの死去を受けてＣＮＮがドキュメンタリー番組を製作、キッドのインタビューも収録された。ベンワーはカルガリーで見たキッドに憧れレスラーになり、日本でも活躍。WWEで、スーパースターの地位を築いた。

しかし、この番組の切り口に対し、ドット夫人、ブレット・ハート、デイビーボーイ・スミス・ジュニア（ハリー・スミス）らが反発。ハリーは、「クリスの事件とダイナマイト・キッドを関連づけるのは無意味」とコメントし、ブレットやドット夫人はキッドが利用されたと踏んでいる。

カナダ・カルガリーに残された家族たち

イギリスで新しい家庭を持ったキッドだが、カルガリーに残してきた家族もいる。前妻のミシェル、長女ブロンウィン、長男マレック、次女アマリスだ。

ミシェルはスタンピード・レスリングの会場でキッドと知り合い、恋に落ちた。他の選手の試合を見つめるキッドの横には、いつの間にかミシェルが立っていた。キッドはミシェルの方を見ることなく、いつでも視線はリング上へと向けられていたが、ぶっきらぼうに感じられる態度こそがキッドなりの愛情表現でもあった。

２人は１９８２年に結婚した。キッドとタイガーマスクがライバルとして、ちょうどしのぎを削っていた頃だ。

そのとき、キッドが23歳で、ミシェルが18歳。ミシェルの姉ジュリーは、ブレット・ハートの夫人になっていた。キッドがブレットを弟分として新日本に帯同していた時期である。

ジュリーとミシェルの姉妹は、両親が離婚。姉が母親代わりに妹の面倒を見ていたが、ジュリーがブレットとつきあい始めたためカルガリーに引っ越してきた。それにより、ミシェルも姉と一緒にスタンピード・レスリングの会場に来ていたのである。

ミシェルは、常にキッドの健康状態が気になっていた。出会う前から怪我が多いとは聞いていたが、いつも両膝にはテーピングが施されており、あらためてプロレスという職業の厳しさを知った。それでも夫キッドが痛みについて彼女に不平を漏らすことはなかった。

１９８４年５月26日、長女ブロンウィンが誕生した。キッドが新日本でデイビーボーイ・スミス、ザ・コブラとの三つ巴を制し、悲願のＷＷＦジュニアヘビー級王座を奪取した後のことである。

１９８６年12月に椎間板断裂の重傷を負ったとき、手術をおこなったのはクリスマスイブだった。翌年1月に復帰すると、キッドは医師の指示通りのリハビリをおこなわず、時間を見つけてはジムに通った。同時に薬物の使用量も増えてきた。トレーニングを休めば身体が萎んでしまい、他のレスラーたちに先を越される。キッドには、そんな焦りの気持ちがあったのだ。

１９８８年５月５日には長男マレックが誕生するも、ミシェルはほぼシングルマザー状態をしいられていた。

１９９０年、全日本参戦のため日本に旅立つキッドに対し、ミシェルは「レスリングをやめてほしい」と懇願した。首の年齢が「１００歳」と知ったからである。

家庭内暴力も始まっていた。キッドにショットガンを突きつけられたミシェルには、もう限界だった。子どもの身にも危険が及んでしまうのではないかと恐怖に震える日々。姉ジュリーはミシェルを守ると約束してくれたものの、帰宅のたびにキッドのＤＶに脅えることになる。前述のように日本のスケジュールを終え、自宅に帰ってきたキッドにはイギリスへの片道航空券が用意されていた。

当時、キッドの部屋には酒とピル・ボトルが散乱していた。キッドはショットガンを突きつけたのは事実と認めたものの、弾丸は装填されておらず脅しただけと主張している。

イギリスにキッドが戻って4ヵ月後の1991年4月14日、次女アマリスが誕生した。が、二番目の娘には会えずじまいだった。

ある日、ミシェルがキッドに国際電話をかけた。

「私たちのいるカルガリーに戻ってきてもいいのよ」

「いや、戻らない。イギリスに住むよ」

「なぜ?」

「片道航空券だったからな」

両親の別離を記憶している子どもは、長女ブロンウィンのみである。当時7歳の彼女にとって、キッドはよき父親に映っていた。少なくとも、当のブロンウィンはそんな印象が残っていると振り返る。日本に行くたびに、キッドはお土産を買ってきてくれた。

「いつも仕事で留守にしていたのですが、私にとってはそれが当たり前の感覚でした。たまに帰ってくると、子ども用の着物とかハロー・キティのグッズをプレゼントしてくれましたよ。もしかしたら、私はカナダで初めてキティちゃんのリュックサックを使っていた子どもかもしれません(笑)」(ブロンウィン)

家にいるときのキッドは極力、子どもと一緒に遊ぶよう心がけていたらしい。その思い出が忘れ

父トーマス・ビリントンと幼少時の長女ブロンウィン。ブロンウィンにとっては、「よきパパ」とのイメージしかないという。

られず、ブロンウィンはいつの日か離れ離れになっている父に会いに行こうと決めた。

10歳のとき、イギリスにいる父に手紙を出す。１９９４年のことだから、キッドが復帰し、ボロボロの身体で無理を押しながら試合をしていた頃である。文面には、こんなことが書き留められていた。

「どうしてお父さんは、私たちを置いていってしまったの？」

しかし、返信はなかった。その後、国際電話もかけた。

「もしもし、お父さん？　手紙は届いた？」

「……」

電話口に出たキッドらしき人物は、無言で受話器を置いたという。

しかし、彼女はあきらめなかった。16歳のとき、伯父のブレット・ハートを通じてようやく居場所を突き止めた。そして、父の故郷イギリスに行くと決断。しかも、アポなし訪問だった。

「突然のことで、父はとても驚いていました。しばし沈黙した後、父は〝お茶でも飲むか？〟と言って私を家に入れてくれました」

部屋に通されたはいいものの、ブロンウィンには言葉が見つからない。自宅にもかかわらず、キッドも居心地が悪そうに沈黙したままだった。ともに気まずさを漂わせながら、ブロンウィンは席を立った。

「そのときは、会えたという事実だけで満足でした」

その後、再び交流のない時間に戻る。会ったときにはそれで十分満足したものの、帰国後にはなぜか父に対する反抗心が芽生え始めた。

「どうして父は家族を捨ててしまったのだろう？」

父親不在の反抗期か、怒りの気持ちが込み上げてきた、許せないとも思った。その思いがピークに達したのが18歳のときだった。

しかし、24歳でブロンウィンは結婚し、長女マイアミを出産して母親になった。これをきっかけに心境の変化が訪れる。

「親になって初めて感じることが多くありました。そのなかで、忘れかけていた父の面影が蘇ってきたんです。もう一度会いたい。会って私の家族を紹介したい、と」

彼女はキッドの弟マーク・ビリントンを通じ、再び居場所を探し当てた。そして2010年、26歳のときに10年ぶりにイギリスに向かう。

再会した父は、車イスに乗っていた。ショックを受けたブロンウィンだったが、リビングルームで一緒にダイナマイト・キッドvsバッドニュース・アレンの試合映像を見た。キッドがお気に入りの試合のひとつである。

「試合を見ているうちに、お互いに身体を寄せ合い、気がついたら2人とも涙を流していました。このとき、他の人が部屋に入ってきたので、どちらも気まずくなり、すぐに離れてしまったのですが、この瞬間、空白の時間が埋まり、気持ちが通じ合ったような気がしました。会話はほとんど交

劇的和解を果たした父と娘。この日から、ブロンウィンはダイナマイト・キッドはもちろん、タイガーマスクのファンにもなった。

わしませんでしたが、父の思いも私と同じと信じています。どんな姿になっても父は父ですから。生きていてくれるだけで十分。そう思いました」

その後、ブロンウィンは何度かウィガンを訪問、キッドに家族を会わせている。

このあたりからキッドと弟マーク一家との交流も始まった。マークには２人の息子と１人の娘がおり、全員が大のキッドファン。もちろん、マークと彼の妻もキッドの大ファンである。

ブロンウィンも同様で、このときの夫がプロレスラーだった。自身は「ダイナマイト・ドール」のリングネームで、夫ダイナマイト・ダンのマネージャーを務めていた。夫婦でダイナマイトを名乗るのだから、相当なキッドファンではないか。

ブロンウィンによると、キッドはタイガーマスクとの試合映像もよく見ていたという。元気なときには、本人による試合解説もついたとのことだ。それにより、ブロンウィンもタイガーのファンになった。飼い猫に「タイガーマスク」と名付けたほどである。

キッドに面会できた数少ない人物のなかに、デイビーボーイ・スミス・ジュニア（ハリー・スミス）がいる。彼もカルガリー在住で、わざわざキッドに会うためイギリスのウィガンまで

デイビーボーイ・スミス・ジュニア（ハリー・スミス）がキッドを訪問した際のショット。新日本プロレスのＴシャツを着て、キッドを訪ねたこともある。

足を運んだ。

　ハリーもまた、ブロンウィンと同じようにキッドの部屋でプロレスのビデオを鑑賞した。彼女が送ってきたマレンコ・ブラザーズ、スタン・ハンセン＆テリー・ゴディ、ダグ・ファーナス＆ダニー・クロファットとの試合映像をキッドの〝言葉が少ない解説〟つきで楽しんだのだ。ハリーはこれにより、キッドのモノマネが得意になった。

　ブリティッシュ・ブルドッグスは犬猿の仲のまま、永久封印されてしまった。デイビーボーイ・スミスが２００２年5月19日、39歳の若さで他界したからである。ステロイドの多量摂取が死因の心臓発作を引き起こしたと言われている。

　日本では新日本プロレスやプロレスリング・ノアで活躍したハリー・スミスは、１９８５年にカルガリーで生まれた。ブリティッシュ・ブルドッグスが新日本から全日本に電撃移籍した翌年である。プロレスデビューは１９９４年、ブルース＆ロスのハート兄弟により再開されたスタンピード・レスリングのリングだった。

　その前年の12月、イギリスでは一番人気のビッグ・ダディが引退。テレビ中継終了による人気下降に、さらなる追い打ちをかけられたデール・マーチン・プロモーションはＷＣＷを離脱したデイビーボーイ・スミスを起用し、「母国凱旋」で久しぶりのヒットを狙った。

著者が撮影した1994年UKツアーでのデイビーボーイ・スミス。ファンのサインには応じるも、試合を終えると足早に会場から去って行った。

1994年に入り、スミス参戦を売りにしたUKツアーがスタート。そのなかにはウィガンに近い街での興行も予定されており、これを知ったキッドが会場に押しかけ、控え室に殴り込みをかけた。

しかし、警察に通報され、キッドはスミスに会うことなく追い出されてしまう。これが〃最後の再会〃とは、あまりにも寂しい。

とはいえ、スミスとは絶縁したままでも息子に罪はない。結局のところ、血のつながったファミリーなのだ。だからこそ、キッドは快くハリーを自宅に迎え入れた。が、外部の人間には頑なに心を閉ざす姿勢は相変わらずだった。

本名「トム・ビリントン」名義のフェイスブック

外部との接触を断っていた間、「ダイナマイト・キッドは廃人も同然」という噂も流れた。が、2013年1月、マンチェスターでイベントを開催するとの情報がフェイスブックにアップされた。「トム・ビリントン」という本名名義のページである。

あのキッドが、しかもあの体調でSNSをしているとは俄かには信じ難い。しかし、コンディションが劇的に回復し、意識や記憶がハッキリしているのなら、退屈しのぎでやり方をおぼえたとしても不思議ではないだろう。だとすれば、うれしすぎるニュースではないか。

2月24日にマンチェスターで開催されるというイベントは、映画の上映会とミート&グリートのカップリングだった。

映画とは、キッドの人生を関係者の証言で綴るドキュメンタリー『DYNAMITE KID～A

MATTER OF PRIDE～（ダイナマイト・キッド～プライドの問題～）』で、本人のインタビューも収録されている。ミート&グリートとは、サイン会、撮影会がグッズ販売とともにおこなわれるファン交流イベントだ。

『DYNAMITE KID EXPERIENCE（ダイナマイト・キッド体験）』と題されたこのイベントで気になったのは、「公の場に出るのはこれが最後」との文言である。

この時点では、１９９６年10月10日のみちのくプロレス参戦が最後の試合となっている。が、公式な引退発表はしていない。このままフェードアウトの可能性が高いと思われたが、プロレスラーのキャリアをしっかり締めくくるため、そしてケジメをつけるため、最後の姿を見せる決心を固めたのだろうか。

だとすれば、たとえどんな状態でもその姿を目に焼きつけておきたい。そこで、私はキッドのフェイスブックに「ご無沙汰しています。お元気ですか？」とメッセージを送った。

すると、しばらくして返信が来た。

「チケットは残りわずかです」

その後、何度送信しても、同じ答えの繰り返し。ページをよく見てみると、イベントの情報しか記載されていない。間違っても、一般的な個人のフェイスブックのように「今日は○○を食べました」といった投稿は見つけられなかった。

どうやらこれは、本人の名前を借りたイベントの宣伝ページなのだろう。ということは、キッド本人が書き込んでいるわけではないのか。そこで私は、あらためてメッセージを送ってみた。

「失礼ですが、トミーさん本人ですか？」

「いいえ、私はトミーのエージェントです」

「イベントに参加したいのですが、当日、トミーさんに会えますか?」

「チケットは残りわずかです。お早めにお買い求めください」

「チケットを購入すれば、トミーさんに会えるのでしょうか?」

「チケットは残りわずかです。お早めにお買い求めください」

「トミーさんに会うには、チケットを購入する必要があるのでしょうか?」

「チケットは残りわずかです。お早めにお買い求めください」

　結果、チケット購入を催促する返事ばかり。ならばと、キッドとの関係を告げるメッセージを送ってみた。

「私はトミーさんを日本のプロレス団体にブッキングしたことがあり、以前から顔見知りです。私の名前を伝えていただければ、トミーさんも誰だかわかると思います。イベント終了後にでも挨拶できればうれしいのですが」

　これに対する返答は、「トミーはあなたに会うのを楽しみにしています」というもの。これでは本人に伝わったのかわからない。その上、「チケットは残りわずかですので、お早めに」との文言も忘れない。

　エージェントを名乗る主催者側との交渉は難航した。もし本当にキッドと会えるのならば、その模様を日本に伝えるべきではないか。姿を見せるからには、本人の意志かどうかはわからないとしても、なんらかの心境の変化があるはずだ。そして、「最後の公の場」とは本当なのか。

　本当だとしたら、なおさら会っておきたい。また、自伝執筆のために預かっていた写真を本人に返却したいという気持ちもあった。

　しかし、取材に関しては「プレスのインタビューは一切受けません。取材申請はいくつかありましたが、すべて断っています」との返事。これについては、キッドの体調や近年の状況からしても納得はいく。さらに再び「すべての交渉は、あなたがチケットを購入してからです」との一文も添えられていた。

たとえ入場料を払ったとしても、行列を作り、サインをもらい、ツーショット写真を携帯電話で撮るだけでは一般の参加者と同じである。並んで自分の順番を待ち、ほんの1、2分で写真を撮ってインタビューなんて、とてもではないが不可能だ。

交渉に応じてもらうためにも、まずは要求通りにチケットを買うしかない。値段は1枚の写真撮影込みで、75ポンド（当時のレートで約1万1000円）。さらに写真は1枚追加するごとに、25ポンド（約3800円）を別途支払わなければならない。この手のイベントとしては、かなりの高額である。参加人数は90名までと制限があり、満席となった時点で取材はアウトだ。

結局、本人と直接コンタクトを取りたいとの要求は頑なに拒否された。キッドに連絡が取れれば、すべては解決するのだが、エージェントは常に疑心暗鬼。こちらを「キッドの知り合い」を名乗るニセモノと思っていたのかもしれない。これも本人に確認すれば、すぐに解決するはずなのだが…。

そうこうしているうちに、「取材をしたいのなら、インタビューで聞く質問をすべて送ってほしい」との連絡が来た。NGとされるものもあるだろうと覚悟しつつ20個くらいの質問事項を送って

2013年2月24日、マンチェスターで試写イベント『ダイナマイト・キッド・エクスペリエンス』が開催された。こちらは購入者の名前が入ったチケット。

みると、意外にもあっさりすべてＯＫ。これはさすがに拍子抜けだった。

「トミーによれば、あなたの取材は受けるとのことです」

これは本人の確認が取れたということなのか。だとすれば、私をおぼえていたこと以上に、「日本から来る」という部分が大きかったのではないだろうか。

「最後の公の場」だからこそ、大好きだった日本のファンにメッセージを送りたい。キッドがそう思っていると信じて、私はマンチェスターに向かった。〃初代タイガーマスク〃佐山サトルからのメッセージを預かって――。

「最後の公の場」で独占インタビューを収録

２月24日、マンチェスターはいつものようにどんよりとしたイギリスらしい曇り空に覆われていた。

会場のヒルトンホテルでは、地元のサッカーチーム、マンチェスター・シティの選手ミーティングもおこなわれていた。その横で開催される『ダイナマイト・キッド・エクスペリエンス』には、約60人のファンが集まった。

90名限定で、この数字はどうなのか。なかには海外から来た熱心なキッドマニアもいたが、高額な入場料がネックとなったか、それともキッドの名声がすでに過去のものとなってしまったのか。

キッドは母国イギリスよりも北米や日本での知名度の方がはるかに高い。この点を考慮すれば、仕方ないのかもしれないが、寂しさを感じたのも事実である。

イベント開始は午前10時。通常のファンイベントと比べると、異常なほどの早さではある。

開場前、主催者側から「健康上の理由によりキッドは映画を鑑賞せず帰宅する」との説明があった。やはり体調は思わしくないようだ。だとすれば、サイン会で途中退席する可能性もあるだろう。果たして、対面取材は本当にできるのか。

イベント開始予定時間から15分遅れてキッドが到着した。車イスに乗ったキッドに「ハロー」と声をかけるも、無表情。そのまま家族とともにバンケットルームへ消えて行った。

しばらくしてイベントがスタートした。車イスに乗ったままキッドが一人ひとり、サインと写真撮影に応じていく。そこに笑顔はなく、相変わらず無表情のままだ。

現役時代と同じくファンには無愛想な態度を貫いているのか、それともこれが現在の「コンディション」なのか。

インタビューに与えられた時間は、ミート&グリートと上映会の合間である。定員とならなかったこともあり、ミート&グリートは予定時間より早く終了した。

しかし、キッドが疲れているとのことで休憩時間を取りたいという。当然ながら、休憩が長引け

試写イベントでファンが持参したベルトのレプリカにサインを入れるキッド。オランダから来たというファンもいたが、ほとんどはイギリス人だったと思われる。なかにはリアルタイムで知らないであろう若いファンもいた。

筆者が自伝用に預かっていた写真をキッドに返却。しかし、目を通しただけで、本人が写真について語ることはなかった。右はドット夫人。

ば、取材時間は減ってしまう。焦りの気持ちが芽生え始めると、車イスを押されたキッドがバンケットルームの外で待っていた私の横を通りかかった。

「トイレに行くから、ちょっと待ってて」

この言葉を聞いてホッとした。キッドは私をおぼえてくれていたようだ。取材の件も伝わっているのだろう。ミート&グリートだけで帰ってしまうかもしれないとの懸念があっただけに、一安心できた瞬間だった。

数分後、キッドがバンケットルームに再び吸い込まれていった。私も係員に誘導され、部屋のなかへ入る。

インタビューはサイン会と同じテーブルで、20分以内との指示。映画は同じ部屋で上映され、すでにプロジェクターとスクリーンが用意されていた。取材時間が20分を超えると、ファンを待たせることになる。私が何者でどこから来ようと、彼らには関係ない。

キッドの正面に立つも、「よお、久しぶりだな」、「元気か？」といった声も聞かれない。

とにもかくにも、まずは預かっていた写真を返却した。イギリス時代やカナダ時代の懐かしい写真を見つめ、キッドは何を思ったのだろうか。どうやら私に預けたことを忘れているらしいが、それについて聞いている時間はない。

　ここに、そのときのインタビューを再録する。


――まずは、インタビューを受けていただきありがとうございます。

「ユー・アー・ウエルカム」

――このイベントを開催するきっかけは、なんだったんですか？

「俺の方からは、とくにない。これが最後。それだけだ」

――ドキュメンタリー映画には、どんなメッセージが込められているのですか？

「メッセージ？（咳き込んでから）べつにない。メッセージなんて、とくに考えてなかったな」

――ドキュメンタリー映画を製作されて、どうでしたか？

「OK。クールじゃないか」

――このイベントを〝最後の公の場〟としているのはなぜですか？

「もういいだろう」

――もう人前に出る必要はないと？

「ああ、それだけだ」

――ここ数年はどんな生活を？

「何もしていない。べつに何もしていないよ」

――車イスと聞いて驚いたファンも多いですが。

「もう15年くらいか。いつからだったか、ハッキリとはおぼえてないな」

――原因を聞いてもいいですか？

「脚がダメになって歩けなくなった。原因？　いろいろあるよ。レスリングからのダメージもな」

――現在のコンディションは、どうですか？

「悪くない。昔よりもよくなってるよ。ＯＫ。ベター」

――何年も公の場に出てこなかったのは、なぜですか？

「なぜかって？　でも、ユーを選んだだろ」

――あ、ありがとうございます。それ以前に姿を見せなかったのは？

「必要がなかったからさ」

――では、なぜこのインタビューを受けてくれたのですか？

「ユーは信頼できるからな」

――ありがとうございます。ところで、現在もプロレスを見ることはありますか？

「ときどきな」

――それは、テレビで？

「イエス。テレビだ」

――ＷＷＥやＴＮＡですか？

「そうだと思う。名前はよくわからない」

――現在のプロレスをどう思いますか？

「オール・チエンジ。すっかり変わっちまったな」

――いまもプロレス界とのかかわりはあるのでしょうか？

「……。ないね」

――それは、なぜ？

「いまやってる連中の邪魔をしたくないからさ」

――多くのレスラーや関係者がいまでもダイナマイト・キッドをリスペクトしています。

「ああ、そうか」

――全盛期をリアルタイムで知らない世代からもリスペクトされています。

「そうか。わかった……。ジャパンのレスラーは、みんなコンディションがいいからな」

――彼らにアドバイスを送るとすれば？

「常にグッドコンディションをキープできるように。グッドコンディションを作ること。それがすべてだ」

――キッド選手のスタイルは現在のジュニアヘビー級の流れを作ったとも言えます。危険な技もコンディションがいい状態で初めて出せると？

「グッドコンディションにすること。それが一番重要だ。あとは、すべて自己責任」

――コンディション調整でもっとも大切なことはなんですか？

「……なんだろうな？　ジャパンのレスラーは、みんなハードワーカーだった。もっとも大切なこと……（咳き込んで話せなくなる）」

――ところで、初代タイガーマスク、佐山サトル選手からメッセージを預かってきました。

ここでキッドが佐山からのメッセージに目を通すも、その表情にほとんど変化は見られない。

――メッセージを読んでいかがですか？

「なるほど、サヤマか。懐かしいな」

――タイガーマスク選手にメッセージをお願いします。

「この文面と同じだ。俺もそう思ってる。よろしく伝えといてくれ」

――ほかには？

「この文面と同じことを俺も思っている」

――了解しました。ところで、佐山さんは現在もオリジナル（初代）・タイガーマスクとして現役です。

「そうなのか。いまもタイガーマスクなのか？」

――リアルジャパンプロレスという団体を主宰しています。

「相変わらずアクティブだな。いいことだ」

――これまでのキャリアのなかで、ベストマッチを選ぶとすればなんですか？

「うーん、わからない。なんとも言えないよ」

――初代タイガーマスクとの試合になりますか？

「そうだろうな。ユーがそう考えるのなら、それでいい。タイガーマスクは、すべてがベリーハードだった。いつもグッドコンディションで臨んできた」

――キッド選手のキャリアのなかで、もっとも誇れることはなんですか？

「……一生懸命に闘ってきた。それしかないだろう。相手も一生懸命だった。それに応えるには、俺もハードにやるしかなかった」

――身体を壊してしまったことに後悔はないですか？

「べつに後悔はしていない。すべては自己責任だよ」

――今後、なにかやってみたいことはありますか？

「なんだろうな、わからん」

　ここで会場のセキュリティーからストップがかかった。タイムアップである。最後にキッドと家族の写真を撮らせてもらい、取材は終了した。

　帰国後、このとき撮影したキッドと新しい家族の写真を佐山に見せると、次のように語った。

「思っていたより元気そうですねえ。最後に会ったのは、みちのくの両国の試合ですけど、あのときよりもちょっと太ったかな。いまの（家族との）姿から幸せそうだなという印象も受けました。生活が落ち着いてきたのかなと。施設に入れられたという噂も聞いたんですけど、実際はそうじゃなかったのでよかったですね。公の場に出るのは、これが最後？　そっとしておいてやりたいような気がしないでもないですね。ちょっと目が虚ろなところがあるけど、安心しました。トミーはもう、プロレスとは違う世界にいるのだと思います。昔の世界にはいない。プロレス以外の何かがあるんでしょうね。だから、いまのトミーは幸せなんです」

　結局、キッドと家族は映画を見ずして家路についた。私も主催者に挨拶をしてから帰ろうとすると、ホテルのスタッフが片付けをしており、イベント関係者はすでにひとりもいなかった。

　インタビュー中、キッドの声質は以前と変わらないと感じたものの、体調不良に加え、あまり多くを語りたくないとの心境か、音量が小さく聞き取りにくい声になっていた。

　キッドはすべての質問に対し、しばし沈黙。その後、声を絞り出すように答えた。実際、映画を撮影した監督も、キッドの言葉を引き出すのに苦労したという。

　帰り際、キッドは私が返却した写真とともに、佐山からのメッセージをじっと無言で再び見つめていた。そのメッセージには、こう書かれていた。

イベントを終えたダイナマイト・キッドことトーマス・ビリントン。筆者が彼と会い、会話をかわしたのは、このときが最後になってしまった。

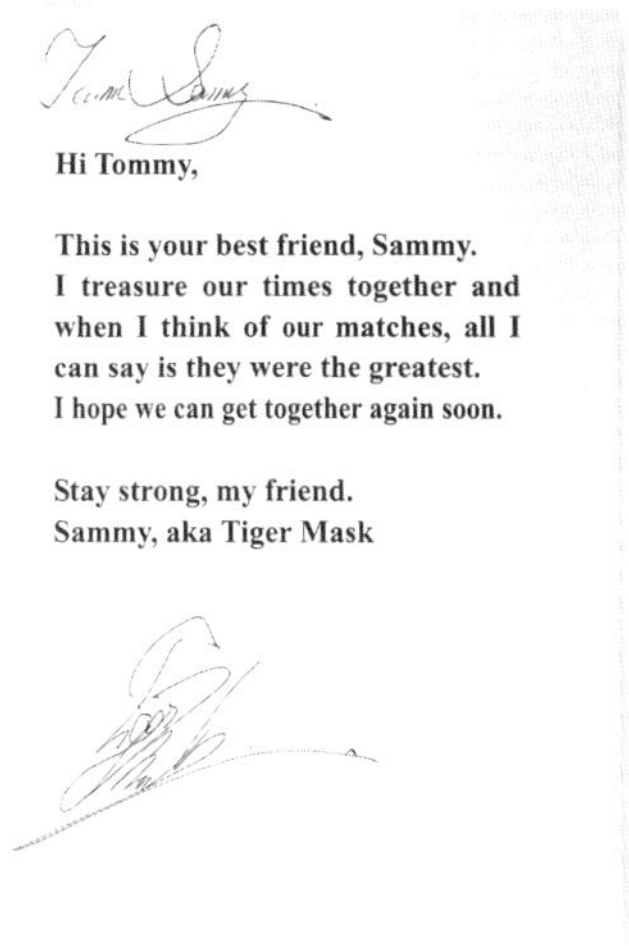

Hi Tommy,

This is your best friend, Sammy.
I treasure our times together and when I think of our matches, all I can say is they were the greatest.
I hope we can get together again soon.

Stay strong, my friend.
Sammy, aka Tiger Mask

佐山から預かり、キッドに手渡した激励メッセージ。上部には「サミー」、下部には「タイガーマスク」の直筆サインが入っている。

ハイ、トミー。親友のサミーです。私たちが共有した時間は宝物です。私たちの試合を思い出すたびに、すごい試合をやっていたなと思います。またどこかで会えるのを楽しみにしています。友よ、がんばって。

　タイガーマスクことサミーより

　この２０１３年、キッドは脳卒中で倒れた。やはり、このイベントが最後の公の場になってしまったのである。

第8章　〝暗闇の虎〟と〝黄金の虎〟の再会

タイガーマスクとブラック・タイガーの最後のシングルマッチは1983年2月7日、蔵前国技館でのWWFジュニアヘビー級王座戦だった。

2日後の9日、四日市市体育館でのタッグマッチ、タイガーマスク&星野勘太郎vsブラック・タイガー&カルロス・エストラーダが結果的に最後の対戦となってしまう。

タイガーは新日本プロレスを去り、ブラックは残留。前章でも述べたように、1984年1月のWWFジュニアヘビー級王座決定リーグ戦が開催されたシリーズのみ、ブラック・タイガーとダイナマイト・キッドは日本のリングで顔を合せた。

タイガーマスク引退後、新日本プロレスのリングで“暗闇の虎”と“爆弾小僧”の対決が実現。写真は1984年2月9日、大阪府立体育会館でのダイナマイト・キッド&デイビーボーイ・スミスvsブラック・タイガー&高田伸彦。

国際プロレスを含めて通算6度目の来日となる同年10月、ブラックの抗争相手はNWAジュニアヘビー級王座を手にしたザ・コブラになっていた。10月19日に上越市イリュージョンプラザ・インドア・スタジアム、11月1日には東京体育館でコブラに連続挑戦。両試合とも、ブラックが敗れている。

12月28日には、ニューヨークのMSGにてコブラとWWFジュニアヘビー級王座決定戦をおこなった。タイガーvsキッドのMSG登場が形を変えて再現されたかのようなカードである。

試合はコブラが勝利し、ジュニア2冠王となった。が、MSG登場においても2冠奪取においてもタイガーマスクほどのインパクトは残せなかった。それはブラックも同様である。

WWFジュニア王座が空位になったのは、王者キッドが全日本プロレスに転出したためである。これにより、ブラック・タイガーは日本のリングでタイガーマスク、ダイナマイト・キッド双方と完全に接点を失ってしまった。

マーク・ロコvs〝フライング〟フジ・ヤマダの抗争

翌1985年1月の来日で、ブラック・タイガーは若手の山田恵一と初めてのシングルマッチをおこなう。

のちに獣神サンダー・ライガーに変身し、日本ジュニア界の重鎮となった山田は高校卒業後の1983年6月、プロレスラーを目指してメキシコに渡り、現地在住のグラン浜田と出会った。その浜田に山本小鉄を紹介してもらい、新日本プロレスに入門。1984年3月3日にデビューした山田はその前後、セコンドとしてブラックやキッド、コブラ、デイビーボーイ・スミスの試合を見ていたことになる。

ヤングライオン時代の山田に早くからポテンシャルを感じていた外国人選手がいた。それがブラック・タイガーだった。

1985年4月、山田は『第1回ヤングライオン杯』で準優勝。一方、ブラックは6月に再び来日し、ヒロ斉藤のWWFジュニアヘビー級王座に挑戦している。

翌1986年1月の来日では、初代IWGPジュニアヘビー級王座決定リーグ戦に参加した（優勝は越中詩郎）。このリーグ戦にもエントリーしていた山田は、3月26日に『第2回ヤングライオン杯』で後藤達俊を破り初優勝し、海外武者修行の話が持ち上がる。このときの事情をライガー本人は、こう振り返る。

「会社は、もともと僕をメキシコに行かせようと考えていたんですね。身体も小さいから、アメリカではなく、メキシコだろうと。そんなときにマーク・ロコさんが〝ぜひ山田をイギリスに連れて行きたい〟と言ってくれたんですよ。日本で闘ったような試合をイギリスでやってみたいと、直々に指名してくれたんです。その話は坂口さんから聞きました。〝ロコがお前を使いたがっているけど、どうする？〟と。〝だったら、ぜひ！〟ということで、イギリスに行かせてもらいました。出発したのは、1986年の9月ですね。イギリスには約半年間いて、その後はカナダのカルガリーに3ヵ月くらいいました」

ブラック・タイガーこと〝ローラーボール〟マーク・ロコは若い山田との試合に、自身とサミー・リーのイメージを重ね合わせていた。

サミー・リー・ブームの中心にあった2人の抗争――。あの夢をもう一度、とロコが考えても不思議ではない。

山田が上がったリングはジョイント・プロモーションではなく、オポジションのオールスター・プロモーションズだった。

プロモーターのブライアン・ディクソンは少年時代からのプロレスファンで、ロコとはデビュー前から旧知の仲。彼の主宰するオールスター・プロはリバプールを流れるマージー川の対岸に位置するバーケンヘッドを本拠地とし、１９７０年に旗揚げしている。

イギリスに渡った山田のリングネームは、本名そのままの「ケイイチ・ヤマダ」。しかし、「ケイイチ」は発音が難しいらしく、「キーチ」と呼ばれていた。そこでつけられたのが〝フライング〟フジ・ヤマダというリングネームである。「フジ」とはもちろん、日本一の高さを誇るフジヤマ、富士山にほかならない。

渡英当初、ロコの家に居候したヤマダには、さっそくそのロコとの対戦が待っていた。両者の抗争がスタートし、その後にヤマダは女子レスラーのクロンダイク・ケイト宅に拠点を移す。

ロコの思惑通り、自身とヤマダの闘いはイギリス各地で大評判となり、多くのファンを会場に集めることに成功した。

「ロコさんは、向こうでトップ中のトップ。しかもヒールとしてトップを張っているということで、日本人ですけど、僕が必然的にベビーフェースになりましたね。そこにはサミー・リーの影響もあったと思います。東洋っぽいものを見せようと僕も日本からガウンや竹刀を持って行ったり、現地でサミー・リーを意識した部分はありました。やっぱり、現地で

世界ヘビーミドル級のベルトを巻いた“ローラーボール”マーク・ロコ。タイガーマスクvsブラック・タイガーの構図とは逆パターンで、新日本プロレスの山田恵一をイギリスに呼び寄せたのがロコだった。ロコは山田のスタイルにサミー・リーを投影していたのだ。

のサミー・リー、佐山さんの影響力ってすごいんですよ。佐山さんと前田（日明）さんのクイック・キック・リーは、すごく有名でした。とくにサミー・リーは、それまでの外国人レスラーの概念を崩した選手として伝説化していましたね。〝サミー・リーを知ってるか？〟と、よく声をかけられましたから。なので、イギリスでサミー・リーは絶対的ベビーフェースなんですよ。そこで僕もベビーフェースとして受け入れられた。すごい声援をもらいましたよ」（ライガー）

ちなみに、1982年に武者修行のため渡英した前田日明には、サミーを継ぐかのように黄色のトラックスーツが用意された。「サミー・リーの弟」という設定だったからである。

さて、ロコvsヤマダのクライマックスは、ロコの代名詞的タイトルである世界ヘビーミドル級王座を巡る攻防だった。

話は1981年6月、ジョイント・プロモーションのウェンブリー・アリーナ大会に遡る。

当初はこのビッグマッチでロコvsサミーの王座決定戦がおこなわれる予定も、タイガーマスクの日本デビューの影響で2人によるタイトルマッチはおこなわれず、ロコが自動的に初代王者に認定

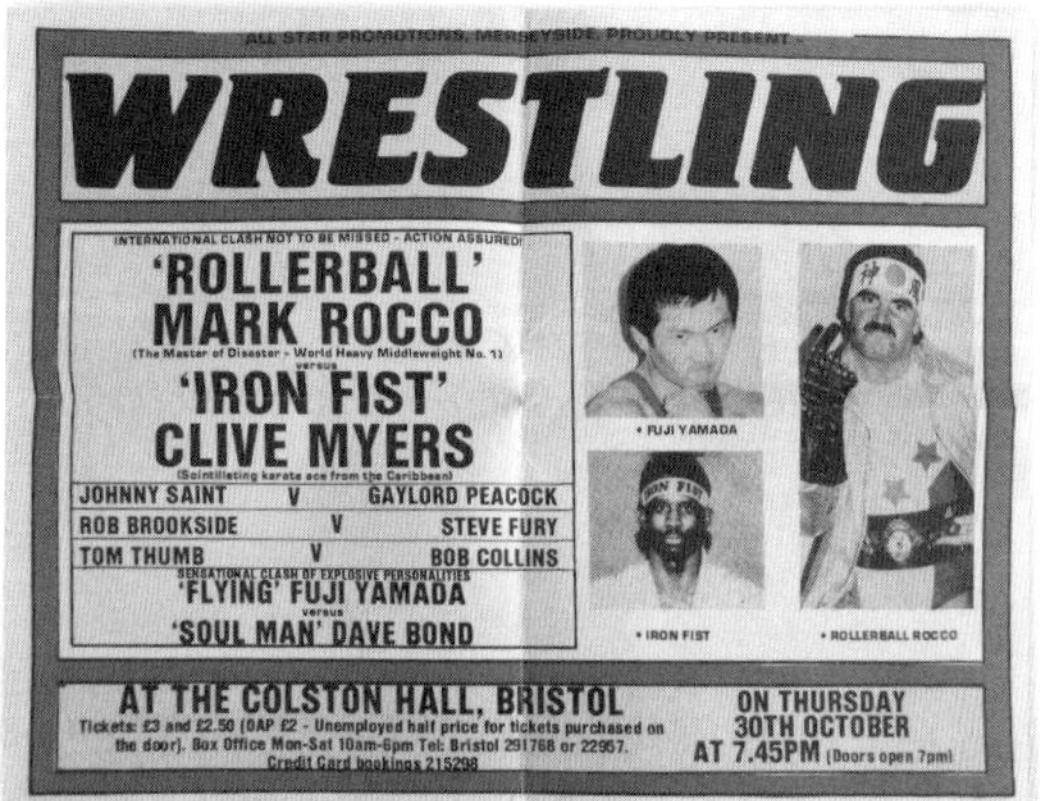

“ローラーボール”マーク・ロコと“フライング”フジ・ヤマダの写真が掲載された現地のポスター。この日はお互いに異なる対戦相手だが、ロコ vs ヤマダのカードがイギリス各地で人気を博していた。

された。が、ロコ自身には闘わずしてチャンピオンになったことへの悔恨の念があった。

ロコにとってヤマダとのタイトル戦は、果たせなかったサミーとの王座決定戦を仕切り直すリベンジでもあったのである。

１９８５年10月30日、ロコはチック・カレンにベルトを奪われるも、５日後に奪回。その後もタイトルを守り続け、１９８７年３月３日のクロイドン大会を迎える。カードはヤマダとの世界ヘビーミドル級王座防衛戦だ。

ここでロコが敗れる番狂わせが発生。ヤマダがイギリスのトップヒールを破る大波乱は、彼にとっての初戴冠でもあった。

「もう、うれしかったですねえ！　ベルトを手にしたのって、そのときが初めてだったんですよ。レスラーになれずにメキシコに渡った僕がまさかベルトを巻くことができるなんて思っていなかったし、本当にうれしかった」

４月28日、キャットフォードに場所を移して再戦が組まれた。試合は15ラウンド３本勝負でおこなわれ、ヤマダがジャーマン・スープレックス・ホールドで先制。ロコは２本目でタイに戻し、決勝の３本目はツームストーン・パイルドライバーでヤマダを破り王座奪回に成功する。イギリスにもかかわらず、試合後のロコのマイクパフォーマンスで場内は大ブーイングに包まれた。

イギリスでのロコは、「暗闇脳天」とはまた違う型のパイルドライバーも使っていた。雪崩式ブレーンバスターも日本で使用していたものとは形が異なっていたりする。

日本とイギリスでは、出す技を意識して変えていたのだろうか。ヤマダとの試合では、コブラツイストをかけながら「ミスター・イノーキ！」と挑発する場面もあった。

「ロコさんの試合スタイルは基本的にブラック・タイガーのままなんですけど、ラウンドの途中で仕掛けてきたりとかもありましたし、いろんなものを凶器として使ってきましたよ。イギリスの方が絶対的なヒールでしたね」

サミー・リーとの闘いのなかで誕生したベルトを闘わずして戴冠。サミーと同じ日本人ヤマダとの抗争で、そのベルトを奪われ取り返したのが初代王者のロコだった。

ところで、フジ・ヤマダのファイトスタイルは、どことなくダイナマイト・キッドを彷彿とさせる。本人が意識していたかどうかは別として、身体つきから動き、キレに至るまで、あらゆる部分でタイガーマスクと闘っていた頃のキッドが蘇るのだ。

そのあたり、本人は意識していた部分はあったのだろうか。実際に、イギリスではキッドのフォームにそっくりなツームストーン・パイルドライバーやダイビング・ヘッドバットを繰り出している。さらには、タイガーマスクのように飛びそうで飛ばないフェイントをかける場面も見られた。

「そういう技は使っていましたよ。海外はフリーですからね。いろんな人の技を試してみたり、好きなことをやっていました。そのなかで自分に要るもの要らないものを選別していくんです。実際のところ、キッドさんに憧れて使った部分もありますよ。あの頃って髙田延彦（当時は髙田伸彦）さんをはじめ、新日本の若手レスラーにとってキッドさんは憧れの存在でしたからね。でも、ダイナマイト・キッドになりたいというわけじゃなくて、違う部分で自分を表現したいという気持ちがありました。そもそも、絶対にダイナマイト・キッドにもタイガーマスクにもなれないですよ。オリジナルを超えるなんて不可能ですから。それでも最初の頃は憧れますよ。だって、あの２人だもん！」

この時期、ヤマダの試合はイギリス全土にテレビ中継された。国民的総合スポーツ番組『ワールド・オブ・スポート』は1985年に終了したものの、イギリスの民放ITVは形を変えてプロレス中継を継続し、土曜午後に単独番組として放送していたからだ。

4年後にイギリスのプロレス番組は消滅してしまうのだが、ロコvsヤマダの試合はイギリス最後のプロレス中継時代を飾る黄金カードでもあったのだ。

ちなみに、ヤマダの試合で実況を担当していたのはラジオDJや俳優としても活動していたケント・ウォルトン。彼はプロレスが大人気だった1970年代前半には、B級映画のプロデュースにも乗り出している。

現地で「ボイス・オブ・レスリング」とも呼ばれるウォルトンは、ITVのテレビ中継開始時から実に33年間にわたり、プロレス実況アナウンサーとして活躍した。ヤマダはもちろん、この時代のほぼすべての試合でウォルトンの美声が聞ける。イギリスマットにはなくてはならない存在だった。

『ワールド・オブ・スポート』が終了し、新番組となってもウォルトンの実況は継続された。1985年から翌年にかけては、これまで通りジョイント・プロの試合を中継。1987年にはそれに加え、オールスター・プロの中継が11回放送された。さらにはアメリカのWWFを2週にわたり放送している。

1987年のオールスター・プロ第1回放送は1月3日で、フジ・ヤマダvsジョン・ウィルキー、チック・カレンvsマーク・ロコ、クライブ・マイヤーズvsケンドー・ナガサキのディスコ・ラダーマッチをオンエア。ヤマダは、栄えある初回放送の登場人物でもあるのだ。

同年1月17日にはWWFの初放送があり、ハルク・ホーガンvsランディ・サベージのランバージャックマッチに加え、キッド&スミスのブリティッシュ・ブルドッグスがハート・ファウンデーション（ブレット・ハート＆ジム・ナイドハート）を迎え撃ったＷＷＦ世界タッグ王座戦が放送された。試合は前年11月１日にボストンでおこなわれたもので、ブルドッグスがイギリスで紹介された初めての試合映像となった。

１９８８年にはジョイント・プロが29回、オールスター・プロが８回、ＷＷＦが３回オンエアされている。しかし、前年からこの年にかけてはマイク・タイソンのボクシング世界戦やソウル五輪などの特番でプロレス中継が休みとなる場合もあった。

そして、１９８８年12月12日放送の〝総集編〟を最後に、イギリス国内のプロレスはテレビの画面から姿を消した。以後、プロレスはノスタルジーの対象となり、イギリスマット界は暗黒時代に陥っていく。

翌１９８９年10月10日、ＷＷＦがロンドン・アリーナ大会でイギリスに初上陸を果たすと、ダークマッチには現地のレスラーが調達された。アメリカンプロレス侵攻の露払い役を務めたのは、マーク・ロコ＆デーブ・フィンレー＆スカル・マーフィーvsアル・ペレス＆ティム・ホーナー＆デール・ウルフの６人タッグマッチだった。

獣神ライガーvsブラック・タイガーの世代交代マッチ

話を１９８６年の日本に戻そう。この年の６月、ブラック・タイガーは再び来日し、高田伸彦のＩＷＧＰジュニア王座に挑戦した。

その後、イギリスにおけるフジ・ヤマダとの世界ヘビーミドル級王座戦を経て、山田恵一が凱旋帰国した１９８７年８月に通算11度目、新日本には10回目の来日を果たす。しかし、このときはブ

1987年8月、ロコが新日本プロレス『戦国合戦シリーズ』に素顔で参戦。イギリス直輸入の“遺恨カード”として山田恵一との対決が組まれた。

ラック・タイガーではなく、〝ローラーボール〟マーク・ロコとしての登場だった。

イギリスでのサミー・リーとの抗争をヤマダとの抗争に「変換」させたロコだったが、今度はそれをそのまま日本に持って行きたいと考えたのだという。つまり、イギリスの人気カードの再現を新日本マットで狙ったのだ。

「オファーが来たときは、いつも通りブラック・タイガーとしての参加でした。しかし、今回は素顔で行きたいと自分から新日本に伝えたんです。イギリスのチャンピオンだという誇りもありましたし、ここまでヤマダとベルトを巡って抗争をしてきましたからね。彼とは何度も対戦し、現地での人気も高かった。だから、ヤマダとの闘いを再現するにはブラック・タイガーよりも〝ローラーボール〟マーク・ロコの方がいいのではないかと思い、新日本に提案したんですよ。どこでも満員になったヤマダとの試合を日本で再現してみたかったんです」（ロコ）

このシリーズで、ロコは山田と2度シングルで対戦。翌1988年8月にはブラック・タイガーに戻って来日し、再び山田と対戦する機会を得た。

山田は1989年1月、2度目のイギリス遠征に出発する。このときはドイツで修行中だった船木優治(現・誠勝)も合流した。船木は現地で「まさはる」がなぜか「ゆうじ」と読み間違えられ、ユージ・フナキと対戦カードに掲載されることもあったが、リングネームはフライング・フナキである。

それ以前にロコと船木は1988年6月、オーストリアのグラーツにて対戦していた。これはロコがオットー・ワンツ率いるCWAに参戦したことで実現している。

イギリスではヤマダ&フナキの骨法コンビが実現。フナキもシングル、あるいはヤマダとのタッグでロコと何度も闘った。

そして、「リバプールの風」となったあの男は獣神ライガー(デビュー時のリングネーム)に変身し、1989年4月24日、初進出となった新日本プロレスの東京ドーム大会に初登場。いきなりタイガーマスクのライバルだった小林邦昭を破ってみせた。

この年の6月にはブラック・タイガーが来日し、7月12日に大阪府立体育会館でライガーのIWGPジュニア王座に挑戦している。

イギリスでの素顔同士から日本でマスクマン同士と趣向を変えたこの一戦はイギリス流の3分10ラウンドでおこなわれ、ライガーが5ラウンドで勝利。ライガーにとって、これがIWGPジュニア王座の初防衛戦で、しかも小林戦同様、「世代交代」を示唆するようなカードにもなっていた。

ライガーは、この一戦を次のように振り返る。

「ラウンド制の方がロコさんらしいなと思いましたね。あの試合でブラック・タイガーの色はあまりなかった。あれが本来のロコさんなのかなとも思います。ただ、ぶっちゃけ少し峠は越していたのかなと。そういう部分では佐山さんとやっていた頃のブラック・タイガーとは、ちょっと違っていた印象です」

帰国後の１９８９年12月、デーブ・テイラーと10ラウンド引き分けの激闘を終えたロコは、そのまま次の試合地ウォーシングに入った。カードはデーブ・フィンレーとの世界ヘビーミドル級王座防衛戦である。

Rollerball Rocco was given a nostalgic send-off into retirement when returning to the ring at Croydon in September to officially relinquish the World Heavy Middleweight title and belt. Wrestlers from all weight divisions listened as MC Paul Chalmers reviewed Rocco's ring career and there were even flowers from long-standing rival Marty Jones!
ロコの引退セレモニーの模様を掲載したオールスター・プロモーションズのパンフレット。この日をもって、ロコは世界ヘビーミドル級王座を返上。引退式の会場は、フジ・ヤマダにベルトを奪われたクロイドン・フェアフィールドホールだった。

試合が第9ラウンドを迎えると、フィンレーが場外でパイルドライバーを放った。このとき、背中から両脚にかけて、かつてない痺れがロコを襲う。

ロコは病院に搬送され、心臓の異常も発覚。過酷なファイトのツケが一気に噴出したのである。

ロコの現役時代の運動量は、心臓の許容範囲をはるかに超えていたという。底なしのスタミナに定評があるプロレスラーとはいえ、やはり生身の人間だったのだ。

年が明けて１９９０年1月の新日本参戦がブラック・タイガーにとって、またロコにとってもレスラーとして最後の来日となった。日本ラストマッチは同月31日、大阪府立体育会館での飯塚孝之（高史）戦である。

同年9月には、オールスター・プロのリングで現役を引退。セレモニーでは、最大のライバルだったマーティ・ジョーンズが労いの言葉とともに花束を手渡した。

カナリア諸島テネリフェのロコ宅を訪問

引退前、ロコは1988年にマンチェスターを離れ、家族とともにカナリア諸島テネリフェに移り住んでいた。プロレスのトップヒールとしてブーイングを浴びる一方で、ビジネスマンとしての手腕も発揮。その姿を見ていたライガーは言う。

「ロコさんはイギリスで移動遊園地を経営していて、連れて行ってもらったこともありますよ。プロレスのロコさんと実業家のロコさんは180度違う。スーツを着て、ネクタイを締めて、ホントに実業家の顔でした」

ロコはテネリフェでも、レンタカー業やフィッシュ・アンド・チップスのレストランなど複数の事業で成功をおさめた。プロレスでの活動も並行していただけに、忙しさも桁違いだったろう。

これでは身体がいくつあっても足りない、と思いきや、そこでリング上同様に動き回るのが彼の真骨頂でもある。ロコの現役時代の印象を聞いてみても、とにかく「無尽蔵のスタミナ」を挙げる声が多い。宍倉氏が佐山から聞いたように、「すごく動き回るし、全然スタミナが切れない。やっているこっちには凄く嫌なタイプ」なのだ。ライガーも同様の意見である。

「あの人、おかしいよ！　なんで、あんなに続けられるんだってくらいに動いていましたから。ただ、それが原因かはわからないけど、心臓を悪くしたと。負担はかなりあったんだと思いますね」

また、ロコから得たもの、学んだことも多かったとライガーは振り返る。

「ロコさんがリングに上がる瞬間、怖いんだよね。会場に入るまでは、ふつうの実業家のおじさんなんですよ。それがリングシューズを履いて、タイツを履いて、これから試合だとなったら全然違うんです。僕も近寄らないようにしていましたからね。その切り替えがすごい。成りきるすごさ。これが怖い。プロだなと思いましたよ。自分もマスクをつけた以上は、ライガーだと。そこに気をつけなくちゃいけないとロコさんから学びましたよね。それがイギリス遠征の一番の収穫ですね」

リングを下りたロコは体調も回復し、テネリフェでの事業に精を出しながら時間が許す限り同窓会などのイベントにも顔を出した。テネリフェからイギリスまでは当然、飛行機での旅となる。やはり、根っからの「動き回る人」なのだ。

私が個人的にロコと知り合ったのは１９９３年前後、オールスター・プロの会場だと思う。ハッキリとした記憶はないのだが、引退後であることは間違いない。

そしてある日、ロコから私のもとに荷物が届いた。なかには写真とカセットテープが入っている。それは、ある女性アーティストの宣材写真とデモテープだった。ロコは芸能関係の仕事もしており、その歌手を日本に売り込みたいというのだ。曲を聴いてみると、１９８０年代に大ヒットした楽曲のカバーだった。この曲は日本でもカバーされスマッシュヒット。近年もダンスで再注目されてリバイバルヒットしている。

このときはロコの要望通り、日本のレコード会社に連絡を取ってみたのだが、進展なくフェードアウトしてしまった。

そんなこともありながら、いつの日かロコを訪ねてインタビューを取りたいと考えていた。が、なかなか実現しそうもない。日本からテネリフェへの便がないこともひとつの要因。いや、いまとなってはむしろ言い訳だったと思う。

アン夫人に連絡を取ってみると、「テネリフェは遠いけど、マンチェスターなら来られるんじゃない？ イベントに出るから、そこで会えるんじゃないかしら」とのこと。

しかし、イベントでの取材は極力避けたい。主催者に許可を得られるのか、得られたとしてもしっかり取材時間が取れるのか、不確定要素が多すぎるからだ。

現在のロコは、どんな生活を送っているのだろう。知りたい気持ちとは裏腹に、時間ばかりが過ぎていった。

そんななか、ロコとの再会を果たしたのが獣神サンダー・ライガーだった。ライガーは2013年6月15日、RPW（レボリューション・プロ・レスリング）のロンドン大会に参戦、プリンス・デヴィットのRPWクルーザー級王座に挑戦した。

この大会にゲストとして呼ばれていたのがロコだった。とはいえ、ライガーには知らされていない。試合前、ロコはライガーが宿泊するホテルを訪ねた。約23年ぶりの再会である。

「私が部屋をノックしたら、ドアを開けたヤマダは飛び上がるくらいに驚いていましたよ。離ればなれになった親子が再会したかのような時間でしたね」（ロコ）

大会ではロコもリングに上がり、デヴィットvsライガーの試合を見守った。

「まさかロコさんが来るとは思っていませんでした。驚いたと同時に、正直カッコいいなと思いましたよ。身なりから出で立ちから、すべてが僕らのイメージするイギリス紳士そのもの。本当に元気でしたね。一緒に来ていた奥さんも相変わらず綺麗でしたし。次に日本に来たらトークショーとかやりたいね、という話をしました。僕もやりたかったし、佐山さんとの話も聞きたいですよね。

現地では告知されていたのかもしれないが、“ローラーボール”マーク・ロコ登場は獣神サンダー・ライガーにとってビッグサプライズだった。ライガーはロンドン・ヨークホールでプリンス・デヴィット（現フィン・ベイラー）が保持していたタイトルに挑戦。ロコが立会人としてリングに上がった。

結果的にそれが最後になってしまったけど、そのときに会っておいてよかったですよ」（ライガー）

それから約3年後の2016年5月、私はビル・ロビンソンゆかりの地を巡るためイギリスに向かうことにした。ロビンソンと親交があったマーティ・ジョーンズ、コーリン・ジョインソン、ジャッキー・ロビンソンらに会って話を聞いたり、1995年に訪れたウィガンのビリー・ライレー・ジム跡地がその後どうなっているのかを確認したかったのだ。

その取材旅行のなかで、偶然にもロコ宅を訪問できるチャンスが訪れた。アン夫人とのやり取りをきっかけに、ロコと直接連絡を取ることができたのである。

とはいえ、住まいはカナリア諸島のテネリフェだ。時間と経費がかさんでしまう。が、せっかくの機会だから、久々に会って生の声を聞いてみたい。

そこでイギリスからテネリフェに向かい、イギリスに戻ってくるコースを作ってみた。海外取材では毎度のことながら、限られた日程のなかで会ってもらえる人たちのスケジュールを調整するのが難しい。

カナリア諸島はスペイン領で、スペイン本土から南へ1100キロ、アフリカ大陸のモロッコ、西サハラから115キロに位置し、7つの島で構成されている。地図上ではヨーロッパよりもアフリカ寄りである。

そのなかでもっとも大きいのがテネリフェ島だ。日本ではまだあまり知られていないものの、カナリア諸島は一年中温暖な気候に恵まれている一大リゾート地。文化や習慣がスペインと変わらないためヨーロッパからの観光客に人気が高く、長期バカンスにも最適、家族連れや長期滞在を意識したホテルも多い。その中心地であるテネリフェにロコが住んでいる。

航空の便が整備されれば、日本人にも人気が出ることは間違いないのだが、いまのところ日本からテネリフェへ行くにはヨーロッパのどこかを経由するしかない。

6月2日、マンチェスターからロンドンを経由し、テネリフェ島に到着した。とはいえ、アン夫人から指示された南ではなく、北の空港に着いた。テネリフェには2つの国際空港があり、南の方がロコの自宅に近いのだが、あいにく北到着のフライトしか見つからなかったのだ。

ロコ夫妻は南空港まで私を迎えに来てくれるという。飛行機は夜に到着。南へ行くバスがあるというが、その時間にはすでに終了していた。どうすればいいか聞きたくても、空港に人がいない。どうやらタクシーしか手段がないようだ。が、そのタクシーまでいないではないか。こうなると、ひとりポツンと待つしかない。

しばらくすると、運よく1台だけやって来た。迷わず乗り込み、北から南へと移動。これはテネリフェ島を縦断するのも同じで、けっこうな距離である。

しかも南空港に着いたものの、機器の故障か支払いでクレジットカードが使えないトラブルが発生。現地通貨のユーロをあまり持っていないと告げると、運転手は少しだけまけてくれた。

タクシーを降りると、ガランとした南空港のロビーへ。すると遠目にロコ夫妻を発見、向こうも私に気づいたようでロコが大きく手を振っている。私はダッシュで夫妻のもとへ走った。

「おお、久しぶり！　よく来たね！」

最後に会ったのは、20年以上も前である。とはいえ、再会したロコは65歳にもかかわらず、背筋がピンと伸び、老け込むどころか、むしろ若々しく見えるではないか。

その日は、ホテルに宿泊した。本格的取材は翌日からだ。

翌朝、ロコが迎えに来てくれた。地元民に人気のレストランで軽く食事をしながら、昔話に花を咲かせる。ロコはインタビューを待ちきれないとばかりに饒舌だった。

自宅はテネリフェ市内の中心部にあった。いかにもセレブが住んでいそうなプールつきの家には、昔の写真やポスターが多数保管されていた。これらすべてが〝履歴書〟である。こういったレジェンドの取材は非

2016年6月、テネリフェの海鮮レストランにて会食するロコと筆者。島だけに海の幸が豊富だった。

常にやりやすい。
インタビューは「雰囲気が出るから」と別の場所に移動。どこに向かうのかと思っていると、車はグングン急勾配の坂を上がっていく。頂上近くにロコの別荘があった。ここもまた、豪邸である。
このとき、さすがにいまは所有していないとのことで、ブラック・タイガーのマスクを日本で新たに製作してもらい持参した。久しぶりにマスクを手にして、ロコはエキサイト（?・）。

上写真の後方がロコの自宅、下写真は別荘で撮影したマスク姿。ロコは日本から持参したブラック・タイガーのマスクに、ご満悦だった。

北大西洋が一望できる庭に出ると、サービス精神いっぱいにさまざまなポーズを取ってくれた。

室内に戻り、インタビューを開始する。ロコによれば、日本のプロレスマスコミからこのような取材を受けるのは事実上初めてだという。確かに、ブラック・タイガーは正体不明のマスクマンだったため、来日時に自身のキャリアをリアルに語ったロングインタビューは見たことがない。

よってさまざまな新事実、知られざるエピソードが明らかになり、それらは本書にも反映されている。

タイガーマスク、ダイナマイト・キッドとの話から逸れるため詳細は省くが、新日本プロレスに来日した際に猪木の要請でハルク・ホーガンをコーチしたことなど興味深い話が頻出したインタビューだった。

取材が終わると、ロコは車で島内を案内してくれた。リゾート地では土産物店はもちろ

ロコが保管していたハルク・ホーガンとのツーショット写真。ロコはブラック・タイガー時代に、日本でホーガンをコーチしていた。アメリカンプロレスの頂点に立った“超人”に、欧州レスリングのエッセンスが吹き込まれているとは意外な事実である。

ん、ブランド品を扱うショッピングモールも揃っている。ロコによれば、福祉や教育、治安を含め、ふだんの生活においてもまったく不自由はないとのことだ。

しかもイギリスと違い、なんといっても気候がいい。カナリア諸島はヨーロッパの人たちにとって憧れの土地。ロコ夫妻は、そこで理想的な第二の人生を送っていた。

別れ際、アン夫人が冗談交じりに「今度は私たちを日本に連れて行ってね！」と声をかけてきた。ロコにとっても、夫人との日本旅行は夢だという。そのときは「はい、わかりました」と答えたものの、半ば社交辞令であることは何気に伝わっていただろう。

初代タイガー復帰戦にブラック・タイガーが来場

ところが、である。帰国から数ヵ月後、私のもとに突然一本の電話が入った。プロレスカメラマン大川昇氏からである。

「ブラック・タイガーって、いまどこにいるかわかりますか？」

「わかるどころか、先日会ってきたばっかりですよ！」

大川氏によると、かつて新日本プロレスで営業部長を務めていた上井文彦氏が自身のプロデュースする興行に初代ブラック・タイガーを招聘したいとのことだった。

上井氏は新日本を退社後、ビッグマウスラウドやUWAIステーションを運営。この年の12月に大阪で8年ぶりとなる自主興行『ストロングスタイルヒストリー』を開催するという。

キッド招聘の際には、みちのくプロレスから連絡があった。ブラック・タイガーの際には上井氏。あまりのタイミングのよさに、できすぎのように聞こえるかもしれないが、どちらも嘘のような本当の話である。

その後、私は大阪に行った際に上井氏と会い、大会の趣旨を聞いた。パーキンソン病で闘病中であるマサ斎藤の激励を中心に、昭和のストロングスタイルを再現したい。そこに初代タイガーマスクと激闘を展開した初代ブラック・タイガーがゲストとして来てくれれば——。上井氏の熱い思いを聞き、私はさっそくロコ本人にコンタクトを取った。

あまりにも早い進展に驚きながらも、ロコは来日を快諾。もちろん、夫人同伴ということになった。

11月29日、夫妻が成田空港に到着した。半年前と変わらず、ロコは元気いっぱい。アン夫人は初めての日本で、１００円ショップに興味津々である。

翌日に大阪へ移動し、12月1日には上井氏の招待で京都旅行を満喫した。キッドを大阪に連れて行ったときと同じく、ロコも過去の来日時にゆっくりと観光したことがないという。時期

2016年12月、アン夫人を伴い、久々に来日したロコは京都観光を満喫。日が暮れても精力的に動き回っていた。

は、ちょうど紅葉シーズンの終盤。ロコは夫人とともに、日本の歴史と美をじっくりと味わっていた。

12月2日、大阪・城東区民センターでおこなわれた大会には、初代タイガーマスクと新間寿氏も来場。試合前、佐山は自らロコの控え室に出向いた。タイガーマスクとブラック・タイガーが最後の対戦以来、約33年ぶりの再会を果たしたのである。

その際に、虎伝説のきっかけを作った新間氏も同席している。ロコは新間氏の名前こそ知っていたものの、これが事実上初めての対面だったと言っていい。

リング上では、「来日歓迎イベント」が催された。リングアナの田中ケロ氏の呼び込みでブラック・タイガーが登場。新間氏、タイガーと並び、日本のファンに向けてメッセージを送った。

本来ならば、ロコは上井氏の大会のみで帰国の予定だった。しかし、5日後に佐山が主宰するリアルジャパンプロレスの興行が控えている。そこでロコは滞在を延長し、後楽園ホール大会への来場が決まった。

3日に東京へ戻ると、4日には大川氏経営のプロレスショップ『デポマート』にてサイン会をおこなった。しかも開店以来、1、2を争うほどのファンが詰めかける大盛況となったから驚いた。よって当初の予定よりイベント時間が大幅に伸びた。すると、疲労からか途中でペンを動かせなくなってしまうアクシデント。サインの字がどうしても小さくなってしまうのだ。

外国人レスラーは、色紙に大きくサインをする機会があまりない。たとえ入れたとしても、寄せ書きの一部のようになってしまうことが多々あるのだ。

それにしても今回は疲れによるものか、その傾向が顕著になった。そのため、しばしの休憩を取ることに。待っていてくれたファンには感謝しきりである。私も大事を取って、夜の取材をキャン

大阪・城東区民センターのバックステージで佐山とロコが再会。ロコはタイガーマスクとブラック・タイガーのマスクを手にしてポーズを取った。

セルし、サイン会が完全に終了するまで、その場でロコの様子を見ることにした。

さいわい、ロコの体調はすぐに回復。時差に加え、長距離の移動と慣れない日本食も多少影響したのだろうか。ホテルで静養している時間、アン夫人は100円ショップを〝探索〟、日本の品揃えに十分満足したようだ。

5日には、週刊プロレスの企画で初代タイガーマスクとブラック・タイガーの対談が実現した。当然ながら、このような形で話をするのは初めての機会である。

対談の真っ最中、ロコが突然、「いまからやってみようか！」とタイガーを誘い、ロックアップで組み合うハプニングが起きた。レスリング談義が熱を帯びての出来事である。

タイガーと話をしているうちにロコは雑誌の企画であることを超越し、意識は新日本のリングで対戦していた時代に戻っていったかのようだった。だからこそ、直接組み合い、力を込めてみせた。個人的にもいままでとは異なる貴重

『ストロングスタイルヒストリー』のリング上で初代タイガーマスク、ブラック・タイガー、新間寿氏が勢揃い。ロコはこのときの来日で、ブラック・タイガーの生みの親が新間氏であることを初めて知った。

リアルジャパンプロレスでの復帰戦で初代タイガーマスクがハイキックからフォール勝ちをおさめると、客席で見守っていたロコが立ち上がり拍手を送った。

な取材体験になったと思う。

そして7日、後楽園ホールで初代タイガーが復帰戦をおこなった。2015年3月20日の曙戦以来、1年9ヵ月ぶりの実戦である。

タイガーは仮面シューター・スーパーライダー&折原昌夫とのトリオで、雷神矢口&アレクサンダー大塚&田中稔と対戦。リングインするとタイガー・ステップ、タイガー・スピンでファンを沸かせ、有刺鉄線バット攻撃を食らいながらも最後は矢口をピンフォールしてみせた。

この瞬間、リングサイドで見守っていたロコが立ち上がり、スタンディングオベーションでかつてのライバルを称えていた。

試合後、ロコに試合の感想を聞いてみた。

「佐山さん、バック・イン・アクション、おめでとう。レスリングに多くを費やしてきたからこそ、この試合を迎えられたのでしょう。今日の試合は、ものすごく頭を

リアルジャパンプロレスの後楽園ホール大会のバックステージでは、さまざまな選手、関係者が「ブラック・タイガー」の来日を喜んだ。“虎ハンター”小林邦昭もそのひとり。こちらも感動の再会シーンだった。

使ったと思いますよ。以前ほどの動きではなかったかもしれないけれど、それはハンディを計算した上での闘いだったはず。復帰戦としては、いい結果ではないでしょうか。正直、もう少し体重を落とした方がいいのかな。でも、あの身体でこれまで闘ってきたのだから、彼なりのトレーニング法で大丈夫なんでしょうね。引退しなくて良かった。観客の反応からも、待望の復帰戦だと伝わってきました。彼は日本のプロレスに欠かせないレスラーですからね。この場に立ち会えて本当に光栄でした」

この後楽園ホール大会の前夜、佐山とロコは新間氏から食事会に招かれていた。新間氏にとって、ブラック・タイガーは「タイガーマスクの思い出」に欠かせない登場人物のひとりである。しかしながら、当時は立場の違いもあり、まともに話をしたことは一度もなかった。

「佐山が言うんだから間違いない」と全面的に信頼し、ロコをマスクマンとして来日させたのが新間氏である。私もその食事会に同席した後、新間氏にブラック・タイガーの印象を聞いてみた。

「佐山に推薦されてロコの写真を初めて見たときは、〝ああ、こういう人がタイガーマスクの相手になるのか〟と思っただけで、頭のなかはブラック・タイガーのマスクを作ることでいっぱいだった。タイガーのデビュー戦のような急場しのぎの覆面を渡すわけにはいかないからね。来日したときにマスクを渡したら本人も気に入ってくれて、ホッとしたことをおぼえているよ。といっても、私はほとんど彼の素顔を知らない。当時は忙しくて話す機会なんてまったくなかったし、新日本を退社したら接点もなくなったしね。でも今回、かつて私の部下だった上井のアイデアで26年ぶりに日本にやって来ると。私も大阪に行ったんだけれども、上井の方から〝ちょっといまから挨拶に行きませんか？　いい歳の取り方をして、本当にいい顔をしていますよ〟と言ってきてね。それで試合前、控え室を訪ねてみることにしたんだよ。だけど、〝いい顔〟というのが、どんな顔なのかイメージがつかなかった。ブラック・タイガーはヒールだから、いまだに悪党面をしているという意味なのかとも考えた。ところが、その考えはまったく違っていたね。実際に見たロコは、イギリス紳士そのものだったよ。覆面の内と外ではこんなに違うものかと驚いた。奥さんも一緒にいて、２人ともいい具合に年齢を重ねていると感じたね。身体を壊してプロレスをやめたということだけど、落ち着いているし、物腰は柔らかいし、清潔でエチケットも心得ている。自分たちはこういう人を新日本のリングでタイガーマスクと闘わせていたのかと思うと、うれしさが込み上げてきたね。上井には〝お前は本当にいいことをしてくれた〟と感謝したよ。聞くところによると、ブラック・タイガーは私のことをほとんど知らなかったというじゃない。それは意外でもなんでもなく、当時の外国人レスラーと背広組の関係はそんなもの。それだけに、私がブラック・タイガーの生みの親だと知った彼はものすごく感激してくれた。この再会で、私は本当にいい人生を送ってきたと思えたよ。いい雰囲気で年齢を重ねてきたロコ夫妻の姿を見たら、やはりプロレスは凄いな、昭和の新日本プロレスは凄いことをやってきたんだと、あらためて思い出させてくれたね」

ロコは食事会で新間氏がアントニオ猪木vsモハメド・アリ戦の仕掛け人と知り、感激していた。このときの来日では、新日本時代に知らなかった多くの事実を知ることができた。

そして、タイガー復帰を見届けた翌8日、ロコはアン夫人とともに帰国の途についた。離日する際の笑顔は今でも忘れられない。

しかし、これが最後の来日になるなんて…。

成田空港から離日するロコ。これが筆者が撮影した彼の最後の姿となる。

第9章　2018年12月5日、ダイナマイト・キッドが永眠

２０１３年に脳卒中で倒れ病院に搬送されたダイナマイト・キッドはウィガンの自宅に戻った後、ドット夫人宅で暮らしていたが、数ヵ月後には勝手知る自分の家に戻りたいとウィガン・ロワーインスに帰り、静養に努めた。

翌年に再び脳卒中で倒れ、入院先の病院から介護施設に移動。２０１６年10月にはＮＨＫ　ＢＳプレミアムのドキュメンタリー番組『アナザーストーリーズ　運命の分岐点』にて、〃一世を風靡したタイガーマスクの最大のライバル〃としてキッドの現状が紹介された。

この番組では佐山がキッドにビデオメッセージを送る一方、多少ながらもキッドがタイガーマスクについて語る場面がオンエアされている。その口ぶりは私が３年前にインタビューしたときよりも呂律がさらに回らなくなっており、体調が悪化している現実がうかがえた。

その頃、おもにキッドの面倒を見ていたのは弟マーク・ビリントン、そして彼の娘でキッドの姪にあたるリアの２人だった。

「私と父でトミー伯父さんのところに行き、よく食事を作っていました。伯父さんは、私の手作りハンバーガーが好きでしたね」（リア）

リアの父マークは、キッドとは15歳離れた実の弟だ。キッドは４人兄弟で、ほかに１歳上の姉ジュリー、４歳下の妹キャロルがいる。

マークは１９７３年11月生まれで、キッドのプロレスデビューは１９７５年。つまりマークが幼

少の頃から、キッドはすでにテレビで活躍が見られる存在だった。

「土曜夕方の『ワールド・オブ・スポート』の中継で、ダイナマイト・キッドがマーク・ロコやマーティ・ジョーンズと試合をしていた姿を見ていた記憶があります。それが兄と知り、一瞬で私のスーパーヒーローになりました。プロレスをしている兄は、かっこよかったです。以来、私はずっとダイナマイト・キッドの大ファン。学校でもよく〝お前の兄貴なのか?〟と聞かれました。そのたびに鼻高々で、自慢の兄でしたよ」(マーク)

マークは、アネット夫人との間に3人の子どもをもうけている。長女リアと長男トーマス、次男マークだ。

第3章でも説明したが、「トーマス」はキッドの祖父の名前である。それをキッド自身が受け継ぎ、弟のマークは自身の長男に同じ名前をつけた。

さらに次男には自分と同じく「マーク」と名づけている。日本人には理解しがたい命名だが、そこには彼の思いが込められていた。

トーマス&マーク、つまり「ダイナマイト・キッド・ブラザーズ」である。マークは兄に憧れ、自分もプロレスラーになりたいと思った。実際、キッドのもとでレスラー修行をしようと1990年にカナダ・カルガリーに渡っている。

しかし、ちょうどキッドが肩の手術をした後で、直接指導を受けることはかなわなかった。それでもジョニー・スミスやジェリー・モロー(稲妻二郎)のコーチを受け、プロ入りを目指してトレーニングに励んだ。

現地でのデビューも考えていた頃、キッドがミシェル夫人との離婚によりイギリスに戻ることになった。このとき、マークもやむなく帰国せざるを得なかったという。

その後、マークはイギリスでデビューにこぎ着ける。1991年には、キッドとの兄弟タッグで試合もした。兄のアイデアで、リングネームは「マーク・キッド」。ダイナマイト・キッドの実弟であることも公表された。

が、実の兄弟コンビがブレイクを果たすまでには至らなかった。キッドは全日本マットでの引退が間近な時期で、肉体は限界に近づいていた。一方、マークはまだデビューしたての新人である。

マークはイギリス国内を転戦するも、やがてキッドはリングを下りてしまう。マークはシングルプレーヤーとしてキャリアを重ねたが、1993年にフェードアウト。キッドがイギリスで復帰した後のことだった。

キッドが生前、レスラーとしてのマークについて言及したことはほとんどない。「私の実力に失望したからだと思いますよ」とマークは苦笑する。しかし、彼が夢を追う気持ちは変わらなかった。

ダイナマイト・キッドの甥がプロレスデビュー

2018年6月、マーティ・ジョーンズから私に連絡があった。

「近いうちにマンチェスターに来てみないか?」

私がその理由と訊ねると、予想もしていなかった答えがかえってきた。

「ダイナマイト・キッドの甥が私のところに入門してきたんだよ!」

これはおもしろいと思い、私はイギリス行きを決めた。

キッドの甥とは前述したマークの息子、長男トーマスと次男マークのことである。

現在、ジョーンズは『スクエアドサークル・プロフェッショナル・レスリングアカデミー』というレスリングスクールを主宰し、後進の指導にあたっている。「スクエアドサークル」とは、不可能を可能にするとの意味がある。

ここにはプロ志望の練習生はもちろん、すでにデビューし名前の知られているレスラーが海外から来たりもする。イギリスで一時代を築いたジョーンズの指導法は一級品。男女を問わず、さまざまな人間がジョーンズのもとに集まってくるのだ。

7月4日にイギリスに到着した私は、翌日にマンチェスター・ピカデリー駅でジョーンズと待ち合わせ、彼の道場に向かった。

2年前にもジョーンズのアカデミーを取材していたが、市内から離れ丘陵地帯に移転していた。車がないと不便な場所ながら、となりがスポーツジムで、周囲の山道はランニングに適している。トレーニングするには絶好の環境にあると言えるだろう（現在は別の場所に移転）。

道場に入ると、すぐに古い大会ポスターに囲まれたリングが目についた。イギリスにおける典型的な道場のレイアウトである。

しばらくすると、学校の授業を終えたトーマスとマークが両親に連れられてやって来た。道場に入ってきた2人を見て私は驚いた。というのも、兄のトーマスが若い頃のダイナマイト・キッドにそっくりなのだ。まさに、生き写しである。

「よく似てるだろ。俺も最初はビックリしたよ。テッド・ベトレーのジムで、初めてキッドに会ったときの記憶がフラッシュバックしたね。見た瞬間、〝ダイナマイトじゃないか！〟と叫びそうになったよ（笑）」（ジョーンズ）

トーマスもマークも、物心がついた頃からプロレスに慣れ親しんでいた。父がキッドの大ファンで、家には数々の写真が飾られている。テレビで流れているのはプロレス、しかもキッド、ブリ

父マーク・ビリントンを中心に、長男トーマス（左）と次男マーク（右）。トーマスの容姿は、若い頃のダイナマイト・キッドにそっくりである。この取材時、すでに2人ともプロレスラーとしてデビューしていた。

ティッシュ・ブルドッグスの試合が中心だった。

当然、2人もプロレス、キッドのファンになった。そして、自分たちもプロレスラーになりたいと考えるようになる。

しかし、プロレスラーになるためのトレーニングをするには彼らは若すぎた。そこでアマレスならプロ入りへの近道になるのではと考え、地元のキッズクラブに入会。やがて兄弟でジュニア・チャンピオンシップを争い、ビリントン兄弟が1位、2位を独占した大会もあった。

その頃から、2人は将来のタッグチーム結成を意識していたというから恐れ入る。トーマスは青、マークは赤のコスチュームを着用。これが彼らのイメージカラーで、道場にも青と赤のTシャツ姿でやってきた。

最初に「ジョーンズの道場に行きたい」と言い出したのは、兄トーマスの方だった。キッドとライバルだったジョーンズから直接指導を受け、本格的にプロの道へ進む。しかも、ウィガンからマンチェスターなら十分に通える距離だ。

当初、両親は反対した。「息子に怪我をしてほしくない」というのが理由だったが、父マークの内心はしてやったりに違いない。彼らがレスラーを目指すのは、家庭環境からして自然の成り行きである。長男トーマスはキッドの本名、次男が生まれれば自分と同じくマークと名付けた。その時点で、親が果たせなかった夢を託されていたのである。

２０１７年６月10日が兄トーマスの入門日。３週間後には、弟マークも道場に来た。このとき、トーマスが17歳、マークが15歳。練習にはいつも親がつきっきりで、息子たちの様子が気になって仕方がないらしい。

それにしても、見れば見るほどトーマスは若い頃のキッドに瓜二つだ。ツームストーン・パイルドライバーやダイビング・ヘッドバットなどプロレスのムーブは映像を見て研究しているそうだが、意識するしないにかかわらず何気ない仕草までそっくりそのままである。これはもう、プロレスラーになる運命というか宿命としか思えない。

練習後、２人に話を聞いてみると、幼い頃からプロレス漬け、ダイナマイト・キッド漬けだったことが存分に伝わってきた。

やはり２人のお気に入りは、新日本プロレス時代のタイガーマスクとのライバル闘争。なかでも１９８３年４月21日、蔵前国技館でのＮＷＡ世界ジュニアヘビー級王座決定戦をベストマッチに挙げていた。

この試合はタイガーマスクのデビュー２周年で、試合は延長の末ドロー。これが両者の最後の一騎打ちだった。そういった意味も加味してベストマッチに挙げたのだから、この若さにして、かなりのマニアである。

トーマス・ビリントン&マーク・ビリントンのチームは、ジョーンズの命名により「ダイナミック・デュオ」として活動を開始した。

２０１７年12月20日、マンチェスター近郊のオールダムで開催された道場主催の練習生大会で初試合をおこない、ヨークシャー・テリーズというチームに勝利している。

２０１８年２月24日には兄弟とも初のシングルマッチをおこない、２人揃って白星を上げた。このとき、トーマスは「ダイナミック・キッド」、マークは「マーティン・ロウ」を名乗った。

２０１９年10月19日には初めてイギリスを飛び出し、オーストリアのリング・オブ・ヨーロッパ主催『レッスルクラッシュXXI』に参戦。彼らの将来の大きな目標のひとつが、日本のリングで試合をすることである。

その後もタッグマッチを中心にコンスタントに試合をこなしていたのだが、２０２０年３月頃から新型コロナウイルスの感染拡大で、プロレス興行が軒並み中止になってしまった。彼らの成長の勢いがストップしてしまったことは、イギリスマット界にとっても損失だろう。すべてのエンターテインメントビジネスにおいて、一日も早い再開が望まれる。

ところで、私はこのときのイギリス取材に、「アルバムシリーズ」としてキッドを特集した週刊プロレスを持参した。可能ならばキッドに手渡したいと思っていたのだが、介護施設に入っていることは知っていたため、あくまでも状況を聞いてからと考えていた。

案の定、キッドの体調がよくないとのことで訪問は見送り、マークに預けるにとどまった。トーマス&マークはキッドが表紙の雑誌やこの特集を見て目を輝かせていた。

２人はこれまでに何度か伯父キッドのもとを訪ねていた。レスラーデビューの報告をしたのだ。

キッドからは励ましの声をかけられ、リングに上がる姿を見てもらうのがダイナミック・デュオの夢になった。

後日、マークがキッドを訪ね、私が２人の甥を取材したことを伝えるとともに預けた雑誌を渡してくれた。そのとき、キッドが「写真を見せてくれないか?」と言ってきたようで、私が取材時の写真を送ると、マークはキッドのところに持っていってくれた。

「トミーは喜んでいたよ。君が来たとわかったみたいだ」（マーク）

前述のようにベッドフォードの介護施設にてキッドの身の回りの世話をしていたのは、マークと当時19歳のリアが中心。妻のアネット、トーマス&マークの兄弟もときおり面会に訪れた。

リアによると、ドット夫人や彼女の家族は施設でほとんど見かけなかったという。離婚はしていないものの、施設に入る前からキッドとドット夫人は別居状態にあったとのこと。マークとドット、双方の家族につき合いはなかった。

「トミー伯父さんは、私たちをいつも笑顔で迎えてくれました。私たちが来たと知ると、一瞬、顔がほころぶんです。試合の映像を一緒に見たりもしましたよ。弟たちと一緒に行ったこともありますね。技の名前を完璧におぼえていて、とても楽しそうでした」（リア）

キッドの長女ブロンウィン（左）が父を訪ねたことにより、カナダとイギリスでビリントン家の交流が始まった。右はキッドの姪リア（マーク・ビリントンの長女）。

世界中のプロレスファンが悲しみに暮れた日

２０１８年12月4日、キッド60歳の誕生日の前日にマークから私にメールが届いた。

「息子たちのページができていたら、その部分を送ってくれないか？　明日、トミーに会いに行くので見せてあげたいんだよ」

12月下旬発売のＧスピリッツに、ダイナミック・デュオの紹介ページが掲載される。その記事をキッドの誕生日に見せたいというのだ。

うれしい申し出だが、本文そのものはできあがっていたものの、残念ながらレイアウトの修正作業中だった。本文を送ったとしても、日本語オンリーだから到底、キッドは理解できない。もう少しだけ待ってほしいと伝えると、マークは理解を示してくれた。

その数時間後、介護施設からマークに連絡が入る。12月５日、早朝のことだ。

キッドが呼吸困難となり病院に搬送されたと聞かされたマークとリアは、車で病院に急行。しかし、到着から１時間後、死亡が宣告された。最後は苦しむ様子もなく、静かに息を引き取ったという。

やはり、長年にわたるステロイドなどの薬物使用がキッドの身体を蝕んでいた。死因は、体力低下による衰弱死との説明が医師からなされた。

享年60。誕生日の早朝に天国へ旅立ったキッドだが、正確に言えば時間的には60歳に届かない人生だったはずである。

60歳は日本で言う還暦に相当する。日本好きの〝爆弾小僧〟は小僧（キッド）のまま、大人になることを拒否したのではないだろうか。イタズラ好きな性格だけに、最後の最後まで仕掛けてくれたとさえ思えるのだ。

「亡くなる数日前にも会いました。そのときの伯父さんは、このタトゥーはどこで入れたものだとか話してくれました。日本で入れたものもあるみたいです。別れ際、首元にキスをして、〃またすぐ来るからね〃と言って別れました。そのとき、伯父さんはにっこりと微笑んで、〃ＯＫ、リア、またな〃と言ってくれました。その言葉が最後になってしまったんです」（リア）

訃報はまず、日本の佐山サトルのもとに届けられた。マークがキッド最大のライバルに連絡を入れたのだ。その後、瞬時にして「キッド死す」のニュースは世界を駆け巡り、多くのプロレスファンが悲しみに暮れた。

佐山主宰のリアルジャパンプロレスは、12月6日に後楽園ホール大会を控えていた。団体側は急きょ、キッドの追悼セレモニーを準備。舞台裏は混乱したが、当日のリング上では追悼の10カウントゴングが打ち鳴らされた。

生涯最大のライバルから最初の10カウントゴングを捧げられたのも運命だろうか。これもまた、キッドの仕掛けによるものなのかもしれない。

その後、カナダのインディー団体も追悼セレモニーをおこない、ＷＷＥでもキッドを偲ぶ映像が流された。もちろん、日本でもリアルジャパンに続き、主戦場にしていた新日本プロレス、全日本プロレスが故人の冥福を祈っている。

Ｇスピリッツも表紙をキッドに差し替えるとともに、私は追悼文を加えた。と同時に、できることなら私も葬儀に駆けつけたいと考え、その旨をマークの家族には伝えていた。もしよかったら参列させてもらえないか、と…。

訃報の翌日、リアルジャパンプロレスの後楽園ホール大会で追悼の10カウントゴングが鳴らされた。初代タイガーマスクは「昭和56年4月23日、劇的な出会いがありました。それまでイギリスに渡っていた私の鼻をへし折ってくれた今までで最高に素晴らしいライバルでした」とコメント。宿敵の早すぎる死を悼んだ。

しかし、いっこうに連絡はなかった。葬儀の予定はあるというが、いつになるかはまったくわからない。クリスマスが近いとあって、現地ではすべてがスローだ。さすがにクリスマス前後の葬儀は避けるだろう。家族の心中も察し、繰り返し連絡を入れることは控えた。現地の葬儀事情がまったくわからないだけに、こちらは待つしか手段がない。

このままだと葬儀自体がないかもしれないとあきらめかけていた12月14日夕方、現地時間の朝に連絡が来た。4日後の18日、12時からウィガン・ロワーインス墓地内の教会にて葬儀が執りおこなわれるとの知らせである。私は急いで、マンチェスターへの航空券を手配した。

17日に出発し、同日夜にマンチェスターに到着。18日早朝にウィガンに移動し、葬儀に参列する。19日早朝にはマンチェスターのホテルを出て、ロンドン経由で20日

キッドが眠る棺。葬儀は2018年12月18日12時（日本時間21時）、ウィガン・ロワーインス墓地の教会にて、しめやかに営まれた。

午前に日本着。夜に取材の予定があるため、自宅には戻らず現場に直行しなければならない。そんな最短弾丸スケジュールを選択するしかなかったのだが、最後に立ち会えるのなら、それはそれでよしとするしかない。

早めに出発したため、教会にはさいわい余裕を持って到着できた。別の方の葬儀がおこなわれているなか、しだいにキッドの関係者が集まり始める。

とはいえ、人数は決して多くはない。葬儀は近親者とごく親しい友人のみで、こじんまりしたものになるとあらかじめ聞いていた。世界的に知られる名レスラーとのお別れとしては寂しさが否めないものの、これはこれでキッドらしくもある。キッドとしては、自分らしくない姿は見られたくないのだ。

参列者は約50人。プロレス関係者ではマーティ・ジョーンズ、スカル・マーフィー（イギリス版）、エディ・ライレー、アラン・キルビー、ボビー・ライアン、ダニー・コリンズ、バッファロー・ブリーニー、スティーブ・ローガンの8名が参列した。
開始予定時刻の12時を少し回ったあたりで、霊柩車が到着。棺が教会内に運び込まれ、参列者たちも次々と入っていく。

そのなかにはドット夫人と彼女の家族らしき姿も見えた。が、マークら親族との接触は一切なかったようである。私は流れに任せ、最後列に座ることになった。

弔辞が読まれ、そこには「日本で活躍した」との言葉もあったが、プロレスラーとして海外で活躍した実績以上に語られたのは、家庭人として愛されたトミー・ビリントンの姿だった。イギリスはもちろん、別れたとはいえカナダにも家族がある。

葬儀の模様は、遠く離れたカナダにも届いていた。参列していたキッドの妹キャロルの息子クレイグがスマートフォンを使って、カルガリーにいるキッドの長女ブロンウィン・ビリントンに配信。ブロンウィンの家に前妻ミシェル、長男マレック、次女アマリスが集まり、パソコンの画面を通じて葬儀にリモート参列したのだ。

このとき、ブロンウィンは第2子を身籠もり妊娠3ヵ月。体調面を考慮し、ウィガン行きをあきらめざるを得なかった。しかし、テクノロ

イギリスで葬儀がおこなわれた日、長女ブロンウィンは自宅パソコンの前にさまざまなキッドゆかりの品を並べた。ここにカルガリーの家族が集まり、天国の父に祈りを捧げた。

ジーの進化により、ライブで父の新たなる旅立ちに同席できたのである。

当然、時差があるためカルガリーは朝5時を回ったところ。彼女はパソコンの前にキッドのコスチューム、写真、表紙になった雑誌、トロフィー、盾などを並べ、ロウソクを灯しながら家族みんなで生前の父に思いを馳せた。

葬儀は約30分で終了した。参列者たちが席を立ち、出口に向かい始める。すると、こんなアナウンスが聞こえてきた。

「この曲がみなさんを笑顔にしてくれると思います。それは生前のトミーが好きだった曲だからです」

流れたのは、アバの「スーパー・トゥルーパー」だった。この曲の歌詞にはスポットライトを浴びるスーパースターの心境が込められている。現役時代のキッドも大会場のリングに向かう際、この曲で歌われるような気持ちだったのだろうか。

ファンの前では常に仏頂面を貫いてきたキッドがアバの曲を好んでいたのかと思うと、アナウンス通り微笑ましい気持ちになった。

式の初めには、クイーンの「ショー・マスト・ゴー・オン」がかけられていた。たとえ何があってもショービジネスは人々を楽しませていかなければならない。それは肉体に鞭打ち、リングに上がり続けたキッドの心境にも共通する。「ショー・マスト・ゴー・オン」の精神を貫いてきたのが現役時代のダイナマイト・キッドだったのだ。

最後列に陣取っていたこともあり、気がつけば私だけが教会内に残っていた。ほかには葬儀スタッフがひとりいただけで、退出を促されることもない。それどころか、「最後のお別れをしてください」と、どこから見ても外国人にしか見えない私に話しかけてくれる。

自分が最後とはいいのか悪いのかわからないが、お言葉に甘えて私は棺桶に手をかけ、そして手を合わせた。このとき、あえて棺のなかを見ることはしなかった。何度も繰り返すが、衰えた姿を見られることは本人がもっとも嫌うことだからだ。

「ありがとうございました。安らかにお眠りください」

心の声でそう伝え、教会を出た。

マーティ・ジョーンズが打ち鳴らした10カウントベル

外は相変わらず、イギリスらしい寒々とした曇天である。ときおり小雨も混じり、風も強い。教会の前では、レスラー仲間がひとつの輪になり始めた。エディ・ライレーとバッファロー・ブリーニーはあいにく所用のため帰宅するも、６名のレスラーが居残り、親族とともに「お別れの会」をおこなうという。そこに私も出席させてもらえることになった。

マークをはじめとする親族たちと合流し、何台かの車に分乗してゴルボーンのパブに向かう。ゴルボーンは、キッドが生まれた街である。

貸し切りのパブでは、故人を偲びながらも暗いムードは皆無だった。むしろ、賑やかなパーティーの雰囲気である。キッドの思い出を明るく話してこそ供養になる。レスラーたちの集まりはミニ・リユニオン（同窓会）で、久しぶりに親族も一堂に会した。この模様もスマホによって配信され、間接的にカルガリーのブロンウィンたちも参加している。

もちろん、トーマス＆マークの兄弟も出席していた。しかし、未成年だから酒は飲めない。暇をもてあましたわけではないだろうが、２人は私を近くの墓地に連れて行ってくれた。

キッドの葬儀が終わるとレスラー仲間と親族が集まって「お別れの会」が催され、筆者も参加させてもらった。

「お別れの会」がおこなわれたパブのすぐ近くに墓地があり、そこにはデイビーボーイ・スミスが眠っていた。なお、キッドの墓は2021年3月現在、まだ建てられていない。

そこにはデイビーボーイ・スミスが眠っているという。スミスもまた、ここゴルボーン出身である。

3時間ほど経過し、そろそろお開きという雰囲気になってきた。ジョーンズも退席し、帰路につい た…と思いきや、数分後に駐車場から戻ってきた。「何か忘れ物?」と聞かれるも、ジョーンズはベルを抱えている。

そのベルとは、試合の開始と終了を告げる日本のゴングに相当し、イギリスでは「10ベル・サルート」と呼ばれる追悼の10カウントにも用いられる。ジョーンズはキッドに10カウントゴングを捧げるため、ベルを車の中に用意していたのだ。それはレスラー仲間も親族も知らされていない完全なるサプライズだった。

先ほどまで冗談を言い合っていたジョーンズは参加者たちの前に立つと一転、神妙な面持ちでスピーチを始めた。

「みなさん、お揃いでしょうか? このベルは、あるときからずっと私の手元にあります。2001年9月11日、アメリカで同時多発テロが起きたことはみなさんの記憶にもあると思います。あのとき、私たちはオールダムでプロレスの興行を予定していましたが、テロのニュースにより当局から中止を要請されました。アメリカの人たちの気持ちを考慮し、エンターテインメントは自粛するべきでしょう。その興行には、2人のアメリカ人レスラーも出場を予定していたのです。しかしながら、ショー・マスト・ゴー・オン。何があろうと、我々はショーを続けなければならないのです。ですから、私たちは興行をキャンセルせず、予定通りおこないました。そこで私たちは犠牲者の方々に向けて追悼のベルを10回鳴らしました。以来、私はこのベルを引き継ぎ、持ちつづけています。それはこのベルが、この国が生んだ偉大なレスラーたちの追悼セレモニーで使われてきた

キッドに捧げる10カウントベル（ゴング）をマーティ・ジョーンズが鳴らす。この感動的な場面もスマートフォンの配信によって、カルガリーのブロンウィン宅に届けられた。

ものでもあるからです。ミック・マクマナス、ジャイアント・ヘイスタックス、テレビドラマでも有名な〝ボンバー〟パット・ローチ。彼らが歴史に残るレスラーであることは、みなさんもご存じでしょう。そして、あなた方にも、そして私にも近い偉大な人物が先日亡くなってしまいました。トミー・ビリントン。ダイナマイトと呼ばれた男です。彼は日本をはじめ、世界中で活躍しました。いまの私にできることは、ここに集まっていただいた友人と家族のために、彼との思い出を語り、彼についての話を聞くことです。それこそが正しいことだと思います。彼は紛れもなく世界最高峰のプロレスラーでした。彼はプロレス業界の内外を信じ、闘ってきました。それによって、私の男前な顔もボコボコにされました！　しかし、やった分だけやり返される。ダイナマイトは、それを承知で闘っていたのです。ですから、彼への敬意を表して、このベルを鳴らさせていただきたい。すでに日本では、これと同じこと（追悼の10カウントゴング）がおこなわれています。本来なら先ほど教会でやるべきなのでしょうが、最後にこの場を借りてベルを鳴らさせてください。みなさん、ご起立願います」

その場にいた人たちが静粛に立ち上がると、ジョーンズは10回、ゆっくりと噛みしめるようにベルを叩いた。

カナダの家族がキッドの命日に集まることは恒例になった。2021年には新型コロナウイルス禍のため屋外で父を追悼。左から次女アマリス、長男マレック、前妻ミシェル、長女ブロンウィン。

ブロンウィンはカルガリーで幸せな日々を送っており、2人の娘を育てながら父に関するイベントにも登場している。左から長女マイアミ、次女ハーロー、ブロンウィン、夫アーロン。

「ありがとうございました」

ジョーンズが礼を述べると拍手が沸き起こり、お別れの会は終了となった。

この10カウントの模様をスマホのレンズ越しに見ていたのが、カルガリーのブロンウィンとその家族である。

「ジョーンズさんの10カウントが私たちの気持ちを穏やかにしてくれました。その映像を見ながら、私はこんなことを考えていたんです。〝お父さんは今日、永遠の眠りについたんだね。お父さん、愛しているよ。寂しくなるね。でも、お父さんはもう痛みから解放されたんだよね。いまはもう、天国にいるおじいちゃんたちと一緒なのかな？　ハート・ファミリーの亡くなった人たちとも一緒なのかな？〟と。つらいけど、映像を通じてイギリスのファミリーとも一体になれた気がします。お父さんは、天国でもプロレスをするのかな？」

第7章でも触れたようにブロンウィンは2008年、娘の誕生を機に父との関係を修復させた。しかし、長男マレックと次女アマリスは父と疎遠のままだった。とくにアマリスは一度も父とは会ったことがない。

が、それでもこの時間、家族は父への思いでひとつにまとまった。いまでは前夫人のミシェルも

キッドの次女アマリスには、夫ダンとの間に娘タヤが誕生。キッドにとって、４人目の孫になる。

キッドに対して悪い感情は抱いていないという。ブロンウィンには２０１９年7月、次女ハーローが誕生した。

キッドの死去から1年後、ブロンウィンたちはカルガリーにあるイングリッシュパブに集まり、イギリスの名物料理フィッシュ・アンド・チップスを食べながら父の思い出に浸った。

２０２０年12月の三回忌はパンデミックのため規制がかかり外食はできなかったが、アルバータ州エアドリーで催されるライト・フェスティバルに集まり、公園内の夜景とともに在りし日の父を偲んだ。どうやら、キッドの命日にファミリーで集まるのが恒例になったようである。

２０２１年2月現在、ブロンウィンはＲＣＷ（リアル・カナディアン・レスリング）が興行を打てないためプロレスのマネージャー業は開店休業中。レスラーでもあったダイナマイト・ダンとは別れるも、ボーイフレンドのアーロンと結婚し、２人の子育てに励みながら法律事務所のアシスタントとして働いている。

母ミシェルは教師をしており、マレック、アマリスはいずれも結婚して子どもが生まれた。キッドには、４人の孫ができたことになる。

２０２０年4月、マークがキッドの遺灰をドット夫人から譲り受けた。骨

キッドの遺灰が入った骨壺を手にする弟のマーク・ビリントン。彼の自宅には、多くのキッドのグッズやポスターが飾られている。

壺に入った遺灰は、弟宅で大切に保管されている。

キッドが亡くなる前、マークは記憶を確認するため、あえて何度も同じことを聞いていた。

「トミー、君にプロレスを教えたのは誰？」

そのたびにキッドは「テッド・ベトレーだ」と答えたという。ベトレーに出会わなければ、プロレスラーにはならなかった。そして、タイガーマスクと出会うこともなかった。

キッドが私に送ってきた自伝用のカセットテープには、ベトレーのインタビューも含まれていた。自分にとって師匠がいかに大切な存在だったかを知らせたかったのだろう。

マークは息子2人がデビューした後、若き日のキッドが練習に励んでいたベトレーのジム跡地に連れて行った。「ここからすべてが始まったのだ」と伝えるためだ。

2019年2月、トーマス＆マークのダイナミック・デュオは「ビリントン・ブルドッグス」に

トーマス＆マークのビリントン兄弟がテッド・ベトレーのジム跡地を訪問。この場所で“プロレスラー”ダイナマイト・キッドの歴史がスタートしたのだ。

チーム名を改称した。キッドを輩出したビリントン・ファミリーを、そしてキッド&スミスのブリティッシュ・ブルドッグスのレガシー（遺産）を継承するために――。

ダイナミック・デュオ改めビリントン・ブルドッグス。世界が再び自由に行き来できるようになったら真っ先に見たいもの。そのひとつがビリントン・ブルドッグスの来日である。

第10章　2020年7月31日、マーク・ロコが永眠

２０１６年12月に初代タイガーマスクと約33年ぶりの再会を果たしたブラック・タイガーこと〝ローラーボール〟マーク・ロコは、この年の大晦日、テレビの全国放送で元気な姿を見せていた。

１９８５年に終了した『ワールド・オブ・スポーツ』（以下、ＷＯＳ）が30年以上の時を経て、同じＩＴＶで復活。その第１回放送に、特別ゲストとして招待されたのだ。

オンエアは12月31日だったが、収録は11月１日にマンチェスターのメディアシティ・スタジオでおこなわれている。この収録場所が示すように新生ＷＯＳはプロレス団体の中継ではなく、テレビ番組としてのプロレスである。

かつてのＷＯＳはサッカーをはじめ、あらゆるスポーツで週末の午後を網羅するマガジンタイプの長時間放送だった。が、当時の一般社会にはプロレスのイメージで浸透していた。〝ＷＯＳ＝プロレス〟でもあったのだ。

この新生ＷＯＳも同じプロレスの番組ではあるものの、あくまでもエンターテインメントプログラムとしての製作に徹しており、バックステージ映像も含めＷＷＥを模倣した、よく言えばいま風の作りに変貌していた。

とはいえ、ところどころで歴史をリスペクトし、〝30年ぶりの復活〟を実況陣が強調。メインアナウンサーは、元ＷＷＥのジム・ロスである。その彼がイギリスのレジェンドレスラーの名前を連呼すると、どこか不思議な気分に浸ってしまう。

第1回放送では、試合の合間、かつ番組の途中にレジェンドたちのインタビュー映像が挿入された。プロモーターのブライアン・ディクソン、ジョニー・セイント、マーク・ロコ、マーティ・ジョーンズ、クロンダイク・ケイトがイギリスマット界を語り、ところどころで過去の試合映像がフラッシュバックされる。

番組内ではそのほかにも、ビッグ・ダディ、ジャイアント・ヘイスタックス、ケンドー・ナガサキ、クンフー、そしてダイナマイト・キッドら時代を彩ったスーパースターたちの勇姿が次から次へと映し出された。

カメラが場内に戻ると、最前列に陣取るロコたちの姿が目に入る。ロコの横にはアン夫人の姿もあった。そして、結果的にこの放送がロコにとって「最後の公の場」になってしまう。

なお、ITVで放送されていた新生WOSは2018年9月29日に終了。翌年1月18日から2月3日まではマンチェスター、ノリッジのスタジオを飛び出し、国内6ヵ所でUKライブツ

テレビ番組『TNAブリティッシュ・ブートキャンプ』に“ローラーボール”マーク・ロコが出演。４人の候補生をコーチした。その後、マーティ・スカルは新日本プロレスに来日。優勝者のスパッドは、「ドレイク・マーベリック」としてWWEに登場した。

アーをおこなった。

新生WOS初回放送の前にも、ロコはイギリスのテレビ番組に出演している。アメリカのプロレス団体TNAがイギリスでも人気を博しており、ある時期にはWWEより多くの人たちが中継を視聴していたという。そのため、TNA側はイギリス独自のリアリティー番組を製作。2012年9月に撮影がおこなわれ、翌年1月1日、アメリカ行きを夢見る選手たちが契約を勝ち取ろうと奮闘する姿を追う『TNA BRITISH BOOTCAMP（TNAブリティッシュ・ブートキャンプ）』がスタートした。

そのシーズン1に、ロコがコーチ役として出演しているのだ。ほかにダグ・ウィリアムス、アル・スノーがコーチにつき、マーティ・スカル、〝ロックスター〟スパッド、双子姉妹ブロッサム・ツインズの4名が候補生として競い合った。ロコはこの番組内で、新日本プロレス時代にコーチしたハルク・ホーガンと再会している。

アルツハイマー型認知症により介護施設に入院

2016年12月の来日時には、日本で会った人たちの全員が若々しいロコの姿に驚いていたものだが、家族はその頃、すでにアルツハイマーの気配を感じていたという。

私も気づかなかったのだが、もしかしたらデモテープを送ってきたときのことをおぼえていなかったり、サイン会での一時的体調不良もそれが原因だったのか。

ロコはマンチェスター・ユナイテッドのジョージ・ベストが経営するカジノでディーラーとして働く同い年のアンと出会い、1978年2月13日に結婚した。

１９８２年８月18日に長男ジョナサン、１９８４年６月１日に次男リチャードと２人の子宝に恵まれた。ジョナサンが生まれたのはロコがブラック・タイガーとしてタイガーマスクとのライバル関係をスタートさせた頃で、リチャードはタイガーマスクが新日本プロレスを去った翌年に誕生している。

２人には幼い頃、日本から来た山田恵一に遊んでもらった記憶がある。山田にとっては「英語の勉強のひとつとしてやっていましたよ（笑）」とのことで、ジョナサンからすると「フランキーが何を言っているのかわからなかった（笑）」ということになる。いずれにしろ兄弟にとって山田との時間はよい思い出のようだ。

フランキーとは、当時の山田のニックネームである。由来は試合後、激しい試合でボコボコになった顔がフランケンシュタインに見えたからだ。この話はロコやトニー・セントクレアーからも聞いており、レスラー仲間の間では〝フライング〟フジ・ヤマダよりもフランキーで通っていたらしい。

ロコの物忘れの多さに気づいたのは、やはりアン夫人だった。２０１４年頃のことだというから、来日の２年ほど前になる。私がテネリフェでインタビューしたのが２０１６年６月。このときは、むしろ記憶力のよさに驚いたほど

長男ジョナサン（左）、次男リチャードがまだ幼い頃のロコのファミリー。２人の兄弟は、山田恵一と「遊び仲間」でもあった。

だったのだが…。

佐山との再会から帰国後の2017年、ロコの物忘れが顕著になっていく。医師にアルツハイマー型認知症と診断され、入院したとの話は若干こちらの耳にも届いていた。

2018年7月にイギリスでキッドの甥たちに会ったとき、もし可能ならばロコのお見舞いにも行きたいと考えていた。だが、キッド同様に見送った方がいいとの助言をもらい、遠慮している。

話によると、多くの記憶が飛んでおり、人の判別さえ危ういというではないか。状況を聞いていると、私をおぼえている可能性はかなり低そうだ。その上、かなり攻撃的になっているともいう。

ある日、長男のジョナサンがロコをオールスター・プロモーションズのハル大会に連れて行った。が、少年時代から親交のあるディクソン代表さえも、ロコの記憶から消えていた。

ロコは食事を取ることさえ忘れてしまう状態となり、2020年にはマンチェスターの西、ウィガンの南に位置するウォリントンの介護施設に入った。すでに劇的回復は望めそうにない状況だった。

そして、同年7月31日の午前8時32分、ロコの生涯が幕を閉じる。69歳の若さだった。

最期を看取ったのは偶然、施設に来ていたロコのプロレスの師コーリン・ジョインソンと、デーブ・テイラーの兄であるスティーブ・テイラーだった。2人は真っ先に訃報をディクソン代表に伝えた。さらにイギリスの大衆紙ザ・サン電子版が「ブレイキングニュース（ニュース速報）」としてロコの死を報じる。

逝去の知らせは、世界中のプロレス関係者に衝撃を与えた。同郷の後輩ウィリアム・リーガル、イギリスで対戦したブレット・ハート、日本でレスリングの指導を受けたハルク・ホーガンらが、お悔やみのメッセージを送った。

日英を通じて激闘を展開した佐山も「マークが亡くなりショックを隠せません。昨年会っていて本当に良かったと思います。彼は奥さんと一緒に来日していたのですが、レスラー（引退）後の幸福感が、しみじみと出ていた英国紳士の姿でした。冥福を祈りたい」とSNSでライバルの早すぎる死を悼んだ。

マーク・ロコの葬儀にリモートで参列

私もロコの家族にお悔やみの言葉をメールで送付した。できることなら、イギリスに飛んで葬儀に参列させてもらいたい。が、新型コロナウイルス禍により、渡英は不可能な状況だ。

とはいえ、リモートで参列できる方法があるという。8月20日にマンチェスターで執りおこなわれる葬儀は、感染拡大防止対策で近親者のみの27名限定。しかし、希望者に送られるパスワードをパソコンやスマホに入力すれば、ライブ映像を視聴しながら参列できるのだ。

イギリスと日本の時差は8時間（夏時間）。現地時間の午前11時、日本時間の午後7時、葬儀はしめやかに営まれ、私もリモート参加した。ここに、その模様を一部抜粋して再現する。

映像ではアン夫人と2人の息子、ジョニー・セイント、マーティ・ジョーンズ、コーリン・ジョインソンの姿が確認できる。教会内後方の定点カメラのため、着席すると後ろ姿しか見えない状態だ。

まずは義理の娘スザンヌ・ハッシーの詩が代読された。

マーク〝ローラーボール〟ロコ。時代を築いた男。

パソコンの画面を通してロコの葬儀の模様を撮影。マーティ・ジョーンズが弔辞を述べ、10カウントを捧げようとしている場面である。ジョーンズの前にいる3人がロコの遺族。右にはジョニー・セイントの姿も見える。

人生を精一杯生き抜き、決してプライドを曲げなかった。
よき父であり、よき夫であり。
彼は家族に人生を捧げてきた。
老若男女問わず、よき友人であり続けた。
使命感に燃え、最高であり続けようとした男。
彼は初代ブラック・タイガー。
彼こそがボス。
ファンから、友人から、息子から、そして妻から。
決して消えることのない伝説として、彼の名は永遠に記憶される。

つづいてロコの経歴が紹介された。そのなかには佐山サトル、サミー・リーとの出会いも含まれている。ここでの佐山の呼称は、「リー・サヤマ」。ロコがブラック・タイガーとして新日本プロレスに参戦し、「佐山が変身したタイガーマスクと日本のテレビ史に残る名勝負を繰り広げてきた」との説明もなされた。

ロコにプロレスをコーチしたコーリン・ジョ

インソンの弔辞は、以下の通りである。

「私がマークに初めて出会ったのは、1965年のことだった。その頃のマークは、レスリングにまったく興味を示さない子どもだった。父がレスラーなのに、彼の興味は乗馬に向いていた。父ジム（・ハッシー）が乗馬をやらせたからだ。ジムがパリに遠征していたとき、私は道場でタリー・ホー・ケイを指導していた。そこをのぞき見しているのがマークだった。〝何をしているんだい？こっちに来なさい〞。話を聞いてみると、本当はレスリングをやりたいのだという。それから私は、ジムには内緒でマークをトレーニングするようになった。ある巡業で私とジムが一緒だったんだが、そこにマークもついてきた。その日、いくら待っても私の相手がやって来ない。そこで、私はマークにレスリングシューズを履かせたんだ。そして、こう言った。〝このシューズを履いてリングに立て〞。マークのレスラー人生は、こうして始まった。彼の日本遠征（国際プロレスへの初来日）も私が関係している。私の推薦で、マークが選ばれたんだ。マークは日本（新日本プロレス）で、ハルク・ホーガンをコーチした。ホーガンはその後、業界のトップに立つ男だ。ホーガンにレスリングを教えたマークは、すでにマーク・ハッシーでもマーク・ロコでもなかった。イギリスに帰国したら、ミニホーガンみたいな身体になっていたんだよ！　教える立場であり、ホーガンからも多くを吸収したようだ。彼は、やることすべてで成功した。プロレスだけじゃない。テネリフェでのビジネスも同様だった。ウォリントンの介護施設に見舞いに行ったときが最後になってしまった。マーク、君と出会えて本当によかったよ。君は本当に働き者だったね。ありがとう」

　つづいて長男ジョナサン・ハッシーが弔辞を述べた。

「僕たちがまだ小さかった頃、父さんはよくじゃれ合ってくれたよね。よくベッドの上にボディースラムで投げられたよ。僕も弟も父さんみたいに相当いかれていたね（笑）。僕たちは、他の子から見たら夢のような兄弟だったと思う。父さんはプロレスラーだったから、おもしろい話もたくさんしてくれた。嘘もあったけどね（笑）。これからは、僕たち兄弟と孫のアルビーが父さんのレガシー（遺産）を受け継がせてもらうよ。父さんは、永遠に僕たちの心のなかにいます。思い出をありがとう。僕たちの父でいてくれてありがとう。これからもずっと愛している。ありがとう」

最後にマーティ・ジョーンズの弔辞を紹介しよう。

「華やかでカリスマ性に富み、ショーマンシップに溢れた男。何をするにしても、マークはナンバーワンになろうとした。マーク・ロコがいたから、いまの私があるんだ。私は、彼の父ジム・ハッシーを通じてマークと出会った。ジムに誘われたパブに、乗馬の練習を終えたマークがやって来たんだ。彼はかっこいい車で乗りつけた。色は忘れたけど、スポーツカーだ。うらやましかったなあ。握手を交わすと、彼が〝趣味はなんだい？〟と聞いてきた。私はアマレスをやっていて、プロを目指していると答えた。釣りも趣味だと伝えたよ。自転車も好きだと言ったら、マークは〝俺は馬を持ってる〟と言ってきた。その後、私たちはともにプロレスラーになった。もしも誰かがプロレスはフェイクだと言ってきたら、私たちの試合、マークとの試合を見ろと言うだろう。マークとの試合で私は傷だらけになり、何針も縫った。プロレスはフェイクだと信じていた医者が私の傷を見て考えをあらためた。マークにやられた傷だ。ラダーマッチ、ケージマッチ、ストラップマッチ、いつだって私たちが（イギリスでの）先駆者だった。マークは、常にプロレスをプロレスらしく守っていこうと考えていた。数年前、家族とともに同窓会に来てくれた君に、ハグをしようか、それとも背中を叩こうかと迷っていたんだが、どちらもできなかった。君は私が誰だかわからなかったからだ。それでも、君が偉大なるレジェンドであることに変わりはない。君こそ真のレジェンドだ。今日ここに、私はベルを持ってきました。10カウントでマークを送り出したいと思います。

ミック・マクマナス、パット・ローチ、そしてダイナマイト・キッドのときも、このベルで10カウントが捧げられました。今度はマーク・ロコ、君の番だ。友よ、また会う日まで」

そして、ジョーンズがベルを10回叩き、参列者が黙祷を捧げて約40分間の葬儀が終了した。

現在、アン夫人と長男ジョナサンはテネリフェを離れ、マンチェスターに移住している。

ジョナサンは元プロボクサーで、ジョノ・ロコのリングネームでウェルター級の選手だった。２００５年７月にデビューし、２０１０年５月に引退。17戦15勝２敗の戦績を残した。引退後はト

左から長男ジョナサン（ジョノ・ロコ）、ロコ、妻アン。ロコはアン夫人を、アン夫人はロコを出会ったときからずっと愛し続けていた。筆者から見ても理想的な夫婦だった。

次男リチャードが息子アルビーを連れて介護施設へ向かった際のショット。初孫を祖父と対面させるためだった。

レーナーとして活動している。

次男リチャードはテネリフェに残り、バーを経営。２０１８年5月5日に誕生した彼の息子アルビーは、ロコにとって初孫になる。

それにしても、ダイナマイト・キッドとマーク・ロコは不思議な関係にある。年齢はキッドの方が若いのだが、国際プロレスへの初来日、新日本プロレスへの初参戦、日本でのタイガーマスクとの対戦、ＭＳＧ初登場など、すべてがロコより先なのだ。しかも、天に召される順序まで同じとは――。

そして、そのキッド、ロコ双方を10カウントで天国へ送り出したのが彼らの終生のライバルであり、イギリスのプロレスを変革した「トライアングル」の一角であるマーティ・ジョーンズ。それもまた、必然だったに違いない。

第11章　初代タイガーマスクの復活ロード

２年４ヵ月というわずかな期間ながらも、濃密すぎる時間をタイガーマスクとして過ごした佐山サトルは、新日本プロレス離脱から半年後の１９８４年2月11日、若手時代からイメージしていた格闘技を具現化すべく、都内に『タイガー・ジム』をオープンした。これには新日本の後輩で付き人だった山崎一夫がインストラクターとして参画、理想の格闘技『シューティング』が実現に向けて動き始めた。

しかし、ジムの名称からも察せられるように、プロレスから離れた佐山から「タイガー」の名前が消えることはなかった。入門生のほとんどが〝プロレスラー〟タイガーマスクへのあこがれや興味からジムに入ってくる。四次元プロレスと未知の格闘技とのギャップに違和感をおぼえた者も少なくないだろう。

だからこそ、佐山はプロレスと新格闘技との融合でシューティングの「イントロダクション」をおこなうことを考えた。６月28日に旧ＵＷＦへの参戦を表明し、７月23日&24日の後楽園ホール大会『無限大記念日』にザ・タイガーとして出場。実に３５４日ぶりのリング復帰だった。

８月４日に旧ＵＷＦへの入団を発表すると、スーパー・タイガーを名乗り所属選手として試合をするようになる。

１９８５年２月18日の後楽園大会からはリングネームはそのままに、マスクを脱いで素顔で試合をおこなっていく。これにより〝虎のマスク〟は、過去の顔となった。

一度はプロレスを捨てた佐山が再びプロレスのリングに上がったのは、それじたいが目的ではない。あくまでも理想とする格闘技、シューティングのスタイルを外部に伝える必要があったからだ。当時はまだ、打撃から投げを打ち関節を極める「打・投・極」のスタイルは見る側に浸透していなかった。これをプロレスに組み合わせることで理解を得ようとしたのだ。言い方を変えれば、ある意味、プロレスを利用したのかもしれない。

しかし、佐山の急進的すぎるスタイルに選手たちが反発し、軋轢が生じた。9月2日、大阪府立臨海スポーツセンターにおける前田日明との不可解な喧嘩マッチ。のちに新生UWFで大ブレイクする前田だが、このときはまだ佐山のやり方に理解を示す者は少なかった。

佐山は、9月11日の後楽園大会を最後に旧UWFを離脱。1ヵ月後に退団を正式に発表し、プロレス界から2度目の引退となった。

さらに、この時期は自分名義の著書『ケーフェイ』の出版もあり、プロレス界とは絶縁状態となってしまう。

自ら『リアルジャパンプロレス』を旗揚げ

1986年6月30日、佐山が闘いの場に帰ってきた。『第1回プリ・シューティング大会』を後楽園ホールで開催したのだ。試合は斬新すぎる八角形のマット上でおこなわれ、プロレス色を一掃。格闘技は四角形のリングでおこなうという常識をものの見事に覆してみせた。

1987年3月にはシューティングを「修斗」と改称し、修斗協会を設立、自らは代表に就任した。佐山は組織のなかでルール整備、選手育成、アマチュア大会開催など、競技としての修斗を根本から構築していく。

新しい格闘技の土台を作り、定着させ、後進のために発展させる――。それが佐山のなすべき仕事だった。すべては、自身の夢と理想の具現化である。

１９８９年5月にはプロ化が実現。１９９３年9月にはオープントーナメントが開催され、他種格闘技との交流が本格的にスタートする。

この頃から、格闘技界は「なんでもあり」を意味するバーリ・トゥードが席捲。この流れを作り、日本で総合格闘技の礎を築いたのが佐山だった。

その流れはプロレス界にもおよび、１９９４年にはプロシューターたちが青柳政司率いる新格闘プロレスのリングに上がった。

当然、その逆もあり、同年3月には佐山が新日本プロレスへの参戦を発表。5月1日、福岡ドームにて「〃初代タイガーマスク〃佐山聡」として10年ぶりに古巣のリングに上がり、獣神サンダー・ライガーとエキシビションマッチをおこなった。

このときの佐山の照れ隠し的コメントが誤解を呼び、物議を醸す。佐山のプロレス復帰に対し、ファンはまだ懐疑的だったのだ。

この時期は後継者のプロジェクトも進行しており、１９９５年7月15日に佐山自身が育成した選手を4代目タイガーマスクとしてプロレスデビューさせている。

この年の12月30日には、アントニオ猪木主催興行にて小林邦昭とのライバル対決がリバイバルされた。この試合が「初代タイガーマスク」としての本格再スタートとなる。

プロレス界に戻ってきた佐山は、１９９６年7月の体制刷新とともに修斗を離れた。この直前、佐山は初代タイガーとして4代目と師弟対決。6月30日、力道山追悼興行でおこなわれたカードである。

8月にはみちのくプロレスに初参戦し、その後、大小問わずさまざまなプロレス団体に参戦するようになった。10月10日には、みちプロの両国国技館大会でダイナマイト・キッドと試合で再会。1997年には猪木が立ち上げたUFO（世界格闘技連合）に「タイガーキング」のリングネームで参画し、2000年には女子団体LLPWのリングにも上がった。

とはいえ、プロレス活動と並行して1999年5月には掣圏道を創設。掣圏道とは、「街中での闘いを想定した市街地型実戦武道である」と佐山は説明した。街中の闘いとはいえ、それは単なる喧嘩ではなく、日本古来の精神、礼儀作法を重んじる正統派の武道として定義された。

掣圏道はロシアから選手団を招聘し、同年7月に北海道でプロとしての興行がスタート。2000年以降にはPRIDE、シュートボクシングなどに選手を送り込むとともに、パンクラスと対抗戦もおこなった。

2003年9月21日には大田区体育館で、タイガープロモーション主催『掣圏トーナメント』を開催した。これは掣圏道とプロレスの合体興行で、佐山は「ザ・マスク・オブ・タイガー」としてザ・グレート・サスケとシングルマッチをおこなっている。

掣圏道は、2004年12月に「掣圏真陰流」に改称。佐山はプロレスラーとして、また、掣圏真陰流総監として二足の草鞋で活動していく。

2005年1月27日には、再び自身の興行を開催した。国立代々木第2競技場『レジェンド・チャンピオンシップ』は、のちに旗揚げするリアルジャパンプロレスの原点となる大会でもあった。この大会で新設されたレジェンド王座は、リアルジャパンのフラッグシップタイトルとなる。

そして4月16日、お台場でのプレ旗揚げ戦を経て、6月9日に後楽園ホールにてリアルジャパンプロレスが正式にスタートした。これは、佐山が自ら興した初めての〝プロレス団体〟である。

「もうちょっと病院に来るのが遅かったら死んでいたよ」

プロレス復帰以降、佐山はさまざまな団体に上がってきた。しかし、すべては招待選手的な扱いだった。良く言えば特別ゲストであり、悪く言えば客寄せパンダだ。すべてはタイガーマスクのネームバリューがあってこそなのだが、ゲストだけに継続性には欠けてしまう。

そんな欠点を補い環境を整えたのが、佐山の、佐山による、佐山のための新団体だった。それは同時に、多くのファンが描いた夢も実現させてくれた。

このリアルジャパンのリングで、佐山はさまざまな闘いにチャレンジしていく。

たとえば、かつて闘ってきたレスラーとの〝懐かしの対決〟。虎ハンターと呼ばれた小林邦昭やグラン浜田との対戦がこれにあたる。ともに年齢を重ねているだけに、当時そのままの動きではなかったとしても、あの時代を蘇らせるカリスマ性がこの世代のレスラーには備わっている。藤波辰爾や長州力とのタッグ結成も、あの頃の新日本プロレスにタイムスリップさせてくれた。

また、かつては不可能だった〝夢の対決〟。その最たる例が2代目タイガーマスク・三沢光晴との初遭遇だろう。この試合は２００８年12月４日の後楽園ホール、初代タイガーマスク&ウルティモ・ドラゴンvs三沢光晴&鈴木鼓太郎という形で実現し、試合は団体史上最大級の盛り上がりをみせた。三沢は当然、素顔だが、初代と2代目の絡みはあの時代を知る者には垂涎の顔合わせ。後にも先にも、両者の対戦はこの一度きりである。

ジュニアの枠を超越した〝異次元対決〟も、１９８０年代には考えられなかった。ここにはノスタルジーと現在の闘いが同居する。天龍源一郎、高山善廣、鈴木みのるがその代表格か。大仁田厚とのデスマッチも、まさに異次元の対決だった。こちらは両者がジュニア王者だった時代に対戦の話題が持ち上ったこともあったが、有刺鉄線バットを用いたデスマッチは現在の対大仁田ならではである。

リアルジャパンはこうした対決を実現させる一方、レジェンドを単なるレジェンドで終わらせなかった。初代タイガーは〝いまが旬の闘い〟にも積極的に入って行き、飯伏幸太との対戦では1980年代にはなかった進化形の空中殺法に身を置いた。飯伏は当時、DDTプロレスリングに所属していたが、その後、佐山の原点である新日本プロレスのリングに到達している。

〝異次元対決〟にして、〝旬の闘い〟の究極と言えるのが大相撲の元横綱・曙との一騎打ちだろう。

2015年3月20日、後楽園ホールで初代タイガーと曙のシングルマッチが実現。当時の曙は全日本プロレスの元三冠ヘビー級王者にして、『チャンピオンカーニバル』初制覇直前とバリバリのトップレスラー。言うまでもなく体格はスーパーヘビー級で、初代タイガーとの体重差は100キロ以上あった。果たして、ここまで闘いの幅が広いレジェンドレスラーが他にいるだろうか。

この一戦で初代タイガーは曙の全体重を浴びせたランニング・ボディープレスを受け、フォール負けを喫してしまう。

試合後、初代タイガーは胸の痛みを訴えた。現場に居合わせたリアルジャパンの平井丈雅代表(現ストロングスタイルプロレス代表)は、そのときの様子をこう語る。

「試合が終わってコメントスペースへ行くときから、佐山先生は心臓のあたりが痛いと盛んにおっしゃっていたんです。ふだんはどこが痛いとかおっしゃらないのですが、先生に〝具合はどうですか?〟とお聞きしたら、〝心臓が痛いんだ〟と。〝それなら病院に行かないといけませんね〟と話をしたんですけども、〝もうちょっと様子を見てみるから、待ってくれ〟とおっしゃられたんです。先生の場合、これまでに怪我をされたり、かなり具合が悪くても、あまり病院には行かず、もしかしたらこれはプロレスラーの性なのかもしれないですが、ご自分のなかで（自然に）治すというのがあるそうです。なので、あまりしつこく進言するのもいけないと思い、何日かに1回くらいの割合で具合を伺っていました」

佐山自身は、このときの容態を次のように振り返る。

「曙との試合が終わってから、どうも心臓のあたりが痛いんですよ。試合が終わった後、みんなで食事に行ったんですけども、その場でも僕はずっと痛いと言っていました。最初は外傷の方、筋肉の痛みじゃないかと思っていたんですけどね」

佐山としては試合前、胸部への異変はとくに感じていなかったため、試合中に受けたダメージによる痛みと判断したのだ。が、それから1ヵ月が経過した4月下旬、胸の痛みが治まらず、平井代表は病院での精密検査を勧めた。

佐山がつづける。

「歩いていて苦しくなってくるし、苦しいから歩行距離が短くなる。そろそろ病院に行かなきゃいけないなと思って行ったんですけども、筋肉を痛めたわけじゃなくて、狭心症という診断でした。原因？　それがわからないんです」

狭心症とは、心臓の筋肉に供給される酸素が不足するために、胸部に痛みや圧迫感が起こる病気だ。運動時に痛みや胸を締め付けられるような圧迫感をおぼえることが多いが、安静にしていれば収まったりするため、医者に判断を仰がない人も多いという。しかし、放置しておくことは大きなリスクを伴うことにもつながりかねない。

佐山の言う「そろそろ」とは、実は「ギリギリ」だった。平井代表が振り返る。

「〝もうちょっと病院に来るのが遅かったら死んでいたよ〟と、お医者さんから言われました。なんとか間に合ってよかったです。その後、カテーテル手術を受けました。心臓のなかの3本の血管が細くなっていて、血が通らない。なので、脚の方からカテーテルを通して血管を広げる手術をおこなったんです。手術は4時間かかりましたが、無事成功しました。それから4日間ほど入院しまして、その後は心臓のクスリを10種類飲み、あとは徹底した食事療法をされています」

佐山には、小学生時代にも心臓の病気を患った経験がある。それが関係しているのか、あるいは曙戦でのダメージが影響しているのか、どちらも因果関係はわかっていない。

手術がおこなわれたのは5月22日。このとき、リアルジャパンプロレスは10周年記念大会を6月11日に控えていた。

当然、佐山の試合出場は無理である。ただ、徐々にではあるが、体調は回復に向かっていた。実際に佐山は当日のリングに上がり、ジョークをまじえ経過を報告。また、今大会では約5キロの純金を使用した時価６０００万円の黄金マスクが披露された。

闘病生活を続けながら、佐山は新たな武道の創造に尽力していた。新しいというよりも、今回は日本の武道、その原点への回帰と言った方が正しいだろう。「須麻比（すまひ）」である。

佐山によると、須麻比とは日本最古の武道であり、その期限は紀元前23年（垂仁7年）に遡る日本最古の天覧試合。当時は「競技」ではなく、あくまでも神事としての「奉納儀式」で、相撲をはじめとするすべての武道の原点とされているという。

精神性の高い須麻比をこの現代に蘇らせようと、佐山は２０１６年に日本須麻比協会を設立。6月23日、リアルジャパンの後楽園ホール大会で佐山は白いマスクとコスチューム、オープンフィンガーグローブを着用しリングに上がると、ミノワマンを相手に須麻比のデモンストレーションを披露した。

また、10月29日には『日本須麻比協会学部省始動会議』を開催、会長の佐山が講演をおこなった。が、平井代表によると狭心症が完治したわけではない。つまり、体調がすぐれないなか、佐山は須麻比のシステム作りに奔走していたのだ。

しかしながら、２０１７年２月４日にはＴＤＣホールでの『闘儀の会』開催が予定されるも、１月14日に「須麻比精神学の学習が必修で、選手にも習得が義務。学習と選手育成に大幅な時間を要し、開催日まで習得が困難と判断し、学習方法から見直す」との発表があり、延期が決定。事実、須麻比を理解するにはかなりの時間と労力が必要と思われる。佐山の体調問題も無関係ではないだろう。

〝暗闇の虎〟との再会と〝爆弾小僧〟との別れ

とはいえ、延期の決断がされたであろうその前に、初代タイガーは一時リングに上がり復帰戦をおこなった。２０１６年12月７日のリアルジャパン後楽園ホール大会である。

「大会の１ヵ月くらい前に、佐山先生の方から〝身体がだんだん回復に向かっているみたいなので、一回試合に出てみるよ〟とおっしゃられました。先生の場合、苦しくても苦しいと言わなかったり、そういうお言葉がほとんどない方なので、本当に大丈夫なのだろうかと心配したのですが、先生がそうおっしゃるので、こちらとしては〝承知しました。よろしくお願いします〟と答えました。もちろん、お医者さんからの許可も得ています」（平井）

1年9ヵ月ぶりの復帰戦。6人タッグマッチとあって、どの程度回復したのか判断は難しかったものの、最後はハイキックで雷神矢口から勝利を飾った。

そのとき、リングサイドからスタンディングオベーションを送っていたのが佐山と33年ぶりの再会を果たしていたかつてのライバル、ブラック・タイガーこと〝ローラーボール〟マーク・ロコである。

しかしその後、初代タイガーは再び試合を欠場した。

「試合が終わった後、もうこれ以上はできないというようなダメージではなかったですが、先生の復帰はまだちょっと早かったという印象はありました。その12月の試合が終わった時点で、次の試合はどうするかという話はしませんでした。完全復帰にはもう少し様子を見てから、と感じました」（平井）

再度の欠場は、2017年3月開催の次回大会のカードを決める2月の時点で決定した。前回のように、出場に前向きな言葉が佐山から聞かれなかったからだ。

「出るというお言葉がなかったので、出場は見送りました。療養中ですので、こちらから出てくださいとも言えません。何もお言葉がないということは、まだ出る時期じゃないと佐山先生の方が判断しているということですから」（平井）

再度、リングを離れた初代タイガー。それだけに、ロコに自身の闘う姿を見せられた一時復活は運命的としか思えない。

同じ意味で、ダイナマイト・キッドの逝去翌日にリアルジャパンの大会が開催されたことも運命的だ。

2018年12月5日、60歳の誕生日というまさにその日に、キッドはこの世を去った。そのニュースが佐山のもとにイギリスから届けられたのは、日本時間の午後7時を過ぎたあたりだった。

「訃報を聞かれたとき、佐山先生はかなりのショックを受けていました。ただ、最後の公の場と言われたイギリスでのイベントにメッセージを届けたり、NHKのドキュメンタリーで体調が思わしくないというのは聞いていたので、ある程度の覚悟はされていたと思います」（平井）

平井代表が奔走し、翌日の12月6日、後楽園大会でキッドの追悼セレモニーを開催。当日、初代タイガー、新間寿氏らがリングに上がり、追悼の10カウントゴングが打ち鳴らされた。

この日、リング上から初代タイガーは観客に向けて次のようなメッセージを送っている。

「昭和56年（1981年）4月23日、劇的な出会いがありました。それまでイギリスに渡っていた私の鼻を折ってくれた。いままで最高に素晴らしいライバルでした。ダイナマイトは、いま私を訪ねて日本のマットに来ているはずです。世界一のレスラーでした。タイガーマスクがあるのは、ダイナマイト・キッドのおかげです。トミー・ザ・ダイナマイト。この名前をみんなが愛していました。人間性も原理原則をしっかり守る、しっかりとした人間でした。私もダイナマイトによって、成長させられました。みなさん、ダイナマイトをいつまでも忘れないで、みなさんの脳に焼きつけてください」

この時期、平井代表は佐山からこれまでにない異変を感じ取っていた。

「2018年の暮れあたりか、もう少し前からかもしれませんが、会話とか歩き方も含めて、だんだんとご様子がきつそうな感じに見えてきたんですね。たとえば、歩くときに足を引きずるようになったりしてきたんです。佐山先生は〝自律神経が原因だと思う〟とか〝股関節を痛めているんじゃないかな〟と言いながらも、どれが本当の原因かもわからない状況で2019年を過ごされていました」（平井）

2019年、新間寿氏がレガシー部門においてWWE殿堂入りを果たした。8月6日に『新間寿会長殿堂入りを祝う会』が開催され、初代タイガーマスクも杖姿で出席。登壇して、スピーチもおこなった。

佐山は2019年12月5日の大会に来場し、リング上から挨拶。その後、血液検査を受けたというが、25日に容態が悪化し、救急車で病院に搬送された。

「クリスマスの朝でした。先生は〝身体が動かない〟と。午後には病院を出たのですが、これは本格的に検査治療、療養に入らないとまずいということになりました」（平井）

年が明けて2020年2月19日、現在『一般社団法人初代タイガーマスク後援会』の代表理事を務めている新間寿氏が佐山にパーキンソン病の疑いがあることを会見で明かした。

パーキンソン病とは、アントニオ猪木と異種格闘技戦を敢行したモハメド・アリが患ったことでも知られる進行性の神経変性疾患である。手足がこわばり震えたり、動作が遅くなったり、歩行に障害が出るなどさまざまな症状が見られるが、根本的な原因はまだ究明されていない。

佐山にも該当する症状が見られたが、あく

までも「疑い」であり、断定はできないとのこと。似た症状が出るパーキンソン病症候群の可能性もあるという。

「パーキンソン病のオーソリティーのお医者さんに診ていただいたのですが、佐山先生の場合は症状で似ている部分があるけれども、そうとは言い切れないということです。たとえば、狭いところが歩きにくい、エレベーターに乗りにくい。その反対に広いところだとスタスタと歩けたり、階段を上がるときにサッサッと行けたりしますから。ただ、私が思うに佐山先生の場合、人並みはずれた運動能力と人並みはずれた闘いをしてきましたから、そういう方はあまり前例がないと思うんです。それでお医者さんにもなかなかわかりにくい部分があるのかもしれません。試合で首や腰を負傷したこともありますし、ダメージの蓄積もありますし、いろんな要素が重なって、まだわからない部分が多い状況です」（平井）

この2020年、世界的な新型コロナウイルス禍により、プロレス界も大きな打撃を受けた。感染拡大防止もあり、3月19日の大会で佐山は来場を控え、無観客試合となった6月26日大会にはビデオメッセージを寄せるにとどまった。

そのなかで徐々にではあるが、回復の兆しも見え始めた。佐山は8月26日、千代田区にある神社・神田明神にて『武道精神と日本文化』と題する特別講演会を開催している。

神田明神はこの年、初代タイガーと数々のコラボレーションをおこない、6月13日より勝負のお守り「勝守」を授与。7月11日から8月30日まで、『初代タイガーマスクの武道精神と日本文化展』と題する特別展示会を実施し、歴代マスクをはじめ貴重な資料が公開された。

11月9日には、神田明神ホールにて大会も開催。初代タイガーは車イス姿ながら、新間氏とともに花道から登場し、観客に挨拶した。

2020年、都内・千代田区の神田明神資料館にてタイガーマスクの歴代マスクやコスチューム、数々の資料が展示された。

前述のように、展示会期間中となる8月26日、佐山は予定通り講演会に登場した。このときも車イスを使用していたが、冒頭にハッキリした口調で「病気のために半年以上、監禁状態でして、久々に出てくるので非常に緊張しています。新間さんといっしょだということで、ちょっと安心しているんですけども、何かあったときには新間さんが代わりにしゃべります。それから僕が倒れたとき、人工呼吸は女性だけにしてください」と独自のジョークも飛び出すほど。その後は武道精神と日本文化について熱く語り、史実に基づく武道論も展開した。1時間にも及ぶ講演をしっかりと完走してみせたのである。

講演終盤では、「半年前までは10分もしゃべれないくらいで、身体が震えたりとか大変な時期でしたが、やっとこのくらいしゃべれるようになりました」と安堵の表情も見せた佐山。さらには、「神田明神様がこういう機会を作ってくれました。昔、江戸時代にはこ

2020年8月26日、神田明神でおこなわれた初代タイガーマスクの講演会。久しぶりとなる公の場ながら、しっかりとした口調で完走し、もしもの場合に備えていた新間氏も一安心していた。

の近くにたくさんの剣術の道場があって、神田明神が守り神だった。この近くに道場（興義館）を作りたかったのも僕の念願でした。その神田明神さんが僕の思想をわかってくれて、武道とはどういうものかを聞きに来てくれたわけです。これをみなさんに披露できて、今日は幸せです」と喜びの思いも語った。

そして、「（ここで話したことが）私が残し

講演会の最後には、平井丈雅ストロングスタイルプロレス代表に促される形で佐山聖斗氏が挨拶。「父親のことも、こういった（武道と日本文化の）歴史的なことも含めて勉強している最中なので、よろしくお願いいたします」。

たい武道の世界です。闘い方も闘う姿勢も、すべてこの頭の中にすべて入っています。この病気を早く治していきたいと思います」と、今後に向けての意欲も見せた。

このイベントで佐山の車イスを押していたのが息子の佐山聖斗氏である。

聖斗氏は1990年9月10日生まれ。中学時代にバスケットボールを始め、東海大バスケ部では神奈川県の最優秀選手に選ばれている。その後は一般企業に就職しながら、3人制バスケットボールのプロリーグ『江東区フェニックス』の選手としても活躍した。

2020年8月18日、NHK・BSプレミアムのドキュメンタリー番組『アナザーストーリーズ 運命の分岐点 タイガーマスク伝説~愛と夢を届けるヒーローの真実~』でも紹介された聖斗氏だが、佐山の息子としてファンの前に出るのはこれが初めてのことだった。

同年6月に佐山が新たにオープンした『佐山道場』で格闘技の練習を始めた聖斗氏は勤めていた会社を退社し、代理人として運営も手伝っている。ひとり息子について、佐山は言う。

「運動神経がすごいです。格闘技をやらせてもピカイチですね。柔道のトップ選手に教えてもらって、始めてから半年くらいなのに柔術の選手に勝ってしまったりとかビックリしますよ。ただ、故

2020年11月9日、神田明神ホールで『ストロングスタイルプロレス Vol.7』が開催された。現在、初代タイガーマスクが開催しているプロレス興行の名称は「ストロングスタイルプロレス」に統一されている。右は平井丈雅代表。

障もあるし、練習をちょっと異常なくらいにやりすぎていますね。打撃、柔道、レスリング、柔術、総合格闘技…毎日やっていますね。選手としてやれるくらいの練習をやっていますよ」

新日本プロレス時代のタイガーマスク・ブームをリアルタイムで体感していない聖斗氏だが、タイガーの息子とあって、さすがに飲み込みが早く、高いポテンシャルの持ち主であることは疑いようがない。それでも、プロ格闘家への道について佐山は懐疑的だ。

「彼には選手として跡を継ぐのではなく、技術的なもの、思想的なものを継いでほしいと思っていますね。掣圏道を引き継ぐ？　それはできないでしょう。僕の性質上、やらせないです。ただ、子どもには格闘技の技術はおぼえてほしいなというのはあります。佐山家として、その精神を受け継いでほしいですね。精神の方が大切ですから」

一方、佐山からも直接指導を受けている聖斗氏は、こう話す。

「僕は初心者なのでゼロから父親の理論的な打撃を中心に、なぜ試合中に効果的なのかを説明してもらいながら教えてもらっています。教わったものがバシッとハマった瞬間は明らかに打撃が早くて重く、居合わせたプロ選手が驚いている姿を見ると、あらためて凄い技術なのだと思います。精神面も含めてですが、すべての技術が論理的という印象です。その分、習得も難しいです。総合格闘技という文化がない時代にゼロから実戦的な実験を繰り返し研究したことによって得たものだと想像すると、父親の高い技術や歴史を身体で感じ取っている感覚になります。そう考えると、自分はいままで父親のことをあまり理解していなかったと思います。いまは学ぶ段階です。この技術や精神性などを学び、次の世代に繋げていきたいと思いました。そのために何ができるのか、何をしなくてはならないのか、これから見つけていきたいと思っています」

我々が見たタイガーマスクと2人のライバル

武道では古くから伝わる精神を将来に向けて構築させ、プロレスでは「ストロングスタイルの復興」を目的として団体を設立した。どちらも道半ばながら、佐山は着実に進めている。

プロレスにおいては、２０１７年12月7日から『原点回帰プロレス』がスタート。第1回大会では初代タイガーがリングに上がり、「ストロングスタイルの神髄デモンストレーション」を実施し、ストロングスタイルとは何か、プロレスとは何かを選手の動きに合わせ、「理屈に合う技術」を自ら解説した。この原点回帰シリーズは、キッド追悼セレモニーがおこなわれた２０１８年12月6日まで後楽園ホールにて5大会が開催されている。

２０１９年3月15日に後楽園ホールで開催された「ダイナマイト・キッド追悼興行」には、病床のキッドを何度か訪問したデイビーボーイ・スミス・ジュニアが参戦。彼がダイビング・ヘッドバットを披露したこの日から、リアルジャパンは「ストロングスタイルプロレス」を興行の冠とした。２００５年の旗揚げ以来標榜されてきたストロングスタイルの復興が、より前面に押し出された形である。

ストロングスタイルとはイコール、タイガーマスクも身を置いた昭和期の新日本プロレスである。が、アントニオ猪木のストロングスタイルと佐山のストロングスタイルは違うと、ターザン山本氏は分析する。

「猪木さんが持ち出したストロングスタイルの定義というのは、いわゆるガチンコ、セメント、やるかやられるか、殺すか殺されるかという意味なわけですよ。でも、佐山のストロングスタイルは違うんです。それは、自分に厳しい、自分が信じたことをやる、自分の感性に対して絶対に妥協しない。それが佐山のストロングスタイル。猪木と佐山のストロングスタイルは別のもの、違うんです。ここを線引きしないといけない。猪木さんのは、日本的な情念のストロングスタイルなの。だけど、佐山はね、それまでの泥臭い、いかがわしい、うさんくさいプロレスは自分には合わない、できないと考えた。タイガーマスクになって、彼はプロレスをモダンアートにしたんだよ。あのプロレスは、ポップなモダンアート。ロックアップから始めるんじゃなく、離れたところ、アウエーから入っていった。あのステップワーク、あれが大革命なんですよ。あの動きがモダンアートなんです。親の世代が見ていたプロレスが、あれで年齢層が下がったでしょ。少年ファンに対して、ものすごく夢を与えたわけ。あれでプロレス界が大逆転した。必ずしもヘビー級じゃなくてもいいんだってね。そこでプロレス界がビッグバンを起こした。多様化、細分化はいまのプロレス界にまで波及している。すべては佐山のせい。日本のプロレス界で真の革命児は佐山なんですよ！　俺からしたら、アンディ・ウォーホルですよ！」

佐山タイガーの〝革命〟に、外国人のライバルとしてうまく乗ったのがダイナマイト・キッドであり、ブラック・タイガーだった。山本氏の話はつづく。

「新日本に初参戦したとき、猪木のプロレスに惚れ込んだのがキッドだった。ここに俺の生きる道があると直感したわけ。ファンに無愛想だったように、新日本のキッドは猪木イズムからスタートしたんだけれども、キッドは佐山のポップアートも受け入れた。彼は猪木イズムと佐山イズムの両方を受け入れた類い稀な選手だったんですよ。その2つと心中した。あまりにも惚れ込んでしまった。だから、時代の英雄でもあり、時代の悲劇でもある。そこから第3の存在として現われたのがブラック・タイガーだった。キッドのすごさは伝わりやすいけど、ブラックは伝わりにくい。でも、かえって対照的なのがよかったんですよ。当時、海外のプロレスといったらアメリカだったわけ。アメプロは派手に行こう、大きく行こうという形のエンターテインメントプロレスなんだけど、この2人はイギリスから来た。ヨーロッパのプロレスってビル・ロビンソンのようなキャッチ・アズ・キャッチ・キャンの地味なプロレス。アメプロとはスタイルが全然違うわけですよ。地味で伝わりにくい。ブラックは、地味な技でネチネチと攻めてきた。そこが、あの頃の新日本にマッチしたんですよ」

振り返ってみれば、サミー・リー出現前のイギリスマット界で、ダイナマイト・キッドvs〝ローラーボール〟マーク・ロコの試合は、日本でのタイガーマスク登場を異国で予言するかのような内容だった。

当時の試合映像を見ると、キッド、ロコとも激しいぶつかり合いと、激しい受け身の取り合いで競っているかのようにも見える。マーティ・ジョーンズも加え、当時のイギリスマットでこのスタイルはかなり急進的だった。

また、現地でラフファイター的な試合をしていたロコはブラック・タイガーに変身し、スタイルをよりイギリス的にして日本でタイガーマスクと対戦していたのだ。

国際プロレスでの初来日からキッドとブラックを見てきた宍倉清則氏は、こう振り返る。

「キッドはあの軽量で、しかもボディースラム一発でもすごいバンプを取っていたから、試合がすごく激しいものに見えたんですよ。それによりキッドはすごい選手に見えた。これで〝ダイナマイト〟という名前にふさわしいヤツだと記憶に残った。キッドはカルガリーでもやっているから、北米系の技術も加わった。カナダで人気が出たのも、受けっぷりがよかったからだよね。それで新日本プロレスに来てタイガーマスクと闘って、あの受け身でしょ。あれがタイガーを引き立てたんだよ。それに、マーク・ロコもやっぱりバンプが凄いんだよね。ロコのよさは後からわかったけど、いま見るとやっぱり最初からいい選手だったとわかる。キッドもロコも初来日から、いい選手ですよ。攻めもすごいけど、やられっぷりもいい。これってやっぱりイギリスのレベルがすごいってことなんじゃないかな」

新日本でのキッドとブラックの試合をリングサイドから最も多く見てきたのがリングアナウンサーの田中ケロ氏だ。田中氏の目に、2人はどのように映ったのか。

「キッドのすごさは技の切れ味。あとは相手を殺してやるぞみたいな雰囲気を出すところですよね。そういった怖さがストレートに伝わってきました。一方のブラックはすごく巧いんだけど、お客さんには伝わりにくい。強さは感じないんですけど、駆け引きが巧い。ただ、伝わりにくいけれども、タイガーマスクのライバルとして人気が出たじゃないですか。バックを取られると急所蹴り。このパターンを彼が全国区にしましたよね。パイルドライバーも〝暗闇脳天〟として知られたし、独特のフォームで打つダイビング・エルボードロップも凄かった。自分の方が後頭部を打ってるんじゃないかっていう（笑）」

そのキッドとブラックを相手に、インパクトの大きな試合を作り上げたのがタイガーマスクである。田中氏は言う。

「たとえば、サマーソルトキックってすごく新鮮でしたよね。見たこともないすごい技がたくさんあったけど、実は試合のなかでそんなに大技をやっていないというのが本当のすごいところなんですよ。四次元殺法と言うけど、実はそんなに飛んではいない。たくさん飛んでいるイメージがあるのは、技一つひとつのキレであり、持って行き方、見せ方なんでしょうね。飛び技だけじゃなくて、グラウンドで脚を固めたりするときも速い。動くところと止まるところの見せ方、緩急のつけ方。

やっぱり、すごい天才なんだと思います」

実はあまり飛んではいない。これはタイガーマスクを振り返る際、佐山自身もよく口にすることである。

前述した『原点回帰プロレス』での「ストロングスタイルの神髄デモンストレーション」においても、空中技に関しては「間合いのなかで入れられるかどうか」と解説。要は、最初から出すと決めて出すものではないという意味でもある。

そこには格闘技の下地がなければいけない。それを痛感したのがザ・グレート・サスケだった。

「みちのくの両国大会（１９９６年10月10日）で、来場者全員にビデオを配ったんですよ。そこに収録されているのが私と佐山先生との極秘スパーリング映像なんですね。これは場所も日時も特定しなかったんですけども、実はみちのくプロレスの道場で、両国大会の直前に収録しました。そこで初めて、佐山先生とプロレスのスパーリングをやらせてもらったわけです。そこでますます佐山先生のすごさを知りました。これはもう絶対にかなわないなと思いました。プロレスの達人という表現もありますけども、佐山先生の場合はプロレスの仙人でしたね。あらゆる格闘技の頂点に君臨する方だと。組んだ瞬間に、いままでのどの選手とも違う。というか、組むことすらできない。１ミリの隙もなくて、懐に入り込めないわけですよ。ヘタに踏み込もうものなら、カウンターでキックやパンチを食らってしまいます。もう、簡単に転がされるわ、文字通り掌で踊らされている感じですよ。何を仕掛けても返されるし、何をやってもかなわない。あれは4代目タイガーが佐山先生に連絡してくれて実現したんです。頭蓋骨骨折で欠場していた私を復帰前に元気づけてやるから、スパーリングでもしようと。それでわざわざ盛岡まで来ていただいたんです。あまりにも圧倒されて自信を失うんじゃないかという部分もありましたけど、実戦の勘も取り戻せて、〝よし、やるぞ！〟と勇気づけられたのは大きかったですね。そういえば、スパーリングの直前、佐山先生はウォーミングアップということで4代目ともスパーリングしていたんですよ。ミットを持って打撃オンリーのものだったんですが、それがもうすさまじかった。やはり、一生かなわない。本当に最強の総合格闘家だと思いました。間違いないです」

プロレスラーとして、格闘家として、誰もが認め憧れるのが佐山だった。また、マスクマンとしての道を切り開いたのも、佐山のタイガーマスクだったと言っていい。獣神サンダー・ライガーもその影響下にいるひとりだ。

「新日本プロレスに入門する前、山本小鉄さんに言われてメキシコから帰ってきて、野毛の道場を訪ねたんですよ。でも、場所がよくわからなくて、灯りがついている建物があったのでガラッと引き戸を開けたんですよね。そうしたら、ちょうど佐山さんがタイガーのマスクを被って撮影していたんです。〝うわ！　タイガーマスクだ〟と思って、〝すいません、新日本プロレスの道場はこのあたりだと思うんですけど…〟と言ったら、佐山さんは〝このとなりだから。となりに行ってね〟って。僕は〝ありがとうございます！　わかりました〟と。なので、東京に出て来て新日本で一番最初に会ったのが佐山さんなんですよ。かっこよかったですよ。心のなかでは、〝ワ～！〟となっていました。でも、ファンみたいに〝タイガーマスクだ！〟と言うわけにはいかないじゃないですか（笑）。入門させてもらう立場だから、口には出せなかった。でも、内心では〝ホンモノのタイガーだ！〟と感激していました。僕、もともとマスクマンへの憧れはあったんです。マスクを被りたかった。でも、当時の日本ではなかなかチャンスがない。だから、半分あきらめかけていたんですけどね。そのマスクマン願望を戻してくれたのが佐山さんのタイガーマスクでした。日本でも、あやってマスクマンができるんだと。マスクマンになる道があるんだとモチベーションになりましたね」

タイガーマスクはその存在やライバルたちとの闘いを通じ、多くの人たちに夢と勇気を与えてきた。その影響力はいまだに絶大。現代のプロレスはそのほとんどで、どこかしらに佐山タイガーの影響を受けている。

それだけに、病気の完治、リングへの復帰を誰もが望んでいる。新間氏は2021年の年賀状に、こんな一文をしたためた。

「虎は風を従え、千里を来て千里帰る」

この言葉の真意を新間氏は、こう語る。

「タイガーはリングを離れて千里の向こうにいるけれど、風を従えてリングに必ず帰ってくる。そう信じて書いたんだ。タイガーとの2年4ヵ月、最高の時代だったね。自分の青春の最高の時代がそこにはあった。私の人生のなかでも、一番幸せな時代です」

では、佐山自身にとってタイガーマスクとしての2年4ヵ月は何だったのか。そして、ライバルたちとの闘いをどう振り返るのか。

「ダイナマイト・キッド、ブラック・タイガー。さらに小林邦昭もいますし、ライバルがいてこそ、やはりタイガーマスクが光っていたと思います。彼らが思う存分に僕を動かしくれたのかなと。縛りつけられないで、自由にできた。その点は幸せだったなと思います。タイガーマスクとは、新日本が作り出したプロレスの結晶だと思うんですね。それを思う存分に活かしてくれたのがライバルたちだと思います。そのライバルたちと思う存分、自由に闘えたから、ああいう試合ができたんですね。切っても切れない人たち、ライバルたちが僕を思いっ切り動かしてくれました」

だからこそ、タイガーマスク、ダイナマイト・キッド、ブラック・タイガー、この3人がもう一度揃う姿が見たかった。そこに小林邦昭が加われば、さらに最高である。が、もうその夢がかなうことはない。日本では一度も実現しなかった夢の競演――。

しかし、第2章で触れたように、イギリスで一度だけ、しかも突発的に実現していた。1980年12月17日、ロンドンのロイヤル・アルバート・ホール。いま一度、その場にタイムスリップしてみよう。

エピローグ　1980年12月17日、ロイヤル・アルバート・ホール

佐山サトルがタイガーマスクになる前のイギリス武者修行中、空前のサミー・リー・ブームが巻き起こっていた。

ブルース・リーからインスパイアされた思いつきのキャラクターだったが、現地のファンの心を鷲掴みにし、サミーは各地で満員のファンを動員していたのだ。

そうなれば当然、大会場での起用となる。1980年10月の初登場以来、サミーにとってイギリスで最大級のビッグマッチが同年12月17日のロイヤル・アルバート・ホール大会だった。

当時、この会場では格式高いクラシックコンサートと並び、ジョイント・プロモーションが毎月のように興行を開催していた。イギリスではプロレスの聖地とも言える大会場である。

この日、プロモーターが組んだサミーのカードは、宿敵〝ローラーボール〟マーク・ロコとの一騎打ちだった。当時の状況からしても、ビッグマッチにおけるサミーのマッチメークとして最適かつ最高な組み合わせだろう。

この12月はすでに8日＝ハリファクス、9日＝ダンディー、10日＝レミントンスパ、11日＝プレストン、12日＝チェスターでロコとシングルマッチで対戦しており、これらはロイヤル・アルバート・ホール大会に向けての前哨戦だったとも言えるだろう。

そして迎えた17日、サミーvsロコはメインイベントにラインアップされていた。

が、興行の最後に組まれていたとしても、イギリスでは日本ほどメインイベントが必ずしもその

ロンドンにあるクラシック音楽の聖地ロイヤル・アルバート・ホール。かつてはクラシックのコンサートと並び、プロレスの興行もこの大会場で頻繁に開催されていた。その堂々たる外観は、現在もイギリスのプロレス全盛時代と変わらない。

大会の最重要カードとは見られていない。

それでも、その日の最後におこなわれるのだから興行を締めるという役割に変わりはないだろう。どんな気持ちでファンを家路につかせるかがメインイベンターの仕事。サミーvsロコは、大会のラストを飾るにふさわしい旬のカードだった。

当時観戦したオールドファンからの伝聞によると、3本勝負の試合はサミーが先取し、2本目にはロコがサブミッション技でイーブンに戻す展開。決勝の3本目に入ってもロコが関節技を極めつづけ、サミーがロープにエスケープしても離さない。するとと、レフェリーが反則負けの裁定を下し、サミーが2－1のスコアで勝利となった。

試合が終わってもロコはレフェリーやプロモーターに悪態をつき、リングを下りようとしない。退場命令を拒否しているのだ。

そこに現われたのがダイナマイト・キッドだった。カナダ・カルガリー遠征から里帰りし、イギリスマットに戻ってきたキッドは、11月26日にウォルサムストウで仇敵ロコにTKO負けを喫していた。その恨みを晴らすべく、ロコとの再戦をアピールしに来たのである。

　混乱のなか、タッグマッチでの延長戦が急きょ決定した。ロコがキッドの当日の対戦相手だったタリー・ホー・ケイを呼び込むと、キッドはサミーとのタッグ結成を歓迎。サミーは噂で聞いていた「トミー」を、ここで初めて体感することになった。

　トータルで10分ほどだった特別試合。最後は反則裁定も、2－0でキッド&サミーのストレート勝ちに終わった。ベビーフェース軍の勝利に、場内は大歓声に包まれた。

　しかし、ロイヤル・アルバート・ホールでのビッグマッチにもかかわらず、この日はノーTV。もとからカメ

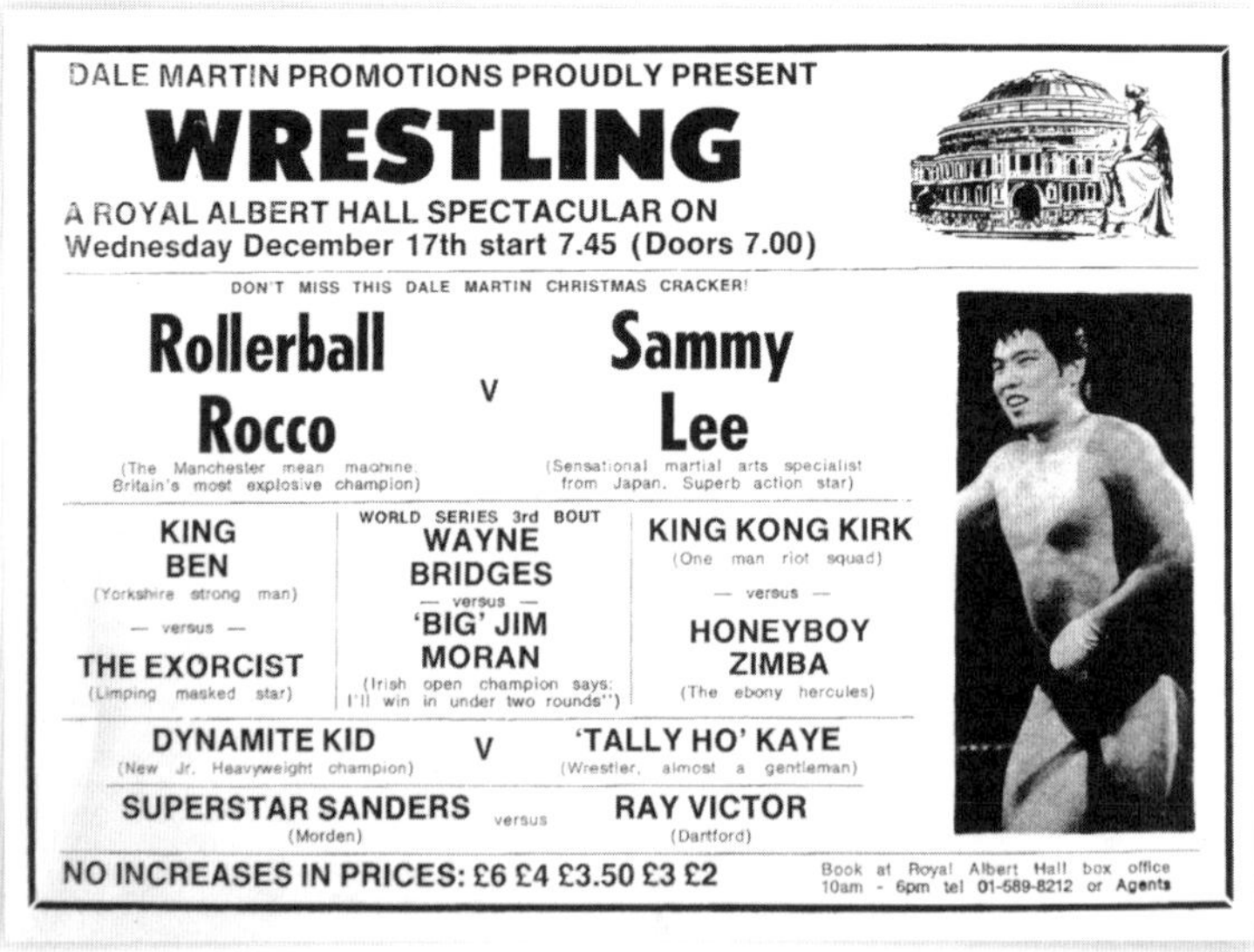

サミー・リー、ダイナマイト・キッド、"ローラーボール"マーク・ロコが同じ時間に同じリングに立ったのは一度だけ。その貴重な一戦は大会ポスターやパンフレット、カード表でしか残されていない。

ラが入っておらず映像、写真とも存在しないらしい。

これは同会場での試合が珍しくなく、当時は地方大会でも多くのテレビ収録があったためと思われるが、3人の貴重な揃い踏みが記録されていないとはなんとも残念だ。佐山の記憶からも、不思議とこの試合は消えている。

キッドはそれから4ヵ月後、マスクマンに変身した佐山と日本のリングで再会。これがタイガーマスク伝説のスタートとなる。

ロコもその1年後、マスクマンとなり、タイガーマスクのライバルとしてイギリスでの抗争が人知れず復活。形を変えたサミー・リーvsマーク・ロコである。

後世のプロレスに大きな影響を与えた最高にして永遠のライバルたち。〝黄金の虎〟タイガーマスク、〝爆弾小僧〟ダイナマイト・キッド、〝暗闇の虎〟ブラック・タイガー——。いまとなっては、彼らのスリーショットは夢想するしか術がない。

あとがき

この本の筆者である私がタイガーマスクについて書く。そこにはライバルたちの存在が欠かせない。そこでダイナマイト・キッドとブラック・タイガーである。

両者はともにイギリス出身。しかも本書のなかでも述べたように、キッドが国際プロレスに初来日し、ブラックも素顔の〝ローラーボール〟マーク・ロコで同じリングにつづいた。両者とも1シリーズのみの参戦で、のちに新日本プロレスに転出。タイガーマスクという生涯のライバルと出会い、ともに長いブランクを経て再会を果たしている。そのいずれもが、キッド、ロコの順番なのだ。また、これは個人的経験ながら、私は日本ではなくイギリスでこの2人と知り合い、佐山サトルとの劇的再会を手伝うことができた。これもまたなぜか、キッド、ロコの順番だった。

が、残念なことに2018年12月にキッド、2020年7月にロコが他界。3人の揃い踏みが日本で実現することは、一度も果たせないままだった。

意外と知られていないキッドとロコのイギリス時代。この2人は対照的でありながらも、知られざる共通点がいくつもある。そこで私は、「タイガーマスク×ダイナマイト・キッド×ブラック・タイガー」として、3人の物語をひとつにまとめてみたいと考えた。そのときはあくまでも、Gスピリッツ内での企画としてである。

ところが、それとはまた別の企画をともに考えていた辰巳出版の佐々木賢之氏から「タイガー、キッド、ロコの3人で一冊の本にできませんか?」との話が来たから驚いた。これは筆者が経験したキッド、ロコ、久しぶりの来日と同じパターンの奇跡的偶然である。そこから始まったのが今回の単行本出版だった。確かに、この3人の物語をムック内での一企画で完結させるには無理がある。

しかも、この本はあくまでも1981年から1983年にかけてのタイガーマスク・ブームが中心で、佐山の新日本離脱やプロレス空白期については、あえて最小限にとどめた。タイガーマスクの絶頂期と、その後3人が再びクロスする前後のエピソードに絞ったのである。

本書ではまた、ターザン山本氏、宍倉清則氏という週刊プロレスかつての編集長&次長コンビが2009年の第1500号以来の競演を果たしている。現在はプロレスメディアから身を引くも、このアイデアを快く受け入れてくれた宍倉氏には感謝しきりである。この競演もタイガー&キッド&ロコの3人だったからこその実現であり、まさかのカップリングが本書の隠し味になっていれば、また幸いである。

そして、取材やインタビューに応じてくださった方々をはじめ、佐々木氏の尽力がなければ本書の実現はなかった。感謝したい。

それにしても、タイガーを中心としたこの3人の影響力はいまだ絶大だ。タイガーマスクをはじめ、ブラック・タイガーのキャラクターも後世に引き継がれている。〝キッド〟のリングネームもダイナマイト・キッド以前からあったとはいえ（イギリスではジョージ・キッドなど）、〝ダイナマイト後のキッド〟たち、そのほとんどにダイナマイト・キッドへの意識が見て取れるのだ。

あらためて偉大なるレスラー、ダイナマイト・キッド、〝ローラーボール〟マーク・ロコの冥福を祈るとともに、〝初代タイガーマスク〟佐山サトルの完全復活を願って――。

２０２１年３月18日
新井　宏

新井 宏（あらい・ひろし）

フリーランスのライターとして、『週刊プロレス』（ベースボール・マガジン社）、『Gスピリッツ』（辰巳出版）など古今東西にわたり、国内外、男子・女子を問わず記事を執筆中。ほか、サムライTV解説、ネット記事、ムック本などを手がける。プロレス関連の著書に『みちのく世界旅 — ノー・プロブレムはビッグ・プロブレム』（ベースボール・マガジン社）がある。

ブログ『プロレスライター新井宏の映画とプロレスPART II』
ameblo.jp/moviesandprowrestling

G SPIRITS BOOK Vol.14

“黄金の虎”と“爆弾小僧”と“暗闇の虎”

2021年4月15日　初版第1刷発行

著　者　新井 宏
編集人　佐々木賢之
発行人　廣瀬和二
発行所　辰巳出版株式会社
〒160-0022 東京都新宿区新宿 2-15-14 辰巳ビル
TEL：03-5360-8064（販売部）
TEL：03-5360-8977（編集部）
印刷・製本　図書印刷株式会社

デザイン　柿沼みさと
写真提供　新間寿、高杉正彦、バーニングスタッフ、原悦生、神谷繁美、平工幸雄、持田一博
協　力　小出義明、加藤 賢、稲村行真

Special thanks to Bronwyn Jewel Billington, Leah Billington, Mark Billington, Jody Fleish, Steve Grey, Sarah Barraclough Hatch, Ann Hussey, Jonathan Hussey, Richard Hussey, Marty Jones, Phil Jones, Colin Joynson, Pete Roberts

In memory of Wayne Bridges

Printed in Japan　ISBN 978-4-7778-2721-3